1

식민지시대 발행된 어린이 관련잡지의 표지들

근대국가의 이념에 맞는 어린이들을 만들어내기 위한 노력은 시대적 상황의 변화에 따라 '보이',
'어린이', '소년', '아동'에서 '소국민'으로 그 명칭이 달라지기도 했다.

2

동경한국학교의 2006년 추계운동회 모습

'경쟁'과 '볼거리'의 운동회 전통은 21세기에도 계속 이어지고 있다.

3

근대국가의 국민이란 국가이념이 지향하는
몸을 만들어야 하는 의무가 부여된다.
강병을 통한 제국주의의 길을 치닫던 일본이
요구한 근대적 몸은 바로 '전투력'이었다.

4

여고생들도 국민신체의 의무로부터 자유로울 수는 없었다.
때로는 노동봉사로 때로는 자전거 전투부대로 국가의
부름에 응해야만 했다.

학교 교육의 일상으로 자리잡은 운동회는 전쟁과 함께 성장해 갔으며,
그리고 바람직한 국민신체를 빚어내기 위한 지침서 '나의 몸' 교과서와 내선일체를 강조한 그림엽서들.
내선일체를 향한 일사불란한 움직임 가운데 '운동회' 는
일본 제국의 건강한 국민을 만들어내는데 없어서는 안 될 중요한 장치의 하나였다.

6

경성운동장(현 동대문운동장) 모습과 중국대련운동장 모습,
그리고 평양신보사 주최로 열린 '대동강 빙상 한일 연합대운동회' 모습

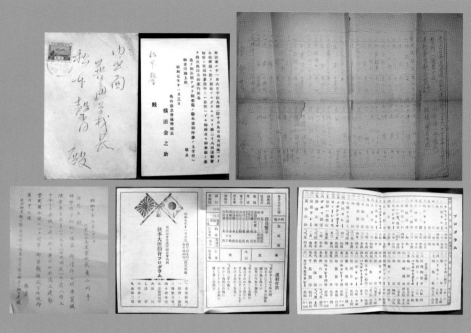

각종 운동회 프로그램과 초청장

7

8

각종 체육대회와 그 메달들, 특히, 조선체육회 주최로 '조선신궁체육대회' 가
일본이 아닌 외부에서도 열린 사실에 주목하고 싶다.

9

그밖의 일본 운동회 모습들

운동회

국립중앙도서관 출판시도서목록(CIP)

운동회 : 근대의 신체 / 요시미 슌야 외 지음 ; 이태문 옮김. -- 서
울 : 논형, 2007
    p. ;   cm. -- (일본근대스펙트럼 ; 5)

원서명: 運動会と日本近代
원저자명: 吉見俊哉
ISBN 978-89-90618-45-0 04910 : ₩15000
ISBN 978-89-90618-90-0(세트)

692.069-KDC4
796.06-DDC2   CIP2007001984

운동회

근대의 신체

요시미 순야 외 지음

이태문 옮김

運動会と日本近代 吉見俊哉 外 著

UNDOUKAI TO NIHONKINDAI
by Shunya Yoshimi, Yozaburo Shirahata, Munefumi Hirata,
Kichiji Kimura, Katsumi Irie, and Masako Kamisuki

운동회
근대의 신체

지은이 요시미 슌야 외
옮긴이 이태문

초판1쇄 인쇄 2007년 7월 20일
초판1쇄 발행 2007년 7월 30일

펴낸곳 논형
펴낸이 소재두
편집위원 이종욱
편집 최주연, 김현경
디자인 에이디솔루션

등록번호 제2003-000019호
등록일자 2003년 3월 5일
주소 서울시 관악구 봉천2동 7-78 한립토이프라자 6층
전화 02-887-3561~2 **팩스** 02-887-6690

ISBN 978-89-90618-45-0 04910
가격 15,000원

논형출판사와 한립토이북은 한립토이스의 자회사로 출판과
문화컨텐츠 개발을 통해 향유 문화의 지평을 넓히고자 합니다.

일본을 가깝고도 먼 나라라고 한다. 감정적인 거리를 뜻하는 말이 겠지만, 학문적으로 무엇이 가깝고 무엇이 먼지 아직 불분명하다. 학문은 감정에 흔들려서는 안 된다. 지금까지 우리 학문은 일본을 평가하려고만 했지 분석하려고 하지 않았다. 더욱 일본을 알아나가는 행위는 운명적으로 우리를 이해하는 길과 통한다. 그것이 백제 멸망 이후 바다를 넘어간 도래민족의 찬란한 문화, 조선통신사가 전한 선진 중국의 문물과 같은 자랑스러운 기억이든, 혹은 임진왜란, 정유재란, 식민통치로 이어지는 아픈 상처이든 일본과 한국은 떼어놓을 수 없는 적이자 동지다.

그런 가운데 근대는 바로 그 질서를 뒤엎는 혁명적인 시기였다. 메이지유신을 통해 서구의 기술과 문물을 적극 받아들인 일본은 동양의 근대화에서 하나의 본보기로 여겨졌으며, 그들 또한 자신들의 기준을 동양에 강제적으로 이식하였다. 근대는 한마디로 엄청난 높이, 놀라운 규모,

그리고 무서운 속도로 우리들에게 다가왔으며, 지금까지 경험하지 못한 공포와 함께 강한 매력을 선물하였다.

'일본 근대 스펙트럼' 시리즈는 일본이 수용한 근대의 원형, 그리고 그것이 일본에 뿌리내리기까지 어떤 과정을 거쳐 변모했는지를 살피고자 한다. 특히, 백화점, 박람회, 운동회, 철도와 여행 등 일련의 작업을 통해 근대 초기, 일본 사회를 충격과 흥분으로 몰아넣은 실상들을 하나하나 캐내보려 한다. 왜냐하면, 우리는 아직 그 높이, 규모, 속도를 정확히 측정한 적이 없기 때문이다. 다행히 '일본 근대 스펙트럼' 시리즈에서 소개하는 책들은 현재 일본 학계를 이끄는 대표적인 저서들로 전체를 가늠하는 데 큰 힘이 될 것이다.

물론 이번 시리즈를 통해 우리가 얻고자 하는 결실은 일본 근대의 이해만이 아니다. 이번 작업을 통해 우리는 우리 근대 사회의 일상을 조명할 수 있는 기준을 발견할 수 있을 것이다. 식민지 조선 사회를 형성하였던 근대의 맹아, 근대의 유혹과 반응, 그리고 그 근대의 변모들을 거대 담론으로만 재단한다면 근대의 본질을 놓치게 된다. 근대는 일상의 승리였으며, 인간 본위의 욕망이 분출된 시기였기 때문이다. 안타깝게도 우리는 근대 사회의 조각들마저 잃어버렸거나 무시하여 왔다. 이제 이번 시리즈로 비록 모자라고 조각난 기억들과 자료들이지만, 이들을 어떻게 맞춰나가야 할지 그 지혜를 엿보는 것도 유익할 것이다.

기획자가 백화점, 박람회. 운동회, 일본의 군대, 철도와 여행 등을 시리즈로 묶은 이유는 이들 주제가 근대의 본질, 일상의 면모, 욕망의 현주소를 보여주는 구체적인 예라고 생각했기 때문이다. 수많은 상품을 한자리에 모아서 진열하고 파는 욕망의 궁전, 그리고 새로운 가치와 꿈을 주입하던 박람회는 말 그대로 '널리 보는' 행위가 중심이다. 전통적인 몸의 쓰임새와는 전혀 다른 새로운 움직임을 보여 주었다는 점에서는 운동회와 여행은 근대적 신체가 어떻게 만들어졌으며, 근대적 신체에 무엇이 요구되었는지를 살피는 계기가 될 수도 있을 것이다. 이런저런 의미에서 근대를 한마디로 '보기'와 '움직이기'의 시대라고 할 수도 있겠다.

　'일본 근대 스펙트럼'은 바로 근대라는 빛이 일본 사회 속에서 어떤 다양한 색깔을 띠면서 전개되었는지 살피는 작업이다. 또한, 그 다양성이야말로 당대를 살아갔던 사람들의 고민이자 기쁨이고 삶이었음을 증명해 보이고자 한다. 그리고 궁극적으로 한국 사회의 근대 실상을 다양한 스펙트럼으로 조명하고, 입증하는 계기가 되었으면 좋겠다.

논형 기획위원회

2001년 4월 자민당 총재 선거에서 '8·15 신사참배'를 집권 공약으로 내걸고 일본 총리에 취임한 고이즈미 준이치로는 재임중 주변국들의 반발을 우려해 매년 8월 15일을 피해 야스쿠니신사를 한 차례씩 참배해 왔다.

하지만 집권 마지막 해인 2006년 8월 15일 예고했듯이 총리 자격으로 공식 참배를 강행해 여론의 비난을 받았다. 필자는 그날 역사적 현장을 직접 확인하고자 카메라를 들고 야스쿠니를 찾았다.

한류로 인해 전례가 없을 정도로 한일 간의 거리가 가까워졌지만, '독도문제'와 '교과서문제', '야스쿠니문제'라는 단골메뉴에 '혐한류'까지 가세해 두 나라의 국민적 감정의 골이 더욱 깊어지고 있다.

야스쿠니신사 경내에는 예상한 대로 각종 우익단체들이 한국과 중국을 상대로 '악선전'을 펼치고 있었으며, 곳곳에서는 과거의 추억에 젖어 '무용담'을 늘어놓는 나이 든 분들도 많았다. 물론 일본에서 시작되어 세계를 향해 발신된 코드 '오타쿠'(마니아보다 한 수 위의 뉘앙스를 띤 일본어로 집에 홀로 틀어박혀 자신의 관심사에 몰입하는, 폐쇄적인 활동을 하는 사람)와 '코스프레'(만화 등장인물과 같은 옷을 입고 분장하는 것)도 만날 수 있었다.

수많은 우익 청년들, 그 가운데 옛날 군복차림의 젊은이들은 '조센진'이라는 단어를 연신 토해내며 열변을 토하는 '왕년의 전사'들과 낮술을 나눠 마시며 군가를 목청껏 부르기도 했다. 벌겋게 달궈진 얼굴 속에는 생명에 대한 감사와 인간에 대한 예의, 그리고 전쟁의 아픔과 상처를 찾아볼 수 없었다.

내 눈에는 위대한 강국의 부활을 꿈꾸는 '오타쿠'들, 겉멋에 빠진 '코스프레' 집단으로 밖에 보이지 않았다.

우리나라의 경우에는 식민지통치로부터 해방된 날인 8월 15일 광복절이 일본에게는 전쟁에 마침표를 찍은 종전일로, 바꿔 말해 스스로 벌인 전쟁놀이가 패배로 끝난 패전일이기도 하다. 같은 날을 두고 이렇게 해석이 다를 수밖에 없는 이 상황 역시 운명의 장난일까, 한일 간의 감정적인 거리를 대변한다고 하겠다.

사실 이날 필자는 감정의 골을 확인한 것 이상으로 이와 같은 운명적인 인연이랄 수 있는 그 업을 내 눈으로 목격할 수 있어서 내심 기뻤다. 업이라는 것은 하루아침에 만들어지지 않는 법, 뗄래야 뗄 수 없는 질긴 인연이 수천 년 수만 년 쌓여야지 업이라고 할 수 있을 텐데 한일 간의 관계는 참으로 '업'이 아닐 수 없다. 역사를 거슬러 올라가 봐도, 그 문화의 뿌리를 캐 봐도, 그 밖의 사회, 정치, 경제, 교육을 비교해 봐도 '닮은 꼴'에 숨겨진 DNA의 힘에 놀라움을 감출 수 없다.

필자의 살아있는 기억 세포를 모아 짜맞춰 볼 때, 30여 년 전 당시

국민학교 운동회가 어렴풋이 망막의 스크린에 떠오른다. 만국기가 휘날리는 널찍한 운동장에 식구들의 손을 잡고 의기양양하게 등교하던 전날, 혹시나 내일 비가 오지 않을까 걱정스러운 마음에 하늘을 수도 없이 쳐다 봤었다.

더운 날씨 탓에 미지근해져버린 콜라, 소시지가 들어있는 김밥, 허연 기름이 낀 불고기는 땀과 먼지로 범벅이 된 운동회 주인공의 허기진 배를 채워주기에 충분했음은 물론 줄다리기와 장애물 경기, 기마전과 함께 가을의 풍물시로 기록되고도 남는다.

중학교 때는 형의 교련복을 빌려 입고서 가장행렬의 괴뢰군을 열연하기도 하고 운동회의 꽃, 계주 경기 때는 반 대표로 참가하기도 했다. 동네잔치이자 몇 안 되는 가족 나들이기도 하였던 운동회에 대한 원기억을 야스쿠니신사에서 확인하였다면 좀 엉뚱한 발상일까.

다시 말해, 일본의 집단주의, 전체주의를 상징하는 운동회의 축소판이자 부활극이 15일 야스쿠니신사의 경내에서 펼쳐진 것이다. 근대국가가 지향한 개인의 발견과는 정반대의 방향으로 달려간 일본은 대동아의 군주를 꿈꾸며 무모한 전쟁을 일으켰는데, 이미 19세기 무렵에는 경찰과 군대에서 위생교육까지 하는 등 국민국가의 규율화를 위한 모든 장치들이 정점에 달했다.

일본의 전통축제 마쓰리まつり 역시 전통과 분리되는 동시에 전통의 뿌리를 둔 새로운 규율장치로서 새롭게 자리매김 되었다. 즉, 근대 일본은 훈련적인 권력을 사람들의 일상생활 구석구석까지 깊게 침투시켜 가면서도, 바로 그러한 전략을 마쓰리의 억압이 아니라 마쓰리의 발명과 재편, 사람들의 일상성과 비일상성에 대한 새로운 포메이션의 창출을 통해 완성해 갔던 것이다.

운동회는 바로 전통의 재확인을 통한 근대국가의 규율 창출에 이바지한 대표적인 장치다. 메이지 국가의 지배권력층들은 이데올로기 재창출의 장치로서 학교라는 근대의 공간 속에서 그들이 꿈꾸는 근대국가 일본에 적합한 몸(신체)을 만들어내기 위해, 즉 근대 국민을 빚어내기 위해 전략적으로 힘을 기울였다. 이러한 전략이 집약적으로 발동된 장이 '운동회'의 공간이었다.

마쓰리의 비일상적 공간은 근대의 지식을 습득하는 학교 속으로 편입되면서 일상적 공간으로 자리잡았으며, 신을 받들고 신을 중심으로 뭉치는 마쓰리의 정신은 자연스럽게 근대국가 일본이 지향하는 이데올로기를 수용해 체화시켜 나갔다. 그 중심역할을 한 것이 '운동회'인데, 운동회는 마을의 집합적인 일상감각 안에 뿌리 깊은 마을축제의 연장선에서 이해되면서 별다른 거부반응없이 자연스럽게 융합되어 강인한 국민신체를 조성할 뿐만 아니라 국민국가에 대한 강한 결속력까지 빚어내는 덤을 얻었다.

'꽃놀이'와 '소풍' 등 아이들의 집단적인 전통 유희는 '경투유희회競鬪遊戱会'와 '체조강습회' 등 신체운동을 집단적으로 실시하고, 구경꾼들이 한자리에서 전람하는 색다른 방식과 대면한다. 이러한 새로운 경험은 더 나아가 근대 일본의 교육정책 아래 병식체조兵式体操 군대식체조＝교련라는 이름으로 훈련된 규율신체를 대량생산하였다.

다행인지 불행인지 '운동회'라는 색다른 시도는 전통 유희와 맞물려 개최물의 정의를 애매하게 만든 채, 어느 때는 혼돈되면서도 자연스럽게 접합되어 일본열도의 아이들의 생활 속으로 침투해 갔다. 대영제국에 버금가는 대동아공영을 주창하며, 경제력과 군사력을 증진시켜 나갈 무렵에는 운동회에는 '전쟁놀이'가 아닌, '전쟁판' 그 자체가 재연되기도 하였다. '운동회' 는 더 이상 마을잔치가 아니었으며, 아이들의 놀이로 머물 수 없었다. 전쟁터에 필요한 강한 병사들을 길러내는 신병양성소로 변모해간 것이다.

근대국가의 건설을 위한 전략에서 전쟁을 수행하기 위한 전사의 '몸' 을 기르는 전술로 변질된 운동회를 한 세기가 지난 8월 15일 야스쿠니신사에서 다시 목격하였다면 지나친 공상일까? 적어도 내 눈에는 '그들만의 마쓰리' 로 비쳤고, 일 년에 한번 열리는 '집단규율의 축제' 에 불과했다.

우리에게도 '운동회' 는 있었다. '메이드 인 재팬' 의 이른바 일제가 뿌리내렸다. 지금도 청군과 백군으로 갈라져 목이 쉬어라 응원전에 열을 올렸지만, 무대가 '광화문 사거리', '시청 앞' 으로 바뀌고 '이겨라'라는 함성이 '대한민국' 으로 변해도 누구 하나 의심하지 않았다. 이건 '애국' 이며, '축제' 라고 생각했다. 무엇을 위한 '장치' 이고, 어디를 향한 '몸' 부림인지 아무도 관심을 기울이지 않았다.

군사독재의 장기집권이 끝나면 민주사회의 '꽃' 이 피고, 모두가 바라던 알찬 '열매' 를 나눠먹을 줄 알았다. 하지만 소문난 잔치에 먹을 게 없다고, 속빈 강정의 문민사회는 병약한 국민을 줄줄이 낳더니 급기야 표류하기 시작하였다. 한때 미덕이었던 규율과 통제는 군사독재 시대의 악덕으로 낙인찍혀 더 이상 기능을 발휘하지 못하고 있다.

규율이 없는 축제, 통제되지 않는 '보이기' 는 숱한 부작용을 빚어내고 파행과 파탄으로 치달았다. 그 반발로 군사독재의 '규율과 통제' 를 그리워하는 이들이 속출하고 있으며, 제2의 박정희가 재림하기를 꿈꾸는 이들도 나타났다.

이제 우리 '운동회' 의 원점을 다시 점검하면서 진정 우리에게 필요한 '집단 유희'의 틀을 모색해야 한다. 부정적인 '색안경'을 벗고, 근대의 '몸'이 만들어진 과정을 차근차근 캐내면서 우리 '몸'의 발자취와 그 냄새를 밟아볼 필요가 있다.

지난 2년 간 필자는 시사회, 전시회, 콘서트, 팬미팅, 기자회견 등 각종 '한류'의 크고 작은 현장을 뛰어다니며 기웃거렸다. 학문으로부터의 '외도', 문화의 '불륜'을 시도하였다. 잃은 것도 많았지만, 얻은 것이 더 컸다. 지금의 '문화'를 읽을 수 있었으며, 일본의 집단주의가 새로운 변형을 시도한 것을 현장에서 직접 그들의 목소리로 들을 수 있었다.

'운동회'와 '한류'는 사실 가깝고도 먼 이웃나라처럼 문득 관계가 없을 것 같지만, 홍역처럼 찾아오는 '집단적 광기'의 또 다른 형태로 이해하고 정리할 수 있었다. 일본의 근대는 어쩌면 이 '집단적 광기'의 도구들이 개발되고, 제도적으로 정착된 시기일지도 모른다.

이제 시작이다. 근대 일본을 모색한다는 의욕 하나만으로 시작한 몇몇 화두 속에서 '백화점'과 '박람회', 그리고 '운동회'를 거치면서 겨우 내 손바닥에 달랑 남은 것은 '집단적 광기'라는 단어 하나뿐이다. 야스쿠니신사와 고이즈미 총리, 그리고 배용준에게 감사해야겠다.

2007년 5월
이태문

▓ 차 례

국민 의례로서의 운동회

요시미 슌야(吉見俊哉)

들어가며

근대는 마쓰리축제를 발명했다. 즉 근대에는 단순히 '전통적'인 사회로부터 물려받은 여러 가지 축제나 제의, 축제적인 장면을 규율 = 훈련적인 권력으로 억압하고, 배제하지 않았다. 오히려 근대에는 한편에서 그런 규율 = 훈련적인 권력을 우리들의 일상생활 구석구석까지 깊게 침투시켜가면서도, 바로 그러한 전략을 마쓰리의 억압이 아니라, 마쓰리의 발명과 재편, 사람들의 일상성과 비일상성에 대한 새로운 포메이션의 창출을 통해 달성해 갔던 것이다. 무엇보다도 근대의 도시공간은 단순히 공장적인 공간만이 아니라 번화가적인, 다시 말해 극장이나 흥행가, 백화점에서부터 영화관까지 줄지어 있는 공간으로서 발전해 왔으며, 근대국가는 감옥을 탄생시킨 것만이 아니라 박람회 또한 탄생시켰다. 그리고 경찰과 군대에서 위생교육까지 국민국가의 규율화를 위한 모든 장치의 발전이 정점에 달한 19세기 역시 말하자면 '전통의 발명invention of tradition'의 세기다. 즉 국왕의 패전트pageant[1]나 대관식戴冠式, 모든 대중의례나 기념비가 대량생산되었던 시대이기도 했다.

[1] 종교적인 쇼나 축제 등의 쇼 ─역주

근대 일본에 초점을 맞출 경우, 운동회는 이런 근대의 국민국가가 스스로 권력의 새로운 포메이션의 하나로서 발명하고 연출한 전형적인 '근대 마쓰리'의 하나다. 그 탄생과 증식, 제도적인 발전과 내용적 변화, 학생과 친족, 지역주민들 사이에서 어떤 식으로 수용되었는지, 그리고 그런 과정 속에서 교사나 미디어가 어떤 역할을 했는지 진지하게 검토해 보면, 새롭게 편성되어가던 근대 국민국가와 사람들의 집합적 기억과 일상적 실천이 이런 새로운 의례 = 축제의 장을 통해 어떤 식으로 대립했으며, 어떻게 얽히고 접속되어 있었는지가 분명해질 것이다. 특히 운동회의 경우, 한쪽에서 메이지 국가의 엘리트들이 그 이데올로기 장치인 학교라는 공간에 채워넣으려고 했던 국민의 신체를 둘러싼 전략이 가장 집약적으로 발동된 장이었다. 동시에 마을들의 집합적인 일상감각 안에 뿌리 깊은 마을축제의 실천과 몇 번이고 교류하며 접합되어가는 이중성을 처음부터 분명하게 지니고 있었다.

우리는 이 이중성, 즉 근대 국민국가가 창출했던 문화 속에서 작동하는 규율 = 훈련적 권력과 의례 = 축제적인 권력을 결코 이항대립적인 것이 아니라, 그야말로 스튜어트 홀이 말한 것처럼 결합적인 관계 속에 있는 것으로 역사적인 관점에서 다시 바라보지 않으면 안 된다. 이를 위해 먼저 운동회가 학교 행사로서 전국으로 보급되던 초기에 이 개최물에 어떤 사회적 이미지가 부여되어 있었는지 고찰하려 한다. 메이지의 운동회는 처음부터 국가가 명확한 모델을 제시하고, 거기에 전국의 학교가 따라가 성립되었던 것이 아니었다. 병식체조兵式体操; 군대식 체조 = 교련를 중시하는 국가의 교육정책과 에도 시대江戸時代부터 물려받은 아동의 집단적인 유희 전통이 이 개최물의 정의를 애매하게 만든 채 접합되어가면서, 운동회는 일본열도의 아이들의 생활 속으로 침투해 갔던 것이다.

　다음으로 위와 같이 보급되던 운동회가 아동의 신체와 그것을 둘러싼 학교에 관해 어떤 국가레벨의 사상과 연결되는 운명에 놓여 있었는지를 밝히고자 한다. 운동회를 일종의 드라마 '상연'에 비유한다면, 이는 이른바 '대본' 레벨의 분석이다. 여기에서 검토대상이 되는 것은 근대 일본의 교육정책 근간을 만들었던 초대 교육부장관 모리 아리노리森有禮의 사상이다. 이른바 병식체조론으로 대표되는 그의 교육사상의 특징은 학교라는 공간을, 아동 한 사람 한 사람의 신체를 일본이 국민국가로서 '신생'하기 위해 필요로 하는 주체 = 신하의 몸으로 조련하는 신체공학적인 장치로 여겼다는 점이다. 메이지의 운동회는 이윽고 모리의 이 시나리오를 그 '연출'의 주요한 뼈대로 받아들인다. 그리고 이 전략은 1900년대메이지 30년대 이후 운동회가 강변이나 들판보다 오히려 잘 정비된 학교에서 열리게끔 되고, 경기 종목이 다양화되고 집단과 개인의 관계를 둘러싼 여러 가지 장치가 고안되어가는 가운데 더욱 중층적인 작용을 하게 된다.

　그러나 운동회는 결코 단순히 국가가 '위로부터' 아동 = 국민의 신체를 규율 = 훈련해 나가는 장치로서만 존재했던 건 아니었다. 일본 근대를 통해서 이 개최물에 대한 지역사회의 변함없는 인기는 운동회가 국가적인 제도 이상으로, 무엇보다 마을축제로서 수용되었음을 말해준다. 끝으로 이 같은 운동회의 민중적 수용, 앞서 말한 드라마에 비유하자면 '퍼포먼스' 레벨에 초점을 맞추기로 한다. 운동회는 메이지 일본에 도입된 근대의 '대본'이 '연출'되어가는 과정과 이 나라의 사람들이 자라온 일상적 실천, 즉 '퍼포먼스'가 얽혀 서로 싸워 나가면서도 접합해가는 지점에서 탄생해, 모순을 내포한 채 사회전략적 장으로

서 발달해 왔던 것이다.[2]

1. '꽃놀이' 와 '연습'

운동회는 언제부터 소·중학교 행사로서 성립되었을까? 일반적으로 일본 최초의 운동회는 1874년메이지 7년 도쿄 쓰키지東京築地의 해군학교 기숙사에서 개최된 '경투유희회競鬪遊戲會; 교토요기카이'로 알려져 있다. 이는 외국인 교사의 지도하에 150야드 경주1야드는 약 0.9미터, 도움닫아 높이뛰기, 3단 뛰기, 공 던지기 등의 경기가 치뤄졌다. 이후 1878년에는 삿포로札幌농학교, 83년에는 도쿄대학에서 운동회가 개최되었지만, 이들은 모두 엘리트들의 아마추어 스포츠 경기대회에 지나지 않았다.

그에 비해 메이지 중기 이후 전국의 소·중학교에 보급된 운동회는 그 내용이나, 형식면에서 당시의 스포츠 경기대회와는 질적으로 다른 것이었다. 이에 대해 야마모토 노부요시山本信良 등은 1880년 무렵메이지 10년대까지 병학교兵学教와 대학에서 열린 운동회가 육상경기를 기본으로 한 것임에 비해, 곧이어 성행하기 시작한 소학교 운동회는 깃발뺏기, 줄다리기, 맨손체조 등의 경기를 중심으로 병식체조의 정신이 최대한 강조되어 있다고 지적했다. 또한 전자의 운동회가 개인을 단위로 한 경기가 중심이었던 데 비해, 소·중학교 운동회에서는 개인경기와 함께 단체경기가 중시되어 주변 마을사람들을 끌어들여 지역단위의 행사가 되어가는 경향이 있다고 했다.[3]

이와 같은 운동회가 전국의 학교로 퍼져나가

2 이 원고는 졸고 〈운동회의 사상〉(《사상》 1994년 11월호, 이와나미서점)을 기본으로 그 후 운동회를 둘러싼 연구의 진전과 새로 알게 된 선행연구를 참고해 약간 손을 보았다.
3 山本信良/今野敏彦, 《근대교육의 천황제 이데올로기》, 新泉社, 1987년, 362~382쪽.

기 시작한 것은 대체로 1880년대 중반 무렵부터다. 기무라 기치지木村吉次 등은 앞에서 밝힌 애슬레틱athletic; 운동경기 스포츠형과는 다른 오히려 소·중학교 운동회의 원형을 만들어가던 체육강습회 방식의 운동회가 1884년메이지 17년에 도쿄 간다神田에 있는 체조 전습소에서 열린 춘계대강습회 무렵부터 시작되었으며, 같은 해 비슷한 움직임이 도쿠시마현 등 각지에서도 일어났다고 밝히고 있다(4장 참조).[4]

그리고 다음해인 85년에는 이미 몇 군데 소학교에서 운동회가 시작되었다.《홋카이도北海道교육사》에 의하면 같은 해 마쓰시로松城소학교에서 운동회가 열렸다는 기록이 있는데, 아동들을 평지에서 두 팀으로 나눠 체조, 줄다리기, 깃발뺏기 등을 겨루게 하였고, 가장 저학년은 잔디밭에서 자유롭게 뛰어놀게 하였다고 한다.[5]《시즈오카静岡현 교육사》에서도 현내 운동회의 시작을 85년 수정교육회修整教育会 산하의 소학교 12개교가 엔슈시노하라遠州篠原 해변에서 운동회를 개최했다는 사실에서 찾고 있다.[6]

기시노유죠岸野雄三 등의《근대 일본체육스포츠 연표》를 참조해도, 운동회에 관한 사항이 나타나기 시작하는 것은 1885~6년메이지 18년, 19년부터다. 이 책은 85년 야마나시山梨현 내에서 소학교 생도 약 1,500명이 참가해 '체조회'가 열렸다고 지적한다.[7]

부현에 따라서는 운동회의 선구적인 시도로서 1884년 무렵부터 체조장려회를 연 곳도 있었다. 오쿠보 히데아키大久保英哲는 이시카와石川현 소학교를 예로, 운동회가 80년대 중반의 '교육개량 운동 가운데 '장려회奬勵会', '경쟁시험競爭試驗', '집

4 木村吉次/高橋春子/勝亦紘一/川端昭夫,〈일본 학교에 있어서 운동회 발달에 관한 연구〉《주코대학 체육학논총》36권 2호, 1995년, 9~17쪽. (4장 참조)
5 홋카이도교육연구소, 《홋카이도교육사》전도편3, 1963년, 85쪽.
6 시즈오카현립 교육연수소,《시즈오카현 교육사》, 통사편 상권, 1972년, 601쪽.
7 岸野雄三 외 편,《근대 일본 체육스포츠 연표》, 大修館書店, 1973년.

합시험集合試驗', '장려시업회奬勵試業會', '비교시업회比較試業会' 등의 개최
물들과 밀접한 관계를 맺으면서 등장한 것으로 보았다. 이들은 기본적으
로 모두 학교의 생도들을 집합시켜 시험을 보게 하고, 그 우열을 비교하
는 행사였다. 대개, 장려회는 3~4일 간 실시되어 "행사장이 된 학교에는
군과 지역 내 학생 수 백 명이 모여, 현으로부터 관계자들과 군수 외에도
수 백 명에 달하는 참관자들이 방문할 만큼 당시 큰 행사였다"고 한다.
이 장려회는 체조뿐만 아니라, 산술이나 강독에서부터 그림, 재봉 등의
학과 시험 = 전람회 비슷한 것들이 포함되어 있었는데, 여기에 1885년 무
렵부터 체조가 도입되어 점차 중요한 위치를 차지해가게 된다. 오쿠보는
이시카와현의 몇 군데 군지역에서 일어난 움직임에 주목하여, 다른 교과
와 병렬적이었던 체조장려회가 독립된 학교 행사로서 운동회로 발전해
가는 과정을 밝혀냈다.[8]

　　이렇게 1886년에는 이미 운동회 개최가 전국적으로 퍼져나가기 시
작했다. 앞서 소개한 야마모토 등의 연구에 따르면, 소학교령이 발령되
어 체조가 소학교 교육의 정규과목으로 자리잡은 이 해에 히로시마현広島
県, 군마현群馬県, 이바라키현茨城県, 야마구치현山口県, 도쿄부東京府, 가나가
와현神奈川県 등에서 운동회가 열린 것으로 확인되었다.[9] 이런 움직임은
1890년 전후메이지 20년대를 통해서 더욱 확대되어 운
동회는 전국의 소·중학교에서 아주 일반적으로
치뤄지는 연중행사의 하나가 되었다. 야마모토도
87년에는 이바라키현, 미야기현宮城県, 가나가와현,
이시가와현石川県, 아오모리현青森県, 시마네현島根県,
아이치현愛知県, 도쿠시마현德島縣 등에서 운동회가
개최되었음을 밝혔으며, 89년에는 홋카이도에 있

8 大久保英哲, 〈장려회에서 운동
회로〉 일본체육학회 제47회대회
체육사 전문분과회 보고, 1996년.
그밖에 大久保 〈메이지 10년대
말에 있어서 시업제도와 운동회
의 성립〉 《지방교육사연구》 1998
년 1월호, 18~41쪽.
9 山本信良/今野敏彦, 앞의 책,
369~371쪽.

는 레이분섬禮文島에서도 해산물 건조장을 이용해 운동회가 거행되었다.[10] 특히 1894년의 청일전쟁 발발은 전국에 운동회가 중요한 학교 행사로 뿌리내리는 데 크게 공헌했다. 같은 해 문부성이 〈소학교에 있어서 체육 및 위생에 관한 건〉의 훈령을 내려 교육계의 지식 중시 경향을 비판한 적도 있어 운동회가 더욱 더 활발하게 치뤄지게 되었다고도 한다.

이와 같은 초기 운동회의 급속한 확산과 그 정치적인 함의를 상징적으로 보여주는 것은 오키나와沖繩의 경우다. 마에시로 쓰토무真栄城勉가 발표한 오키나와 운동회에 관한 뛰어난 연구에 따르면, 오키나와에서 처음으로 운동회가 개최된 것은 1888년으로 문부대신 모리 아리노리森有禮가 오키나와에 건너가 나하那覇의 소·중학교와 사범학교를 시찰했을 때였다. 같은 해 사키시마先島의 미야코군宮古郡에서는 시모지下地, 히라라平良, 니시베西邊, 이라부伊良部 소재의 각 소학교가 연합해 운동회를 열었으며, 오키나와 본 섬에서는 89년부터 나하那覇, 시마지리군島尻郡, 구니가미군國頭郡 연합운동회가 지속적으로 개최되기에 이른다. 그리고 청일전쟁과 러일전쟁 후에는 그 개선凱旋을 축하하는 대규모 운동회가 열려 병식 체조와 군대식 행진이 화려하게 연출되었다. 마에시로는 이처럼 오키나와에서도 일찍부터 발달한 운동회가 "단순히 학교 행사로서 자리 잡은 것이 아니라, 행사장의 장식에 천막과 국기, 그리고 만국기가 필수품이었으며, 칙어봉독勅語奉讀 및 기미가요君が代 취주吹奏합창이 장엄한 의식으로서 거행되는 등 국가 행사로서의 색채가 짙었다"는 점을 강조했다.[11] 말하자면 이 오키나와 운동회 탄생의 경위에서도 보이듯이 앞으로 살필 모리 아리노리가 지금까지의 유교적 덕육주의德育主義와는 본질적으로 다른 학교-장치관裝置観을 갖고서 문

10 홋카이도교육연구서, 앞의 책, 86쪽.
11 真栄城勉, 〈메이지시기의 오키나와에 있어서 운동회에 관한 역사적 연구〉《류큐대학(琉球大學) 교육학부 기요》 제1부 제2부, 제42집, 1992년, 293~302쪽.

부성 대신에 취임해 일본의 교육시스템 근간을 만들어가는 과정과 표리를 이루면서 운동회는 전국의 소·중학교로 보급되어 갔던 것이다.

이처럼 1880년대 후반부터 90년대 전반에 걸쳐 보급되었던 운동회는 아직 '소풍'이나 '행군'과 완전히 구별할 수 없었다. 당시 운동회를 열었던 장소는 대부분 학교 밖 바닷가나 강변 둔치, 언덕배기, 신사神社의 경내였으며, 내용도 행진을 중심으로 한 '소풍놀이'에 불과했다. 예를 들어 1890년 3월 사이타마현埼玉県 후타바二葉학교의 운동회는 대체로 다음과 같은 행사였다고 한다. 당일 이 학교에는 아침 8시 "학생 194명, 여기에 따라나선 부모와 친척들이 거의 100명 정도, 아울러 교원 및 마을관리 등을 합쳐 300여 명이 후타바二葉학교라고 크게 쓴 대형 깃발을 앞세우고 빨갛고 흰 깃발 몇 개를 사이사이에서 휘날리며 줄지어 조용히" 목적지로 향했다. 9시에는 "구경꾼들이 인산인해"를 이루었으나, 대열은 "이것저것 잡담하는 소리조차 귀에 들어오지 않을 만큼 서쪽을 향해 묵묵히 가는 도중에 마에쿠보前久保, 사와다澤田를 거쳐 가야사나미가와加羅沙波川에" 도착한다. 여기에서 "둔치 한가운데에 대형 깃발을 세우고, 임의로 잠시 쉬게 한다". 곧이어 대열은 둔치를 출발해 산속 마을들을 지나 바이엔梅園마을에 도착한다. "이곳을 목표로 왔는데, 바이엔을 중심으로 동쪽에는 텐진天神의 신사가 있다. 따라서 이곳을 참배하고 깃발을 신사 내에 세워놓고 대열은 흩어져 마음껏 놀았다".[12]

이런 유형의 '운동회'는 당시 결코 예외적인 것이 아니었다. 1900년경이 되어도 '소풍'과 구별되지 않는 '운동회'가 많이 보인다. 오히려 당시 운동회의 전형적인 모습을 만들어가던 중이었다. 아동이 집단적으로 멀리 떨어진 강가 둔치나 경내, 들판까지 무리지어 이동한 뒤, 현지에서 집단으로 놀고 다양한 운동경기를 하

[12] 《사이타마교육잡지》 제97호, 1990년, 51쪽.

는 활동은 넓은 의미로 '운동회' 또는 '소풍' 으로도 불렀으며, 양자를 다른 영역의 것으로 생각하는 발상은 전혀 없었다. 1894년 4월 사이타마현 히키군比企郡 오가와小川 고등소학교의 다음 사례는 이 무렵 운동회가 가이초開帳[13]를 구경하는 행사였다는 점조차 당시에는 아주 흔한 일이었음을 보여준다.

> 이 학교에서는 지난 25일에 봄 운동회를 군내 히라무라(平村) 지코지(慈光寺)에서 개최하였다. 무릇 이 절은 지금으로부터 1234년 초창되어 역사상 참고가 될 만한 진품과 보물이 적지 않다. 다행히 지난 19일부터 소장품을 공개 중인데, 마음껏 보물을 관람할 수 있는 건 참으로 절호의 기회다. 이제 당일의 모습을 적으면 학교 교원 및 생도 2백여 명은 오전 8시부터 출발, 정오에 절에 도착한 후 곧바로 보물을 참관했다. 이 거리가 약 2리 남짓 자고사(字古寺)로부터는 굽이굽이 산길을 혹은 험난한 언덕을 오르고 깊은 계곡을 내리기를 수차례 거듭한 끝에 히라무라에 도착하자 첩첩산중을 마주하고 무성하게 우거진 숲이 펼쳐진 가운데 이 대가람이 자리 잡았다. (생략) 보물을 관람한 후 일동들은 관음전에 참배하고 곧바로 귀갓길을 서둘러 절을 뒤로하고 시바야마(芝山)에서 점심을 먹고, 오후 2시 산을 내려와 앞서 밟아온 길을 따라 귀교한 것은 오후 4시가 된다.[14]

이런 사정이었기에 〈운동회와 꽃놀이〉라는 제목으로 1892년 4월의 《풍속화보》에 게재되었던 다음의 논설은 당시 운동회의 실태를 정확하게 반영하고 있을지 싶다. 이 글의 논자는 운동회는 결코 최근에 시작된 것이 아니라, 메이지 유신 이전부터 폭넓게 행해져 왔다며 의표를 찌르는 의견을 펴고 있다. 왜냐하면 논자에 따르면, 근래의 운동회는 일찍이 "데라코야寺子屋[15]의 스승들이

13 절에서 불감(佛龕)을 열어 일반인에게 평소에 공개하지 않는 불상과 조사(祖師)의 상(像) 등을 공개하는 행사 —역주
14 《사이타마교육잡지》 제128호, 1894년, 20~21쪽.
15 일본의 전통적인 교육 기관으로 우리의 '서당' 에 해당 —역주

학동과 함께 고텐잔御殿山의 꽃놀이 '하나미花見'를 하거나, 샤미센[16] 선생이 제자들을 데리고 무코지마向島의 벚꽃을 즐기며 술래잡기, 볼차기 등여러 가지 놀이로 하루를 즐겼다"는 사실과 크게 다른 바가 없기 때문이다. 분명 '놀이의 몸짓'에는 다소의 변화가 있었다. 옛날의 놀이를 대신해최근에는 남자 아이들은 깃발뺏기, 공 줍기, 달리기 등을 겨뤘으며, 여자아이들은 창가와 숨바꼭질을 즐겼다. 하지만 이는 어디까지나 표면적인변화에 지나지 않으며, 실질적으로는 메이지 시기의 운동회는 '옛날 꽃놀이와 큰 차이'가 없었다. 논자는 나아가 에도의 꽃놀이와 메이지 운동회의 차이로 전자는 샤미센 스승이 여자 아이들에게 "똑같은 때때옷을입혔다"는 것에 비해, 후자에서는 "정해진 의상 등 교사가 의무적으로 입히지 않고, 사람들 취향에 맡겼다"는 점을 들었다.[17] 이 점은 다소 사실과달라 메이지 운동회에서도 생도들이 정해진 양복을 입은 예가 있는데,[18]이 사실은 논자의 '운동회 = 꽃놀이' 설을 더욱 뒷받침한다.

그렇지만 메이지 운동회가 단지 에도시대의 꽃놀이와 사찰 보물전인 가이초의 연장에 지나지 않았다고 볼 수는 없다. 메이지 운동회에는 그 초창기부터 에도의 꽃놀이에는 존재하지 않았던 강력한 성격이 부여되어 있었다. 즉, 이미 오키나와의 예가 보여준 것처럼 군대적인 행군과 연습이다. 1886년《대일본교육회지》에도 "최근 체육의 논의가 활발해져 각 지방에서는 채육회 혹은운동회, 행군 등이 성행해 생도들을 인솔해 산과들로 나가거나 혹은 군대 연습에 여념이 없거나,완력을 겨루기에 이르렀다"고 한 것처럼, 운동회는 먼저 아동판 군사연습으로 침투되고 있었던 것이다.[19] 예를 들어 같은 해 10월 나가노현의 마루코丸子학교 외 7개교 연합운동회의 기록은 각 학교의 생도들이 목적지에 도착하기까지 행한 대열운동의 과정에 대해 다음과 같이 언급하고 있다. 아동들이 오야부네바시大屋船橋에 도착할 무렵에는 "각 소대별로 건너 8시 35분 전군이 다리를 건너 3분간 휴식. 8시 30분, 동쪽으로부터 적이 습격한다는 통보를 받아 임시로 강주변에 산병시키고, 47분이 되서야 전군을 소집해 곧바로 진군했다." 그리고 "9시 39분, 이누마신사飯沼神社에 도착해 중대 연습을 치뤘다. 9시 55분, 멀리 산꼭대기에 사람들이 몰려있는 걸 바라봤다. 10시 6분, '후타쓰기' 고개에 이르러 홍군과 백군이 산 정상에 집결한 걸로 전군대가 동쪽으로 산병했다"고 한 것처럼 몇 군데에서 군사연습을 하면서 행군하는 훈련이 도입되었던 것이다.[20]

마찬가지로 89년 5월 아오모리현 히로사키시弘前市의 소학교 운동회에서는 참가학교의 아동들은 "대형 깃발을 세우고, 나팔을 신호로 질서정연하게 출발했다. 총인원은 4천 명으로 대오의 정열이 군대의 행군을 보는 것 같다. (생략) 통행할 때는 구경하는 사람들이 인산인해를 이뤄 입추의 여지가 없을 만큼"이었다며 기자에게도 운동회와 군대행군이 유사한 것으로 확인되었다.[21]

이러한 기록에서 초기 운동회에는 개개인의 경기 이상으로 목적지에 도착하기까지의 행군을 중시하였던 점을 엿볼 수 있는데, 물론 목적지에서의 경기 그 자체도 운동경기적이기보다는 군사연습적 경향을 강하게 띠고 있었다. 실제로 당시 소학교의 '운동회'는 종종 '깃발뺏기'로 이해되었다. 깃발뺏기란 생도들이 홍백 내지 적황백 등 여러 군대로 나눠져 적군이 갖고 있는 깃발을 서로 빼앗는 전쟁

19 《대일본교육회지》 제 28호, 1886년, 《근대 일본 교육자료총서》, 57쪽.
20 나가노현교육사 간행회, 《나가노현교육사》 제 10권, 사료편 4, 1975년, 513~515쪽.
21 〈도호일보(東奧日報)〉 1885년 5월 26일자.

놀이, 즉 군사연습의 아동판이다. 이러한 운동회의 연습적 성격은 예를 들어 1888년 5월에 개최된 이시카와현의 가나자와, 이시카와, 가와기타 3군 연합 대운동회를 소개한 다음의 기사에서도 볼 수 있다.

> 오전 10시 예정된 신호에 맞춰 개회가 선언되고, 가나자와구의 생도들은 북쪽에서, 이시카와군은 남쪽에서, 가와기타구은 동쪽에서 각각 군가를 부르며 회장에 나온다. 부속 소학교의 생도들 역시 나팔신호에 맞춰 그 중간에 몇 번이고 나와 도수체조, 아령, 공, 장대 및 대열운동 등 온갖 연습을 시작한다. 잘 훈련된 힘찬 구령과 민첩한 움직임 등은 제2회 추계운동회에 비하면 사뭇 진보한 결실을 보여주었다. 위의 일정을 마치고 드디어 부속소학교 생도들의 중대운동이 실시되었는데, 중대장 이하 소대장 및 반소대장, 급식반 등에 이르는 14명의 간부는 사범학교 생도 4학년생으로 충당했으며 진행 중에는 나팔을 사용했다. 오후에는 사범학교 생도들의 총검술, 기예 및 장진, 소대운동을 선보인 후 3, 4학년생들은 산병예교, 발화연습, 지형식별을 행했다. 곧바로 센코지(專光寺) 마을 동쪽 끝에서 마을 가운데 쪽을 향해 숲과 나무, 언덕 혹은 물과 지형의 기복을 이용해 일진일퇴의 사격을 벌이면서 조금씩 움직여 사이가와(犀川) 하류 서쪽에 있는 소나무 숲에 이르러 운동을 마쳤다. 단, 적병은 센코지 중간 마을쪽에서 움직여 사이가와 하류 동쪽 끝에 도착했지만 불리한 지형으로 인해 전패한 이가 불어났다. 오후 3시 연습을 모두 마치고, 각 소학교 생도 가운데 우수한 이를 뽑아 차례차례 상품을 수여했는데, 수상자는 총 290명에 달했다.[22]

여기서 강조하고 싶은 것은 이 당시 이러한 군사연습형 운동회가 얼마나 많았는가라는 점이다. 앞서 예를 들었듯이 1886년 2월의 사이타마현 구마가이熊谷학교 운동회에서는 아라카와荒川 둔덕에서 '보라색 부대'와 '흰색 부대'를 대치시킨 뒤 이윽고 "한바탕 대전쟁을 벌여 갑이 밀고 을이 밀리는 일진일퇴를

22 《대일본교육회지》 제58호, 1887년, 전게 총서, 356~357쪽.

거듭해 한참만에 승패가 갈리자 점차 당황한 흰색 부대는 패전이 두드러지더니 '4분 5열' 하는 싸움이 벌어졌으며,[23] 88년 5월의 가와코에 에와川越英和학교 운동회는 "양군의 각 거점을 정하고 서로 다퉜다. (생략) 이로 양국은 서로 얽혀 싸우며 접전을 벌였는데 시간이 흐르자 양쪽 모두 피로로 인해 잠시 휴식, 곧바로 다시 싸움을 벌였으나 승패를 끝내 결정짓지 못한 채 시각이 정오가 되어 모두 점심을 먹었다"는 식의 행사였다고 한다.[24]

　　이와 같은 성립기 운동회의 특징에는 이유가 있었다. 학교 행사로서의 운동회 발달과 군사연습의 대규모화는 모두 1880년대에 병행적으로 일어난 현상이었다. 실제로, 육군과 해군의 연습을 천황 혹은 이를 대신하는 주요 인물이 참석한 가운데 열린 것은 1870년대부터 나라시노習志野와 시모쓰하라下津原에서 행해진 보병과 포병 연습을 논외로 하자면, 1885년경부터 활발하게 열리기 시작했다. 같은 해 3월에는 도쿄 지역의 전부대와 해군함대의 연합연습, 근위병 전부대의 연합연습, 히로시마지역 부대연습, 구마모토지역 부대연습 등이 차례차례 열렸으며, 87년에도 나고야 부근의 다케토요武豊에서 육해군 대항연습이 천황이 지켜보는 가운데 열렸다. 그리고 90년, 그때까지의 군사연습과는 비교하기 힘든 본격적인 연습이 나고야에서 실시되었다. 이미 88년 주둔지를 없애고 사단을 설치, 사단장은 천황에 직속되는 것으로 결정되었으며, 89년에는 천황이 통솔하는 육해군 합동연습제도가 정비되어 천황을 정점으로 하는 일본의 군사기구는 큰 폭으로 체계화되어갔다. 90년의 대연습은 이러한 제국의 군대가 그 성능을 천황에 대해 직접 증명하는 일대 이벤트였다. 메이지 국가는 이렇게 1880년대를 통해 군사와 교육 양면에서 규율-훈련적 국민훈육 체제를 빠르게 정비해 갔다.

23 《사이타마교육잡지》 제30호, 1886년, 33~34쪽.
24 《사이타마교육잡지》 제57호, 1888년, 31~32쪽.

운동회의 연습적 성격은 꽤 오랫동안 유지되었다. 1895년, 청일전쟁의 승리를 기념해 열린 아오모리현 히로사키弘前중학교 운동회에서는 생도들이 "한쪽은 러시아군이 되어 아오모리 방면으로부터 진격하고, 한쪽은 황군이 되어 히로사키성을 지킨다"는 연습이 포함되어 있었다. 이에 대해서〈도오일보東奧日報〉는 "멀리 러시아군 쪽으로부터 대포소리가 점점 울려퍼져 다가왔으며, 황군 역시 이에 즉시 응전해 힘겨루기가 더욱 가열되어 소나무 숲과 여러 누각들이 대포 연기에 파묻힐 정도였다. 성안을 가득 메운 대포소리는 사람의 귀를 찢을 기세였지만, 황군의 태평천하에 적이 있다는 건 생각할 수 없어 러시아군에 곧바로 전력을 기울여 패망의 자리로 떨어뜨렸다"며 당시의 상황을 전달했다.[25] 나아가 1899년 나가노현 수와諏訪군 소학교 연합대운동회에서도 "운동장은 남학생과 여학생의 장소를 따로 나눠 남학생은 군인이, 여학생은 간호원이 되어 (생략) 각 학교의 학생들을 홍백 양군으로 나눠 교원들은 심판 및 지도관이 되어 동분서주했으며, 어느 때는 홍군이 승리를 챙겨 백군이 퇴각하다가 백군이 승기를 잡으면 홍군이 패주하는 등 2시간에 걸쳐 쉴새없이 경쟁을 벌여 승패를 정했다"는 기술이 보이는데, 운동회가 해외로의 파병과 병행해 갈수록 더욱 연습적 틀을 갖춰 나갔다는 사실을 알 수 있다.[26]

2. 국민의 신체를 조련한다

이미 살핀 것처럼 1880년대 중반 이후 운동회가 전개되는 데 결정적인 역할을 한 것은 아마도 1885년 문부대신이 되고서 국가론적 관점에서 아

25〈東奧日報〉1895년 5월 24일자.
26〈長野新聞〉1899년 10월 13일자.

동의 신체 규율 = 훈련화를 강력하게 추진하였던 모리 아리노리林有禮일 것이다. 실제로 그는 각지의 학교를 순시하면서, 학교교육에서는 체조와 창가가 "놀고 먹는 습관에 길들여진 지방에서 특히" 중요하다는 점을 역설하고, "또한 체조는 때때로 3~4리 이내의 여러 학교에서 학생들이 모여, 열을 짜 운동하거나 학교 대 학교의 경쟁 및 놀이 등으로 활발하게 여는 게 좋겠다"고 밝혔듯이 운동회의 전국화는 모리의 교육정책으로부터 직접 유도되었다고 볼 수 있다.27 이때 중요한 사실은 전국 학교에서 이뤄진 운동회의 전개는 모리의 교육사상 근간을 이루고 있던 두 가지 전략을 실천하는 효과적인 방법, 즉 모리 자신이 말한 "도구로 조르는 방법"과 깊은 관계를 맺고 있다는 점이다. 구체적으로 모리는 한편에서는 이 나라의 어린이들이 근대적인 신체기술을 획득한 주체로 낙오자 없이 모두가 길들여지지 않으면 안 된다고 생각하였고, 다른 한편으로는 그러한 주체의 능력이 천황을 정점으로 하는 국가적인 공동체 속에서 일원적으로 수렴되지 않으면 안 된다고 생각하였다. 그리고 이들 두 가지의 상호 연동하는 국민 = 국가적인 신체공학이 시도되고, 작동되는 이념적인 장치로서 학교를 선택하였던 것이다. 이러한 모리의 학교에 대한 이해는 당시로서도 이례적인 것인데, 이런 점이 모리의 교육관과 모토다 나가자네元田永孚28의 관점을 결정적으로 구분짓는 요소다. 여기서 이러한 모리의 학교인식과 그 가운데 운동회가 맥락을 같이하는 전략성에 대해서 간단하게 검토해 보고자 한다.

모리가 교육에 대한 관심을 갖기 시작한 것은 꽤 이른 시기 부터인데, 적어도 그가 대리공사로서 워싱턴 일본공사관에 부임하였던 1871년 무렵

27 森有禮, 〈교토부 심상중학교에 있어서 군구장/부회 상치위원회 및 교원에 대한 연설〉大久保利謙 편,《모리 아리노리전집》제1권(근대 일본교육자료총서 인물편1), 宣文堂書店, 587~590쪽.
28 막부 말기와 메이지 초기에 걸친 유학자로 '교육칙어'에 참가하는 등 유학의 이념에 따른 천황제 국가사상 형성에 크게 기여한 인물(1818~1891) —역주

에는 교육이야말로 일본의 장래를 결정하는 가장 중요한 제도라고 생각을 굳혔던 것 같다. 이 해에 그는 스펜서와 밀의 사상을 열심히 연구하는 동시에 코네티컷주Connecticut와 매사추세츠주Massachusetts에 있는 학교를 견학한다. 다음 해에는 미국 교육관계자에게 일본 교육의 장래상에 대해 의견을 묻는 설문조사를 실시하고, 그 결과를 《일본의 교육》1873년이라는 영문 책자에 정리해 소개한다. 같은 해 모리는 대리공사를 스스로 그만두고 귀국 길에 오르는데, 이 시기 모리의 사상형성에 대해 면밀히 연구해온 하야시 다케지林竹二는 이 무렵부터 모리는 이미 문부성에 들어가 일본 교육의 골격을 손수 만들려는 의욕을 가지고 있었던 게 아닌가하고 추론하였다.29 하야시에 따르면 모리의 이러한 교육에 대한 집요한 관심은 그가 첫 번째 유학중일때 만난 스웨덴보르그계General Church of the New jerusalem 코뮌운동의 지도자 토마스 레이크 해리스Thomas Lake Harris, 1823~1906의 강한 영향 아래에서 그 윤곽을 잡아나갔다. 주목할 만한 것은 이미 이 초기 시점부터 모리의 머릿속에는 '유신이라는 정치적 개혁의 보완으로 사회적인 변혁, 인간의 의식과 기질, 그리고 체격까지 포함하여 이를 근본부터 다시 만들어가는 과제'가 부상한 것으로 여겨진다. 이 과제는 "그 중에서 인간이 재생을 이루는 조직인 동시에 신 앞에서 재생한 형제가 그 임무에 복종하면서, 사회의 재생을 위해 움직이는 거점이기도 하였다"는 해리스의 코뮌《신생사新生社》에서 자아와 공동체의 존재방식을 모리 나름의 방법으로 '신생' 중이던 메이지 일본에서 실현시키고자 한 시도였다.30

　　모리를 기독교 신도라고 믿던 사람들의 반대에 부딪쳐 그는 십여년 늦게 문부성에 들어가게 되는데, 그동안 모리는 일본 교육에 대한 여러 전망을 제시한다. 그 중에서도 잘 알려진 것은 그가 1879년 도쿄학사회원東京

29 林竹二, 〈모리 아리노리〉《하야시다케지저작집》제2권, 筑摩書房, 1986년, 27~43쪽.
30 같은 책, 111~121쪽.

学士会院에서 발표한 〈신체의 능력〉론이다. 모리는 먼저 교육이 촉진시킬 지식, 덕의, 신체 세 가지 능력 가운데, "우리나라 사람들이 가장 결여되어 있는 부분은 그 중대한 세 가지 능력 중 신체의 능력"이라고 밝힌다. 일본인의 몸은 "너무 연약해 참으로 깊은 한숨이 나올" 정도인데, 여기에는 이유가 있다. 모리는 일본인의 "신체 능력에 결여된 부분"이 있는 주된 이유로 토양, 기후, 음식물, 주거, 의복, 문학, 종교 일곱 가지를 지적한다. 예를 들어 주거의 경우에는 "다다미 위에 무릎을 꿇고서 앉는 것, 또는 웅크리면서 쉬는 것 등으로 인해 자연적으로 나태한 습관이 들어, 그 버릇과 습성으로 인해 몸을 움직이는 걸 싫어하게 되고, 또한 이로 인해 등과 허리가 굽어 꼽추처럼 되며, 무릎도 안으로 굽어져 곧바로 자랄 수 없게 된다"는 견해를 편다. 이들 요인을 모두 개선하는 것은 무리일지라도, 그 가운데 몇몇은 교육 방법에 의해 개량이 가능하다. 그 중에서도 모리가 강조한 것은 "교육을 신체상에서 실시하는" 것, "강박强迫체조를 병식兵式으로 끌어넣어, 더욱 널리 보급하는 것이 가장 좋은 방법"이라는 것이다. 단, "병식을 취하려는 주목적은 오로지 그 교육시킬 내용을 신체상에서 실시하기 위함이지 결코 군무軍務를 위해 마련"한 것은 아니다.[31]

모리의 이런 주장은 일찍이 1882년메이지 15년의 〈학정편언学政片言〉에서 성문화되어 1885년 이후 교육정책의 큰 가닥이 된다. 특히 1887년에 초안이 다듬어진 것으로 보이는 〈병식체조에 관한 건설적 제안〉에서는 이미 학교교육에서 체육을 교과목으로 가르치고 있지만 "그 실효를 보면 모자라는 점들이 있는데, 이는 군대에 적을 둔 이를 초빙해 교사로 보완하길 바란다"는 것이 원인이 되어, "중등학교 이상의 모든 학교에 교과시간을 할애하거나, 혹은 체조의 한 과로 하는 게 문부성 관리로는 어렵다면 육군성의 소관

31 森有禮, 〈신체의 능력〉《모리 아리노리전집》 제1권, 325~329쪽.

으로 옮기는" 것을 제안하기에 이른다. 더욱이 이 무렵의 모리는 이러한 병식체조에 의한 체력 조련을 취학 중인 아동들만을 대상으로 할 것이 아니라, "학교에 적을 두고 있는 학생들과는 별도로 어른들도 집단으로 편대해 지역의 용맹스러운 일꾼으로 키우기 위해 역시 육군에 촉탁하여 1주 2회의 체조 훈련을 받을 필요가 있다"고 밝힌 것처럼, 학교 밖까지 확장하려고 했었다.[32] 이러한 제언에서 일본인의 '신체 능력'을 근본부터 개조해 가려는 의지가 얼마나 철저했는지 잘 알 수 있다. 모리에 따르면, 병식체조는 아동들 사이에 '순종의 습관'과 '상조相助의 정', '엄숙한 예의'를 양성해 가기 위해 "이용해야 하는 하나의 선택, 즉 도구로 조르는 방법"이었다.[33] 다시 말해 모리가 꾀한 것은 일본인의 '신체 능력'을 서구 사람들과도 필적할 수 있을 정도까지 개조하는 일이었으며, 그러한 신체조교의 수단으로서 그는 병식체조에 주목하였고, 또한 그 조교 시스템을 군대로부터 빌려와 이용하고자 했던 것이다. 병식체조는 모리가 생각하는 새로운 국민의 신체를 양성해 가는 정치기술에 지나지 않았다.

전기와 후기에 걸쳐 철저하고도 근본적으로 변화한 것처럼 보이는 모리 아리노리의 사상 하나만을 시종일관 분석해 온 연구자는 소노다 히데히로園田英弘다. 소노다는 모리의 사상 전체를 꿰뚫고 있는 것은 '제도'에 대한 그의 독특한 관심이라고 본다. 소노다의 글에 따르면, 《메이로쿠잡지明六雜誌》[34] 시대까지 모리의 전기 발언을 중시하여 그를 자유주의 사상가로 보는 논의든, 문부대신이 되고 나서부터인 후기 발언을 중시해 그를 국가주의자로 보는 논의든 이들 두 논의가 놓치고 있는 점은 모리가 국가와 개인을 관계지으려는, 즉 '제도 institution'의 수준을 설정하였다는 사실이다. 모리는 그의

32 森有禮, 〈병식체조에 관한 건언안〉, 같은 책, 347~350쪽.
33 森有禮, 〈사이타마현 심상사범학교에서의 연설〉, 같은 책, 481~486쪽.
34 1873年 모리 아리노리가 발의해 결성된 메이로쿠샤(明六社)의 기관지

동시대 어느 누구보다도 근대 서구의 앞선 개념인 '제도'의 사회적 작용을 숙지하고 있었다. 소노다는 이러한 인식 위에 모리가 규범/제도와 사회시스템에 관한 사회학적 식견을 바탕으로, 어떠한 방식으로 '자유주의적'으로 보이는 사회관계의 수준과 '국가주의적'으로 보이는 수준을 매개해 갔는지를 밝히고 있다. 즉, 모리는 "의심할 것도 없이 '국사國士'로서 유학에 나섰다. 그리고 그는 틀림없이 '신앙인'으로서 고국의 땅을 밟았다". 그 후 모리의 사상적 움직임 대부분은 이 두 가지 사실의 거리를 좁히는 데 전력을 기울인다. 그리고 '제도'라는 개념에 주목, 즉 국가와 개인의 관계를 어디까지나 '제도' 차원에서 다루었다는 사실이 두 가지 수준의 양립을 가능하게 만들었던 것이다.**35**

특히 중요한 점은 모리가 국가를 이처럼 훌륭한 제도적이고 인공적이며, 그리고 기능적인 구성물로 보았다는 사실이다. 소노다는 다음과 같이 언급했다. "모리는 단일 정치이데올로기 내지는 도덕사상에 의한 전국민의 내면을 전면적으로 통제하고, 국가의 질서를 획득하려고 하였던 것은 아니다. 또한, 그는 정치지배의 대상인 국민에게 피통치자로서의 교화만을 의도했던 것도 아니다. 모리는 틀림없이 정치 주체이면서 동시에 객체이기도 한, 올바른 의미로서 '국민'을 형성하기 위해 교육이 공헌해야 한다고 생각하였다". 따라서 모리는 "정치적 지배의 객체에게 요구되는 '순종'만을 주장하였던 것은 아니다. 정치적 지배의 객체가 동시에 주체이도록 의도하였다". 그리고 이와 같은 상호적인 관계에 있는 국민과 국가를 동시에 가능하게 하는 장치로서, 교육을 비롯한 여러 가지 제도적 틀을 생각하고 있었던 것이다.**36** 게다가 그는 이러한 국가와 국민의 관계 모델을 그가 미국에서 체험한 해리스의 코뮌에서 찾고 있었다. 코

35 園田英弘, 《서양화의 구조》, 思文閣出版, 1993년, 225~232쪽.
36 같은 책, 281~287쪽.

뭔에서 체득한 신 = 공동체를 위한 자기희생 정신은 모리에게는 현세화된 신 = 공동체의 수준으로 투영되어, 신 = 천황의 카리스마에 의해 실현되는 정치공동체인 국민국가를 향한 자기희생 정신으로 치환되었다. 다시 말해 '모리로서는 최대 신앙의 증표란 국민국가 건설을 위한 자기희생' 외에는 없었으며, '신에 대한 헌신이라는 가장 비세속적인 행위는 정치활동이라는 세속적 생활의 구석구석에 고루 편재되어 있었다'는 점이다.37 따라서 당연히 모리에게는 '충군애국忠君愛國'은 '감정적인 고양의 문제가 아니라, 사사로운 정을 없애고 의무를 북돋우는 것과 같은 의미'였다.

이상과 같은 논의를 전제로 하자면, 모리가 주장하였던 '충군애국'이나 '국풍國風의 교육'의 이념은 모토다 나가자네元田永孚 등 보수파가 표방하는 국가주의와는 전혀 다른 것이었다는 게 드러난다. 예를 들어, 모리는 앞서 소개한 〈건언안建言案〉과 비슷한 시기에 쓴 〈각의안閣議案〉에서 "구미의 인민들은 위아래, 남녀할 것 없이 같은 나라의 국민들은 각기 자기 나라를 사랑하는 정신을 지니고, 단결하여 문제를 풀어나가니 이로써 능히 큰 문제라도 부딪히고, 큰 위기라도 참고 그 나라를 세우는 데 다투어 앞장서려는 이가 많은 것은 그 교화책에 있으니 이게 품성을 다듬고 기르는 데 힘이 되는 셈이다"고 구미의 내셔널리즘을 요약하면서, 이와 대비되는 일본에서는 "개진開進 운동을 주지主持하는 이는 극히 일부 국민에 그치고 있으며, 그 외 대다수 인민은 막연한 채 나라를 세우는 게 뭔지 이해하지 못하는 이들이 많다"고 비판한다. 이러한 상황에 즈음하여 일본의 "국민을 충군애국의 정신으로 독려, 그 품성을 굳히고 지조를 일관하게 하여 사람들이 겁약怯弱을 부끄러워하고, 굴욕을 싫어하도록 깨달아 깊이 뼈에 새겨넣는 것"이 '국운의

37 같은 책, 251~252쪽.

진보'를 위해서도 불가결하다. 거기에는 먼저 "천황 폐하의 성스러운 결단을 받들어, 오늘날에 이르러 전국의 남자 17세에서 27세까지 배움에 정진하는 이들은 물론 국민 모두가 호국정신을 기르는 방법에 따르고, 문부성은 간단하고 쉬운 교과서를 준비하여, 사람들이 읽고 외우거나 강의하는 데 편리하게 하며, 육군성은 체조와 연병 기초를 가르쳐 집집마다 그리고 마을마다 관장하게 하며, 한 달에 한 차례 혹은 두 차례에 걸쳐서 그 구역 내의 인민을 학교에 모아, 강연회 혹은 운동에 임하도록 하는 것"이 필요할 것이다.[38] 이러한 견해에는 모리의 국민 신체를 조교한다는 시점과 그 내셔널리즘으로 회귀, 이를 매개로 한 초월적인 권위로서 천황의 시선 관계가 요약되어 나타났다.

병식체조로 훈련받을 아동의 신체는 메이지 일본이 창출해내려고 하였던 국민국가의 틀 속에서 끊임없이 배치해 나갈 필요가 있었다. 또한 역으로 이러한 국가적 틀을 마련하는 작업이야말로 체조를 통한 아동의 신체 규율 = 훈련화를 가능하게 했을 것이다. 모리가 간파한 것처럼, 이러한 관계를 가능하도록 하기 위해서는 국토 구석구석을 두루 돌아다니는 천황의 눈길이 필요하였다. 모리는 앞서 언급한 〈건언안〉나 〈각의안〉이 만들어진 비슷한 시기에 모든 학교에 천황의 행차를 관례화하는 규칙을 덧붙였다고 한다. 이에 따르면 제국대학이나 고등사범학교, 그 밖의 공립학교에 정기적으로 행차하거나 생도들을 모두 모아 실시하는 체조에 천황의 행차가 예정되어 있었다.[39]

그리고 모리 자신도 이러한 천황의 시선을 대행하는 존재로서 전국 각지를 정력적으로 순시하였다. 먼저, 1885년 4월에는 문부성의 직원 자격으로 간사이関西 산요山陽 시코쿠四國 지방을 약 60일간에 걸쳐서 순시하였으

38 森有禮, 〈각의안〉《모리 아리노리전집》제1권, 344~346쪽.
39 〈제학교 임행(臨幸)에 관한 내정(內定)〉, 같은 책, 729쪽.

며, 문부대신으로 취임한 후에도 1886년 12월부터 다음해 3월까지 약 70일 간 규슈九州 오키나와沖繩 지방을 순시한다. 1887년 6월에는 도호쿠東北 지방, 같은 해 10월에는 호쿠리쿠北陸 간사이關西 지방, 다음해 10월에는 다시 도호쿠 지방을 다녔다는 사실에서 알 수 있듯이 장기 순시를 계속해 나갔다. 이들 지방순시는 그 횟수가 많은 점, 그리고 기간이 길었다는 점을 고려하면, 모리 문부대신의 직무 가운데 매우 중요한 위치를 차지하고 있었음을 엿볼 수 있다. 그것은 마침 수년 전부터 활발하게 행해지던 천황의 지방순행과도 흡사하고, 전국 각지의 아동과 교사들의 신체를 국민주체로 조직화해 나가는 역할을 해낸 것이다.

　　그런데 여기서 다시 운동회가 문제가 된다. 그렇다고 하더라도 모리의 매우 정력적인 지방순시는 이에 대한 대응으로서 각지의 소·중학교와 사범대학의 생도들이 모리에 대해 학업과 더불어 더 활발하게 병식체조와 각종 신체훈련을 집단으로 선보이는 활동을 함께 행하게끔 하였다. 그리고 이것이 1887년 호쿠리쿠와 간사이 순시 등에서 곧잘 운동회라는 형태를 통해 이뤄졌던 것이다. 예를 들어, 이 순시 일정에 들어 있던 가나자와金沢에서는 가나자와, 이시카와石川, 그리고 가호쿠河北 3군이 연합해서 대운동회를 개최하였다. 이는 이해 봄부터 매년 2회, 이들 3군 연합으로 개최하고 있었던 것을 모리의 방문에 맞춰서 연기하였던 것이다.

　　오후 2시, 예정된 해변[40]에 다다르자, 3천여 명의 군중들이 널찍하게 펼쳐진 모래밭에 진을 치고 창공에 교기를 펄럭펄럭 휘날리니 참으로 일대 장관이며, 이윽고 대신이 도착하자 동시에 호령과 나팔 소리를 신호로 가호쿠군 생도들은 대열운동, 아령체조,

[40] 이시카와(石川)군 후쇼지(普正寺) 해변 －역주

이시카와군 생도들은 중대운동, 가나자와군 생도들은 대열운동 및 유연운동, 아령체조, 사범학교 부속 생도들은 대열운동, 아동체조를 실시, 그 완성도는 각 학교에 따라서 다르지만 규율의 일사불란함은 철저하게 이루어졌는데, 이처럼 다수의 생도를 모두 한 자리에 모으는 데는 부모들의 교육에 대한 뜨거운 마음이 잘 드러났다고 하겠다.[41]

이러한 운동회와 체조의 전람은 모리의 순시 이전부터 이미 행해지고 있었다. 예를 들어, 오사카미나미大阪南 사카이우라堺浦에서도 "심상사범학교, 동 부속소학교, 심상소학교, 사카이구 고등소학교, 방직,[42] 승방,[43] 시市, 구마노熊野 각 심상소학교, 미나미가와南川, 하타고旅籠소학 간이과, 중앙 재봉장, 북 재봉장의 각 생도 등 총 1500명이 넓은 모래밭에서 각기 자기 위치를 차지", 문부대신이 보는 앞에서 깃발뺏기, 아령, 대열운동 등 체조를 열심히 선보였으며, 와카야마和歌山에서도 비록 연기는 되었지만 이와 같은 운동회가 계획되었었다. 무엇보다도 더욱 시사적인 것은 역시 오키나와의 예다. 앞서 말한 마에시로真栄城가 보여주듯이, 오키나와에서는 바로 이 모리의 지방순시를 받고서 운동회가 학교 행사로 처음으로 만들어졌으며, 그 후로도 정부 고관이나 황실 관계자의 오키나와 방문, 혹은 교육칙어의 하사 등을 기념하여 빈번하게 열리게 된다. 예를 들어, 모리의 시찰이 있고난 다음 해인 1889년 4월에도 육군 중장 야마지 모토하루山地元治가 방문한 가운데 나하那覇의 호수와 들판潟野에서 연합대운동회가 개최된다. 마에시로에 따르면, 이 운동회의 상황은 "산 위에서山地 촬영하여, 천황폐하께 바쳤다"고 한다.[44]

41 木村匡, 〈문부대신 학사순시 수행일기〉, 같은 책, 729쪽.
42 원문은 여러 색깔의 실로 화려한 모양을 만든 직물을 뜻하는 니시키(錦) ―역주
43 원문은 절의 숙박시설 및 승려들을 뜻하는 슈쿠인(宿院) ―역주
44 真栄城, 앞의 논문, 294쪽.

요컨대 모리 아리노리에게 학교는 장래의 일본을 짊어질 아동들이 자신의 신체를 근대 국민국가의 주체 = 신민臣民에 걸맞게 길러가는 장이며, 동시에 그런 식으로 길들여진 신체가 국가의 시선 앞에 빠짐없이 선보이는 장소였다. 운동회는 각지의 학교를 빈번하게 순시하는 모리의 신체를 통해 대리적으로 이뤄진 국가의 시선과 단련되어가는 아동들의 신체가 해후하는, 그리고 그 만남을 가장 효과적인 방식으로 연출하는 장치임에 틀림없었던 것이다. 아울러 마침 1880년대까지 천황 순행巡幸의 전략이 1890년대 이후 영정 사진을 둘러싼 의례儀禮 전략으로 대체되었던 것처럼, 1880년대 후반에 집중적으로 이루어진 모리의 전국 학교 순시와 아동의 운동 기능을 전람展覽하는 일련의 전략도 역시 1890년대 이후 천황의 사진과 결합되면서 축제일의 학교의식 가운데 하나로 정착하게 되었다.

이 축제일의 학교의식이 공식적으로 규정된 것은 1891년인데, 적어도 1888년까지 모리는 덴초세쓰天長節[45]와 기겐세쓰紀元節[46]에는 '충군애국의 사기'를 드높일 목적으로 '교원, 직원, 생도들을 모아 축하의식을 거행' 하지 않으면 안 된다고 생각하기에 이른다.[47] 이들 축제일은 이미 1873년에 결정되었는데, 모리 이전에는 이 날 생도들의 참가를 의무로 하는 학교 행사를 개최한다는 것은 생각지도 못했다. 당시, 유교적인 도덕주의 입장에서 추진되어 온 교육정책은 교원의 사상 통제와 과목의 교과내용 통제를 축으로 삼고 있었으며, 학교라는 장치 그 자체로 아동의 신체를 얽어매는 전략은 보이지 않았다. 하지만 모리는 지금까지 실질적인 '휴일' 에 불과하였던 축제일에 교원과 생도 전원이 참가하는 학교의식을 개최하는

45 일본 천황의 탄생을 기념한 공휴일로 1868년 (메이지 1)에 지정됐다.
46 일본이 정식으로 연호를 사용한 천무천황 즉위의 날을 기념해 1873년 이래 공휴일. 현재의 2월 11일 '건국기념일' 의 전신'
47 森有禮, 〈문부대신연설〉《모리아이노리전집》 제1권, 686쪽.

데 박차를 더해갔다. 이미 밝힌 것처럼, 모리의 입장에서 교육이란 '도구로 조르는 방법'이며 학교가 아동 개개인의 신체에 호소하여, 이들을 국가를 위한 주체＝신민으로 구성해 가는 기술이었다. 분명 모리가 암살된 후에 제정되었다고는 하더라도, 머지않아 전국 소학교의 의례儀禮 조직화의 원칙으로 자리잡은 '소학교 축일 및 기념일 의식儀式 규정'은 바로 이와 같은 모리의 권력기술론으로, 이른바 필연적인 귀결이었다고 할 수 있다.

3. 경쟁하는 개인, 동조하는 집단

초기에는 소풍이나 행군과는 거의 구별되지 않은 채 군사연습풍의 색채가 짙었던 운동회 역시 1890년대 이후 내용이 서서히 정비되어간다. 예를 들어 1893년 10월에 개최된 아오모리현靑森 심상중학교八戸 분교의 운동회에서는 빠른걸음 걷기, 2인 3각, 한쪽 다리로 깃발뺏기, 줄다리기 이외에도 주머니 이고 달리기, 높이뛰기, 멀리뛰기 등의 종목이 들어있었다. 초기 운동회가 대개 깃발뺏기와 줄다리기 등이 자리잡았던 점을 고려하면, 조금씩 운동회 종목이 변화하기 시작하였음을 알 수 있다. 하긴 이 운동회의 경우, 새로운 종목으로 '닭 쟁탈경쟁'과 같은 것이 있었다는 점에서 종목편성은 여전히 시행착오를 반복했었는지도 모르겠다. 참고로, 이 종목은 "학생들을 넓은 광장에 두 패로 나눠 좌우로 정렬시키고, 중앙에 닭 열대여섯 마리를 우리에 넣어 둔 채, 총성이 땅하고 울리는 동시에 우리를 치워 좌우로 달아다는 닭들을 서로 다투어 잡아 각자 자기편의 골 안으로 집어넣어 그 수가 많은 쪽이 이긴다"는 내용으로, "닭 가운데 어떤 놈은 날아오르기도 하고, 관객 속으로 도망쳐 숨기도 해, 거칠게 목이나 발목을 닥치는 대로 틀어쥐는데, 간혹 벽을 뛰어 달아나는 놈도 생기는" 회장은 한바탕 야단법석이 되었다고 한다.[48]

　　그리고 1900년대 이후가 되면 각지에서 운동회 종목이 급증한다. 예를 들어, 1905년 나가노시립학교 연합운동회에서는 적진점령, 공 던지기, 도수체조, 쌀가마니 옮기기, 농구, 줄다리기, 아령체조, 도보경쟁, 오뚝이 떨어뜨리기, 장애물 경주, 깃발 넘어뜨리기, 센터 폴, 마질카스텝, 기마전, 곤봉체조, 표적 맞추기, 중대 교련 등 50개를 넘는 종목이 행해졌다.[49] 마찬가지로 1911년 아키타현秋田県 메이토쿠明德소학교 운동회 프로그램에는 깃발뺏기, 숟가락 릴레이, 2인 3각, 3인 4각, 한바퀴 도보, 두바퀴 도보, 장애물경주, 캡틴 볼공 릴레이, 스루 볼피구 외에 밤길 마중가기, 가라사키 요사메唐崎夜雨[50], 봄햇살春日和, 전화가설電話架設 등 도대체 어떤 내용의 경기였는지조차 상상하기 힘든 종목들까지 모두 50가지에 가까운 내용들이 게재되어 있다.[51] 1905년 도쿄부 긴카錦華소학교의 운동회에서도 2인 3각, 1인 1각, 깃발전달, 줄다리기, 연합체조, 4열 큰 공 굴리기, 장애물 경주, 군함전, 2백미터 경주, 사람 옮기기 경쟁 등 20종목 등이, 그리고 아사쿠사浅草 소학교에서는 깃발 돌리기, 달리기, 제등提燈경쟁, 바다청소掃海, 도수체조, 캡틴 볼, 농구, 줄다리기, 장애물 경주 등 30여 종목이 기록되어 초기 운동회와는 전혀 다른 양상이었음을 알 수 있다.[52] 이처럼 초기의 연습적인 성격이 남아있으면서도, 운동회에는 농구와 같은 구기 종목이 더해졌으며, 나아가 달리기로 대표되는 개인 단위에서 이루어

48 〈東奥日報〉 1893년 11월 10일 자.
49 나가노현교육사 간행회, 전게서 제12권, 사료편6, 379~382쪽.
50 가라사키는 시가현(滋賀県)에 있는 호수 비와코(琵琶湖) 주변의 이름으로 가라사키신사가 있으며 8경의 하나로 꼽힐 만큼 절경으로 유명. 가라사키 요사메라고도 불린다. ─역주
51 아키타현 교육위원회, 《아키타현교육사》 제2권, 자료편2, 1977년, 248~250쪽.
52 《일본의 소학교 교사》 제7권 제83호, 1905년, 20~23쪽.

지는 운동 능력을 비교하는 종목이 중요한 위치를 차지하게 되었다.

히라타 무네후미平田宗史와 이마바야시 유지今林裕次는 메이지 시대에 열린 소학교 운동회의 프로그램을 통사적으로 검토해 이를 토대로 ① 1885년부터 87년 무렵까지를 초기로, ② 1888년부터 1900년 무렵까지를 중기로, ③ 1901년 이후를 후기로 하는 세 시기로 구분하였다. 즉, 초기 운동회에서는 운동회 종목이 대개 한 자릿수에 불과했으며, 이미 언급했듯이 연습적인 성격이 짙었다. 그런데, 중기에 들어서면 프로그램이 확충되어 많은 운동회들이 20개 안팎의 종목을 갖추게 되었다. 더 나아가 후기에 이르면, 종목 내용이 단번에 풍부해져 40에서 50개에 달하는 종목을 지닌 운동회도 결코 드문 일이 아니었다. 히라타와 이마바야시는 논의를 진전시켜 이러한 종목수 전체의 양적 변화뿐만이 아니라, 그 내용면에서도 중기로부터 후기로 접어들면서 체조종목이 전체적으로 줄어들었고, 또한 일찍이 운동회의 주역을 맡았던 깃발뺏기와 같은 종목들이 거의 실시되지 않게 되었는데, 이들 대신에 달리기나 각종 장애물 경주와 같은 경쟁적 종목이 급증하였다는 점을 밝혀냈다(3장 참조).[53] 이처럼 운동회의 연출법은 1900년경을 경계로 연습형에서 점차 경쟁=시험형으로 이행되어 갔던 것이다.

당연히 1900년대 이후 운동회에서 경기종목의 발전은 아동들 간의 경쟁의식 구조를 조금씩 변화시켜 갔다. 실제로 초기 운동회처럼 대부분 행진이나 체조라든지 분반별로 나눠 모의전模擬戰을 선보이는 식의 내용으로만 행해진 경우, 각 집단의 공동의식과 상대집단에 대한 대항의식이 높아질 수는 있어도, 참가하는 아동 개개인의 운동 기능이 서열화 되거나 이를 통해 아이들이 상호 경쟁의식을 강화시켜가는 예는

53 平田宗史/今林裕次, 〈우리나라에 있어서 운동회의 역사적 고찰(1)〉《후쿠오카교육대학기요》제36호, 제4분책, 1986년, 119~127쪽.

드물었다. 그런데 1900년메이지 33년 무렵부터 운동회의 경쟁종목이 늘어남에 따라 운동회는 참가하는 아동 개개인이 여러 사람들 앞에서 자신들의 기능을 가시화시켜 나가는 기회를 경험하는 공간이 된다. 예를 들어, 야마모토 노부요시山本信良 등이 소개한 쇼와昭和 초기의 운동회에 대한 자료로 소학교 3학년의 작문을 인용하겠다.

> 어젯밤 나는 내일 이길 수 있을까, 질지도 몰라 하면서 걱정을 했다. 하지만 왠지 기뻤다. 엄마가 형에게 "기요는 내일 1등 할거야"라고 했지만, 형은 아무 대꾸도 하지 않았다. 나는 분명 질 게 분명하니까 대답하지 않는구나 생각했다. 엄마는 나에게 "하루코, 어서 자야지. 그리고 1등 하려무나"라고 말했다. 나는 곧바로 자리에 누워 또 생각에 빠졌다. 내일 1등을 하면 좋겠지만, 우리 조가 덩치가 큰 까닭에 분명 다하라(田原)나 시모다(霜田), 그리고 세키구치(關口)가 앞지를지도 몰라 하면서 걱정하였다.[54]

이 작문을 보면 운동회라는 것은 '모의전'이라기보다는 오히려 '시험'에 가깝다는 것을 알 수 있다. 1900년대 이후 학교 행사로서 운동회의 장단점은 교육관련 잡지에 곧잘 논의되었는데, 거기서도 운동회는 학생들의 신체기능에 관한 시험과도 같다는 주장이 자주 등장하였다. 예를 들면, 1904년 7월의 《류큐琉球교육》에서 가노 지고로嘉納治五郎[55]는 다음과 같이 논하였다. 그는 먼저 운동회의 목적은 모든 전교생이 빠짐없이 운동을 하고, 경쟁하는 데에 있다고 보았다. "경쟁의 목적은 평소 자기 체력을 증명하든지, 혹은 그 단련한 결과가 나타남을 자각하든지, 혹은 그 기민함과 인내력, 슬기로움 등이 다른 이들보다 뛰어난지를 증명해 더욱 더 힘을 북돋우고자 하는 데 있다".
따라서 운동회는 학교에서 '평소의 훈련이 어떠한지를 보여주는 기회'
로 활용되지 않으면 안 된다. "운동회는 결코 구경거리에 머물러서는 안
되며, 한편으로는 보양장保養場이 되는 동시에 다른 한편으로는 평소 심
신단련의 여하를 재는 일종의 시험장이 되어야 한다".**56** 마찬가지로,《홋
카이도北海道교육》1911년 7월호에서도 오가와 고타로小川幸太郎가 시험장
으로서의 운동회 성격을 강조한 바 있다. 그의 표현을 빌리자면, "운동회
는 건실한 국민을 양성하려는 취지 아래 평소 아동이 습득한 운동의 성
과를 선보이며, 신체를 단련하고 체육의 장려를 꾀하는 것이 주목적"인
것이다. 따라서 경기종목은 "실력을 경쟁하는 내용으로 선택해, 일시적
으로 요행에 기대 승리를 정하는 식은" 배제해야 하며, 교사는 "훈육상의
효력을 보기" 위해서 "모든 아동을 한눈에 파악할 수 있게끔 하고서 정밀
한 관찰"을 해 나가지 않으면 안 된다.**57**

물론 이처럼 운동회가 '시험장과 같은 것'이 되기 위해서는 경기
내용 뿐만 아니라 이들 경기가 열리는 공간이 아동의 '정밀한 관찰'이 용
이하게끔 정비될 필요가 있었다. 이런 점에서 매우 중요한 의미를 갖는
것은 1900년대 이후 서서히 운동회의 개최 장소가 학교 내 운동장으로
옮겨진 점이다. 1890년대까지는 운동회가 대부분 학교에서 멀리 떨어진
강변이나 들판, 사원 경내 마당 등에서 열린 반면, 20세
기 들어서는 운동회는 점차 아예 학교 내 교정에서 개최
하게 된다. 이러한 변화로 인해 학교에서 목적지인 행사
장까지 이뤄지던 행군적 요소가 없어졌으며, 이동하는
데 시간을 낭비하지 않았기 때문에 다수의 종목이 실시
할 수 있게 된 것이다. 게다가 이러한 공간 변화는 아동

56 '가노 지고로의 의견'
〈운동회에 대한 명사의
목소리〉《류큐교육》제85
호, 1903년, 186~187쪽.
57 小川幸太郎, 〈운동회
실시상의 주의〉《홋카이도
의 교육》, 제222호, 1911
년, 9~11쪽.

의 신체를 향한 시선의 구조를, 그들 시선이 배치되는 장치의 수준에서 방향이 결정되었다. 즉, 운동장이라는 구획화 된 영역에서 한 자리에 집합한 아동들의 신체기능은 이전보다도 용이하게 가시화되었고 측정되었다.

이 점에 대해서도 모리 아리노리는 벌써 이전부터 운동장의 중요성에 주목했었다. 그는 말하기를 "교원 생도들의 기질을 알고 싶다면, 교실보다는 오히려 체조장에 주의할 필요가 있다. 왜냐하면 교실에서는 과업이 있으며, 또한 엄숙한 감독 아래있기 때문에 충분히 평소와 같은 기질을 관찰하기 어려우니, 교과시간 외에 과업을 두고서 감독 또한 폭넓게 여유를 갖는다면 이로써 평소의 기질이 드러나게 된다".[58] 모리의 이러한 발언과 비슷한 인식은 메이지 중기 이후의 교육잡지에서도 거듭 등장한다. 그 예로 하야마 가이고쓰羽山外骨는 "운동장은 일상적으로 교사가 실행하는 훈련의 효과가 어떠한지를 관찰하기에 절호의 기회를 부여하는데, 따라서 또한 앞으로 집행할 훈련방법을 결정하는 재료로 참고할 만하다. 그렇기 때문에 운동장은 정밀하게 아동의 성행性行을 갈고 다듬는 데 가장 긴요한 장소다"라고 밝혀, 운동장의 '교사에게 감독하기 편리함을 선사하는' 특성을 강조하였다.[59] 메이지 말기 이후 이들 운동장에 대한 관점은 교정에서 실현되었으며, 아동 신체의 '정밀한 관찰'을 가능하게 만들었던 것이다.

1900년대 이후 운동회는 이러한 흐름을 거쳐 아동 개개인에 대한 평소 신체훈련의 정도를 측정하는 '시험'과 같은 장으로 변모해갔다. 한편, 이런 과정은 분명 경기 성적에 대한 포상제도의 작용과도 연결된다. 하지만 운동회가 탄생한 초기부터 성적 우수자에 대한 상품수

58 木村匡, 〈문부대신 학사순시 수행사기(私記)〉 《모리아이노리전집》 제1권, 698쪽.
59 羽山外骨, 〈소학교의 운동장을 논하고, 이에 대한 감독의 주의를 말한다〉 《사이타마교육잡지》 제155호, 1896년, 9~11쪽.

여는 이미 이뤄졌었다. 그런데 초기의 경우에는 상품수여가 참가자 개개인에게 그다지 큰 효과를 발휘했던 것 같지는 않다. 단체경기나 체조가 중심이었던 초기 운동회에서는 승패는 기본적으로 집단 사이에서 결정되었으며, 개인의 운동 기능이 정밀하게 측정되어 상품이 수여되는 식은 아니었다. 야마모토山本 등도 1885년부터 1888년까지 사이타마현埼玉의 23개 소학교 운동회에 대한 예들을 조사한 결과, 상품수여에 대한 기사가 거의 없었던 점을 지적하였다.[60] 그런데, 머지않아 운동회의 종목 내용이 정비되어가면서 달리기와 같은 개인 간의 경쟁 종목도 도입되자, 자연스럽게 상품수여의 의미까지 변할 수밖에 없었다. 이들 운동회에서는 각 학년별로 순위에 따라 상품을 정해, 운동회 그 자체가 상품을 둘러싼 경쟁으로 아이들 머릿속에 인식되었던 것이다.

하지만 다른 방향에서 강조하고 싶은 점은 메이지 후기가 되고서도 운동회의 주안점이 어린이들의 경쟁의식을 높이는 데 있다고 생각하지 않았으며, 상품수여에 관해서도 자주 그 도가 지나침을 경계한 사실이다. 1900년대 이후 빈번하게 잡지에 등장하는 운동회론에서 앞으로 살필 운동회의 제례화에 대한 우려와 함께 자주 논의되었던 것은 운동회가 아동 간의 과도한 경쟁의식을 낳게 했다는 비판이다. 실제로 앞서 소개한 가노嘉納 역시 운동회의 시험적 성격을 지적하는 한편, 그것이 '고가 상품을 손에 넣기 위한 경쟁' 이어서는 안 된다고 강조하였다.[61] 이와 비슷한 논점은 다수 보이는데, 교사와 부모 사이에서도 운동회의 과도한 경쟁의식 고양은 "상품을 목적으로 하거나 그 승패를 목적으로 고가 상품을 얻는 것을 자랑으로 여기는, 그런 결과는 알게 모르게 허영심을 키우며, 비열한 경쟁심을 불러일으킨다"는

60 山本信良/今野民彦, 《근대교육의 천황제 이데올로기》, 386~387쪽.
61 〈가노 지고로의 의견〉(운동회에 대한 명사의 목소리) 《류큐교육》 제85호, 186쪽.

비판이 끊임없이 제기되었다.[62]

    그리고 1906년 4월의 《지바千葉교육잡지》에서 우노자와 타로宇野澤太郎는 일반적으로 "운동회라고 하면, 곧바로 홍색 모자와 백색 모자로 양팀을 나눈 것들을 연상하는 것은 필경 운동 승부 그 취지 자체가 이미 체육적인 것이 아닌 오직 운동 승부인 것처럼 여겨져, 운동회가 실제로 경쟁 쪽으로만 치우쳐버린 까닭이다"고 비판한다. 우노에 따르면, 아동 간의 경쟁의식을 증폭시켜 가는 운동회는 '적극적으로 우승만을 생각하는 쪽으로 기울기 쉬워, 이것이 결과적으로 종종 약자를 밟고 일어서는 폐습'을 낳는다. 이러한 '폐습'을 피하기 위해서는 운동회의 종목에 '경쟁적인 것 대신에 단체 공동적인 것을 비교적 많이 선택'하지 않으면 안 된다.[63]

    운동회는 경쟁적인 동시에 어디까지나 단체적인 성격을 띠어야 한다. 즉, 그것은 단지 아동의 경쟁심을 자극하는 것이 아니라, 집단적인 단결심을 키워 양쪽의 균형 속에 아동의 신체를 국민국가가 필요로 하는 주체 = 신민의 몸으로 훈련시켜 나가지 않으면 안 된다. 1900년대 이후 운동회를 둘러싼 활발한 논의 속에서 부상한 이러한 인식을 메이지 말 이후의 운동회는 어떻게 해결해 갔을까. 사이타마현 사쿠라다桜田소학교의 어느 교사가 작성한 보고서는 각지의 소·중학교가 이러한 과제를 어떻게 받아들였는지 구체적으로 보여준다. 즉 첫째, 운동회는 '평소 체육을 한 자리에 출현시킨 것이다'라는 생각에서, 경기종목 가운데 '체조를 여러 차례 많이 포함하였다'. 이러한 시도는 구경 온 사람들을 식상하게 만들지 않을까라는 불안도 있었지만, 결과는 뜻밖에 '질리기는커녕 여러 의미를 갖고서 열심히 관

62 〈운동회의 이해를 논한다〉《鴨沂會雜誌》 제24호, 1909년, 51~58쪽. '鴨沂會'는 京都府立第一高等女學院의 同窓會 이름이다'

63 宇野澤太郎, 〈운동회 개량에 즈음하여〉《지바교육잡지》 제168호, 1906년, 30~31쪽.

람하는' 모습을 확인할 수 있었다. 둘째, 상품을 노린 경쟁을 없애기 위해, '상품을 지극히 간단한 것으로 한다고 발표했다. 당일 과자를 나눠주는 것을 폐지한다는 요지도 알렸다'. 셋째, 아동이 경기에 '한층 더 힘'을 내도록 '갈채 방법, 응원의 구호를 가르치고, 서툴지만 응원가를 만들어 전수하였다'. 이처럼 해서 '방과 후에는 악대까지 연습을 개시해, 아동의 열의는 제법 뜨거워졌다'. 그리고 넷째, '단체 경쟁에 전체 아동의 주의를 끌어모으기' 위해서 특별한 방법을 궁리해냈다. 그래도 여러 단체 경쟁에서 '자신이 하는 경우는 별도로, 그밖의 다른 조들의 단체경쟁을 할 때는 관계없다는 식의 태도를 취하면서 마음대로 행동하는 아동이 꽤 존재하였다'. 이에 '전교생의 홍백 경쟁 성적은 각 반의 홍백 경쟁 성적을 합산하여 결정하기'로 해, 합계 성적이 좋은 쪽에게 단체 우승기를 수여하였다. 그 결과 '앞에 나서서 경쟁하는 아동뿐만이 아니라, 관람석에 있는 아동이 누구든 그 또한 지금 보이는 단체경쟁과 중대한 관계가 있기에, 응원이 맹렬하게 달아올라 매 경기마다 더해지는 홍군 혹은 백군의 득점에 아동 모두 기뻐하기도 슬퍼하기도' 하였던 것이다. 다시 말해, '더 큰 단체를 위해 작은 단체가 분발하고 노력하며, 작은 단체를 위해 각 개인들이 분골쇄신하는 결실을 얻은 것'이다.[64]

이는 교묘한 전략이었다. 그들은 다른 한편에서 모리 아리노리 이래 학교체육의 근간으로 자리잡아온 체조의 중요성을 다시 운동회 속에서 재확인, 또한 상품을 목표로 하는 경쟁의식을 키우지 않도록 개별적인 상품 수여는 큰 폭으로 간소화한다. 그리고 다른 한편으로 아동들을 운동회의 각 장면에 집중시키기 위해 응원을 조직화하는 동시에 마지막 셋째 특징에서 볼 수 있듯이, 각각의 경쟁을 당사자만의 경쟁으로 삼는 게 아

64 鳥海諒一, 〈운동회의 개선〉《사이타마현교육회 잡지》제131호(체육특집), 1919년, 20~21쪽.

나라 좀 더 큰 집단 간의 겨루기로 선보이는 방안을 궁리한다. 그렇게 함으로써 경기를 하고 있는 어린 선수들은 자기 자신의 우월감이나 열등감 이상으로 집단의 기대를 짊어지지 않을 수 없다. 그리고 관객들도 단지 경기를 하고 있는 게 자신의 친구이니까 응원하는 것이 아니라, 자신 역시 소속되어 있는 큰 집단을 위해 필사적으로 응원하게끔 된다. 야마모토 노부요시山本信良 등도 "운동회에서 '경쟁'은 단지 개인 대 개인의 그런 것이 아니었다. 그것은 지역주민의 응원을 배후에 업고서 학급대항, 분단대항, 마을대항이라는 형태를 취해, 나아가 확대된 형태로 학교대항, 시촌대항으로까지 이른다. 이런 식으로 운동회는 본래가 학교 행사이면서, 그것이 지닌 경쟁성으로 인해 학교 그 자체의 명예가 걸린 행사로 변모, 동시에 또한 그 명예를 자랑스러워하는 지역민과 '마을' 행사의 성격을 띠었던 것이다"라고 적고 있다.[65] 우리들로서는 운동회에서 빚어지는 경쟁의 교묘함은 이처럼 확대된 집단의 대항의식과 개인의 운동 기능의 비교 제시를 일체화한 형태로 묶은 점에 있었다는 사실을 덧붙여 두고자 한다.

그리고 이처럼 확대된 집단의 신체성이 지향하는 목적지야말로 황국 일본이라는 국가적 신체성의 수준에 있다는 사실은 의심할 여지가 없다. 앞서 소개한 가노 지고로嘉納治五郎는 유도계만이 아니라 메이지 말기 이후의 일본 체육계에 다대한 영향을 남긴 인물인데, 그는 한 강연에서 다음과 같이 밝혀, 체육교육과 운동회를 통해 양성되는 아동의 신체를 국가적 신체성으로 파악하였다. 그는 다음과 같이 말했다. "우리나라 사람들은 신체가 약하고, 또한 끈기있게 오래 견뎌내지 못한다. 그런 까닭에 세계의 강한 나라와 어깨를 나란히 하기 위해서 신체상에서도 지지 않게 만들고 싶다. 그래서 우

65 山本信良/今野民彦, 《다이쇼・쇼와교육의 천황제 이데올로기》, 286쪽.

리나라 사람들이 체중이 적고, 키도 작으며 몸도 약하다면, 능력면에서 다른 나라의 사람들을 이기기를 바라는 동시에 체력면에서도 이기는 방법을 궁리해야 한다". 이를 위해서는 소학교 운동회에서도 "생도 모두가 운동해야 한다. 따라서 소수의 운동을 좋아하는 생도뿐 아니라, 운동을 싫어하는 생도들에게도 이를 시켜 모든 생도들이 참여하는 운동회를 장려하고, 운동회를 이용하여 신체의 단련과 더불어 정신을 닦는 일에 노력해야 한다".**66** 앞서 살핀 사쿠라다 소학교에서 보았듯이 운동회의 개량이 바로 이와 같은 교내의 아동 개개인의 신체를 여러 형태의 집단성으로 귀속화시키는 작업을 통해 국가적인 신체능력에 동일화시키는 회로回路의 틀을 잡았다는 것은 분명한 사실이다. 운동하는 '나'의 신체는 우리 '팀'을 위해 있으며, 우리 '학교'를 위해 존재하고, 나아가서는 우리 '나라'를 위한 것이었다. 이를 위해 '나'는 신체를 평소에 훈련해 경쟁에 승리하지 않으면 안 되었던 것이다.

4. 제례, 구경거리로서의 운동회

이미 밝혔듯이 1900년대 이후 교육관계 잡지에서는 운동회의 장단점과 그 개선방법에 대한 논의가 크게 늘었다. 지금까지는 봄·가을호 등을 통해 각지에서 개최된 운동회의 모습을 보도했지만 운동회라는 개최물 자체에 대해 그 존재방식을 묻는 논설은 얼마되지 않았다. 그런데 1900년대에 들어서서 운동회는 그냥 보고해야 하는 대상 이상으로 그 존재가 교육적 관점에서 논의될 필요가 있는 대상으로 떠오른다. 이런 변화는 한편에서

66 嘉納治五郎, 〈체육론〉 《우에노교육회 잡지》 제 91호 5~8쪽, 제92호 5~6 쪽, 그리고 제93호 7~9쪽, 1895년.

당시까지 전국의 소 · 중학교와 사범학교에 운동회가 구석구석까지 보급되고, 또한 그 내용도 정비되어 갔음을 반영한다. 하지만 아마 그것 뿐만은 아니라고 본다. 동시에 사람들은 이 개최물을 학교라는 사회공간 속에 자리매김하는 게 얼마나 어려운지 겨우 인식하기 시작한 점이다. 그 어려움의 이유 가운데 하나가 운동회가 빚어내는 아동들 간의 경쟁의식 구조에 있었다는 것은 앞서 이미 밝힌 바 있다. 하지만 운동회와 학교 공간 사이에 내포되어 있는 또 하나의, 아마 더 근본적인 모순의 계기는 운동회가 국가축제로서 존재했을 뿐만 아니라 마을축제로도 존재했다는 점에 있다. 운동회는 많은 지역들의 생활세계에서 국가적 의식儀式 이상으로 마을축제로서 수용되었다. 그리고 이런 사실은 이 개최물이 국가적 의제擬制 구조로부터 끊임없이 도망치려는 아이들의 유동적인 신체를 포함하지 않을 수 없었음을 뜻한다. 메이지 국가는 되풀이해서 이러한 신체성을 배제하고, 운동회를 국가적인 규율훈련의 틀 속에 집어넣으려고 했지만, 실제 운동회는 곧잘 그러한 국가적 연출의 지평을 아무렇지도 않게 일탈해 버렸던 것이다.

이러한 '축제'로서 운동회를 수용하는 태도는 이 개최물이 각지의 학교에서 열리게 된 당시부터 보였다. 먼저 이 특징은 무엇보다도 구경꾼의 규모면에서 잘 드러났다. 실제로 이 무렵의 운동회에서는 교사와 학생 수를 훨씬 뛰어넘는 관객들이 화사한 옷차림으로 모여들어 자리를 깔고서 경기를 관람했었다. 예를 들어, 1887년메이지 20년 5월 미야기현宮城県 도다군遠田郡의 소학교 운동회에서는 430명의 소학생에 비해, "참관한 남녀노소가 무려 3만 명 이상이나 있었다"고 묘사할 정도로 구경꾼들이 주변 각지에서 몰려들었다.**67** 1888년 사이타마현埼玉県의 연합운동회에서도 개최를 "이날 전해 듣고서 남

67 《대일본교육회지》 제56호, 1987년, 앞의 총서, 258쪽.

녀노소 떼를 지어 사방에서 모여들어 마치 축제를 연상케 했다"는 기술을 볼 수 있다.**68** 같은 사이타마현의 시타미가하라志多見ヶ原에서 열린 1889년 합병운동회는 "근처 마을에서 모여들어 구경한 이가 무려 수천 명에 달해 그 인파로 넓은 들판이 사람으로 가득 메워졌다"고 보고됐다.**69** 그리고 이와 같이 수많은 마을 사람들과 함께 하는 아이들의 축제 기분이 초기의 운동회를 크게 무르익게 만들었던 것이다. 가령 1887년 봄, 모노미야마物見山 산꼭대기에서 열린 사이타마현 후타바二葉학교의 운동회에서는 화려하게 차려입은 아동들과 구경꾼들이 "조금 높은 곳에 자리잡고서 노래하고 춤을 추며 즐겼으며", 술래잡기, 공놀이毬つき 노래나 칼싸움拔刀 등을 하면서 반나절을 보냈다.**70** 홋카이도에서도 "마을 축제와 운동회는 부락 전체가 생업을 쉬고서, 한 가족 전원이 교정에 집합해 하루 종일 즐겁게 지냈다"고 한 것처럼 운동회가 아동과 마을 사람들이 하나가 되어 즐길 수 있는 축제로서 자리잡았던 것이다.**71**

이러한 운동회의 제례적祭禮的 경향은 다이쇼 시기에 와서는 더욱 두드러진다. "운동회는 학교만의 행사라기보다, 지역사회 전체의 행사라는 성격을 지닌다. 일하는 데 바쁜 시기를 피해 개최되어, 마을 사람들은 이 날 쉬기로 하고 가족 모두 나서서 평소의 노동 피로를 푸는 풍습이 있었다. 즉, 추석**72** · 설날 · 마을축제 · 절기 등은 농촌의 '세시歲時'**73**였지만, 소학교의 운동회도 계절 행사의 세시 성격을 지녔다.**74** 고미야 도요타카小宮豊隆는 "20세기가 진행됨과 동시에, 중학교 운동회는 체

68 《사이타마교육잡지》 제40호, 1887년, 37쪽.
69 《사이타마교육잡지》 제50호, 1887년, 30~31쪽.
70 《사이타마교육잡지》 제44호, 1887년, 27쪽
71 홋카이도교육연구소, 앞의 책, 86쪽.
72 추석 원문은 오봉(お盆)으로 선조에게 감사의 뜻을 전하는데, 불교의 우란분회(盂蘭盆會)에서 왔다. —역주
73 원문은 모노비(物日)로 연중 행사로 자리잡은 축일을 뜻하는데, 소학교 운동회도 계절행사의 세시적 성격이 있었다. —역주
74 나가노현 교육사 간행회, 앞의 책, 제6권, 교육과정편3, 911쪽.

육면보다도 그 학교의 즐거운 축전이라는 모습을 띠게 되었다"고 적고 있다.[75] 마찬가지로 야마모토 노부요시山本信良의 연구도 다이쇼 시대 운동회의 제례화를 보여주는 많은 증언을 담고 있다. 그들 가운데에는 "운동회 당일은 상점도 쉬고, 마을 전체가 들썩거렸다. 레코드도 없었던 시대였기에 영화관의 악대가 경기에 맞춰서 연주하였다"든가, 당시의 운동회는 "마을 전체의 축전으로 근린 친척을 초대해 분위기가 꽤나 성대하게 무르익었다. 교문의 아치는 물론, 교정의 동쪽에는 각 마을별로 독특한 커다란 아치를 만들었는데, 이를 위해 멀리 다이몬大門 · 와다和田까지 삼목 잎을 모으러 나섰다. 한 달 전부터 연습과 준비에 임하였다. 그 중에서도 가장행렬은 각 부락마다 많은 힘을 기울였다"든가, "경기장의 사람들 무리 너머나 교문 근처에는 사탕이나 센베이구운 쌀과자, 음료수를 파는 가게도 등장, 축제를 생각나게 하는 풍경이 눈에 띄어, 어쩐지 가슴이 줄곧 들뜬 채 하루를 보냈다"는 증언이 있다.[76] 운동회는 이 시대, 그 자리에 모인 아이들과 마을사람들의 신체로 볼 때 국가의 조교調教 장치라는 틀로부터 크게 일탈해 근대성과 전통성을 혼합시킨 마을축제가 되었던 것이다.

　　당연히 이러한 운동회의 제례화에 행정 당국은 거듭해서 규제를 가한다. 이미 1885년 도쿄부의 지사는 도쿄부 산하의 사범학교에 대해 최근 들어 "혹은 운동회라고 부르고, 혹은 깃발뺏기라고 해, 모두 그 이름을 체조에 넣고서, 다수의 사람들이 서로 무리지어 술을 마시고, 마음껏 즐기며, 길거리를 휘젓고 다니고, 기와나 돌맹이를 인가에 던지는 등 소동"을 피우는 이가 있는데, 결코 이러한 일이 없도록 교원이 엄격하게 감시해야 한다고 통달한다.[77] 이는

75 小宮豊隆 편,《메이지문화사》제10권, 취미 오락 편, 洋洋社, 1955년, 550쪽.
76 山本信良/今野民彦,《다이쇼 · 쇼와교육의 천황제 이데올로기》, 373~ 376쪽.
77 도쿄부 지사 통달, 메이지 18년 1월 23일, 도쿄도《도쿄시사고(市史稿) 시가편》제69권, 1977년, 175~177쪽.

소·중학교보다도 사범학교의 운동회를 염두에 둔 것인데, 당시의 운동회 실태를 반영하고 있다는 점에서 흥미롭다. 1890년대가 되면서 당국은, 소·중학교 운동회에 대해 규제의 필요성을 느끼기 시작한다. 문부성은 1893년, "학교 생도의 유보遊步운동은 쾌활한 기상을 기르는 게 목적의 하나인데, 선명하고 화려한 깃발 및 모자 등으로 치장, 특히 여학생들은 다투어 예쁘게 차려입기 위해 쓸데없이 많은 비용을 쓰는 등 폐단이 적지 않아, 교장 및 교원들이 제대로 주의를 주어야 한다"고 훈령했으며, 운동회가 에도시대 데라코야寺子屋의 꽃놀이와 같은 제례적 행사가 되는 것을 경계하였다.[78]

그리고 1900년대가 되면서 당국은 수차례에 걸쳐 운동회가 화려해지는 것을 경계하는 훈시와 통달을 내린다. 1903년에는 아오모리현 산하의 소학교에 "운동회 같은 것이든, 몇몇 학교가 연합으로 원격지로 여행을 가는 것이든, 아동들로 하여금 단지 성대하게 입고 화려하게 차리는 데 경쟁하는 폐단에 빠지기 쉬우며, 또한 오고가는 데 시간이 많이 소요되지 않도록 원격지를 피하고, 아동 복장도 간편하고 가벼운 복장으로 주로 삼아, 체육의 본 취지에 위반되지 않도록 도모해야 한다"는 훈시가 내려진다.[79] 그 다음해에는 나가노현 산하의 소학교에 "운동회 등을 개최하면서, 이를 준비하고 연습하는 데 많은 시간을 소비하며, 혹은 설비와 접대 등에 많은 비용을 들이며, 혹은 상을 수여하는 데 충당하기 위해 기부 및 물품을 필요로 하며, 혹은 평소 교양있는 교육적 운동 외에 일시적으로 타인의 쾌감을 도모하는 경기를 연기하는 식의 교육상 지대한 폐습이 있다"는 통달이 나온다.[80] 나아가 1909년 문부성은 학교의 강연회나 운동

78 山本信良/今野民彦, 《근대교육의 천황제 이데올로기》, 214쪽.
79 아오모리현 교육사편집위원회, 《아오모리현교육사》 제3권, 자료편, 1970년, 896~897쪽.
80 나가노현 교육사간행위, 앞의 책, 제12권, 사료편6, 225쪽.

회에서 "당일의 흥취를 더하기 위해 여러 가지 궁리를 꾀하니, 그 결과 많은 시간을 허비할뿐만 아니라, 더 나아가서는 생도들로 하여금 기름과 분을 발라 가장행렬을 시켜 때때로 연극흥행에 가까운 것을 연기하는" 경향이, "단지 도회에만 국한된 것이 아니라, 지방에서도" 보이고 있음을 지적해, 이러한 것은 "학교의 기풍을 해이하게 만들고, 가볍고 경박한 폐풍을 조장한다"며 주의하라고 훈령을 내렸다.[81]

이상과 같이 두세 번에 걸쳐 같은 취지의 훈령이 문부성과 각 지방의 부현으로부터 내려졌는데, 이는 뒤집어 말하면 이 시대, 학교 운동회의 제례화가 실제로 널리 진행되었으며, 쉽게 바뀌지 않았다는 것을 의미한다. 그리고 이러한 상황은 당시 저널리즘 속에서도 몇 번이고 문제가 되었다. 이미 1895년 《소국민少国民》에는 소학교 운동회에 대해 "그 이름은 운동회지만, 눈에 띄는 형식으로 변질되어 체육의 소중한 본래 취지를 망각하고, 단지 화려한 의상과 푸짐한 음식을 경쟁하는 데 이르렀다"는 식으로 비판하는 논설이 등장한다. 이 논설은 "운동회를 놓고서 춤 연습과 동일시해 그 아이에게 멋진 옷을 입히지 못하면 부끄러워하며, 아이들도 또한 예쁜 옷을 입지 않으면 대오에 들어가는 걸 수치"로 여기는 듯한 풍조가 있음을 개탄했으며, 운동회가 '꽃놀이와 산유山遊 모임' 같은 행사와는 다르다는 점을 역설하였다.[82] 다음해 잡지 《일본인日本人》도 〈바보스런 유행〉이라는 제목으로 운동회가 제례화되어 가는 경향을 따끔하게 비판하였다. 여기서 이르기를 "근래 학교에 이른바 운동회라는 것이 유행하고 있다. 운동회의 유행은 참으로 활발하게 이루어져야 하지만, 그 실상인즉 참으로 이런 저런 사태가 많다. 저 구마모토의 어느 여학교 생도가 장식용 검을 차

81 내리마구(練馬區) 교육사편찬위원회, 《내리마구교육사》 제4권, 자료3, 1974년, 304쪽
82 《소국민》 1895년 4월호. 인용은 唐澤富太郎 《도설(圖說) 메이지백년의 아동사》 상, 講談社, 1968년, 249쪽.

고 걸어 다니는 걸 으뜸으로 치고, 가나자와金澤에서는 제4고등학교 생도
가 음식점의 아줌마로 분장해서 음식을 구경 온 손님들에게 돈을 받고
팔았으며, 혹은 모 학교의 경우 요코하마 외국인들과의 야구 경기에 입
장료를 받는 등 뭐라고 할까 구차함의 극치이자 추함의 극치"다. 이러한
현재의 운동회는 "여흥이 너무나 많아 운동회의 운동회다운 정체성을
잃었다"는 데까지 이른다.[83]

이와 비슷한 비판들은 1900년대 교육잡지에 와서 더욱 많이 출현
한다. 《홋카이도 교육잡지》는 1901년 6월 권두 논문에서 운동회가 도내
소학교에 널리 보급되는 한편, 이들 운동회에는 다액의 예산이 소비되
며, 학부모는 집을 비우고서 회장에서 술잔치에 빠지며, 아동들도 가장
행렬에 열의를 기울이는 등 운동회 본래의 취지로부터 크게 일탈하고 있
다고 비판하였다.[84] 이 잡지는 그 후에도 몇 차례에 걸쳐서 운동회의 개
량을 논했다. 1908년에는 다액의 기부금이 운동회장의 장식 비용으로 사
용되고 있는 점이나 안식일인 휴일에 운동회가 열리는 점을 지적하고,
그 현상으로 "너무나 축제적이고, 연극적이다. 학부모가 이를 보는 게 완
전히 산유山遊 놀음이다"고 비판하는 문장을 게재하였으며,[85] 1911년에
는 앞서 소개한 오가와 고타로小川幸太郎의 운동회론을 게재한다. 오가와
는 이 논문에서 운동회의 폐단으로 ① 운동회 직전의 10일 내지 20일 간
은 거의 수업을 방기하고서 개최 준비를 하는 점,
② 아동의 운동 능력을 고려하지 않고, 분별없이
기발한 경기를 고안해 관객의 환심을 얻으려고 하
는 점, ③ 아동한테 빠짐없이 멋진 복장을 입히려
고 하는 점, ④ 아동에게 운동회 운영비의 기부를
강요하는 점, ⑤ 운동회 중 아동의 행동과 의식상

[83] 《일본인》 1896년 12월 5일호.
인용은 柳田國男 편, 《메이지문
화사》 제13권, 풍속편, 洋洋社,
1954년, 413~414쪽.
[84] 《홋카이도교육잡지》 1901년
6월호. 참조는 홋카이도 교육연
구소, 앞의 책, 113~114쪽.
[85] 《홋카이도교육잡지》 제186
호, 1908년, 3~6쪽.

태에 대한 주의가 불충분한 점, ⑥ 운동회의 다음날을 휴교로 하는 학교
가 있는 점, ⑦ 운동회를 마친 후 수일 간은 교사도 아동도 맥이 빠진 듯
한 상태가 되고 마는 점 등을 비판하였다. 오가와의 입장에서 보자면, 사
람들은 운동회가 "축제의 흥청거림이 아니라, 학교의 중요한 일대 행사
인 점을 명심"해야 하는 것이다.[86]

1900년대 이후 소·중학교 운동회의 제례화·흥행화는 전국의 교
육잡지가 비판하는 공통의 테마로 다루어진다. 그 내용 전부를 이 자리
에서 언급할 여유는 없지만, 논의가 확산된 것을 소개하기 위해 1905년
의 《대만台湾교육회잡지》에 게재되었던 야마구치山口라는 인물이 쓴 다음
의 논설을 인용해 보겠다. 그는 먼저 대만에서도 "23년 이래 각 소학교의
운동회가 성대해지고, 회장의 설비와 장식에서 운동 종목을 고안하고 선
택하는 데 이르기까지 제법 진보해 왔다"고 적고 있다. 그만큼 운동회는
아동에 커다란 영향을 주게 된 셈인데, 문제점도 많았다. 예를 들어 이들
운동회에서는 불꽃놀이를 하고, 악대가 연주를 하였는데, 그처럼 "뿌웅
뿌웅, 둥둥, 쿵쿵 땅땅으로 분위기를 돋구는 식은 너무나 흥행물적이다".
경기에 대해서도 "지나치게 신기한 궁리를 한 나머지 부자연스럽게 되
어 우스운 꼴이 되었다". 작은 바구니에 들어가서 지상을 저어가며 손으
로 전진하는 '육상 조정漕艇'이나, 한쪽 다리에 아령을 달고 다른 쪽 발로
눌러가면서 전진하는 '빙판 치기'라는 이름의 경기들은 운동 그 자체의
본질과는 너무 떨어진 '부자연스러움'으로 '우스운' 발상에 지나지 않
는다. 이처럼 운동회는 "한마디로 생도들의 몸과 마음에 얼마나 영향을
끼쳤는지 보여주기보다는 어떻게 하면 관람객을 기쁘게 할 수 있는가에
주의와 관심을 기울"였던 것 같다. 야마구치는 이렇게
밝히고서, 앞으로는 단체경기로부터 오히려 개인경기로

86 《홋카이도교육잡지》
제222호, 1911년, 9~11쪽.

중심을 옮길 필요가 있다고, 아울러 매년 같은 학년의 아동들을 중심으로 같은 종목의 운동을 시켜 그 능력을 측정해 체력기능의 증진에 도움이 되게 하는 방안 등을 제안하였다.[87]

지금까지 살펴본 것처럼 운동회가 전국의 학교 행사로 자리잡아 가는 가운데 일어난 것은 반드시 국가에 의한 아동의 신체에 대한 통제력의 관철이 아닌, 오히려 운동회의 제례화·흥행화였다. 메이지 후기를 통해 빈번하게 등장하였던 운동회 규제의 통달과 훈시, 나아가 운동회를 개선하기 위한 여러 주장과 학설은 이러한 메이지의 운동회 실태를 다른 면에서 보여준다. 운동회가 완전히 마을의 '축제'가 되고 만 것은 메이지 국가로서는 용인하기 어려운 것이었음에 틀림없다. 메이지 국가로서는 운동회는 무엇보다도 학교교육이 어린이들에게 강조하는 '연습'이자, 또한 '시험'이지 않으면 안 되었다. 이런 식으로 틀이 잡혀감으로써 운동회는 일본의 교육시스템 가운데 그 존재 의의를 주장해 왔던 것이다. 그러나 운동회의 실태는 더욱 더 '시험' 그 이상으로 '제례'에 더 가까워지는 것처럼 여겨지기조차 했던 것이다.

하지만 이러한 사실을 인정하면서 또 한편으로는 이런 의문을 함께 던질 필요가 있다. 운동회의 제례화는 정말로 메이지 국가가 이 일본 열도의 주민들 일상에 침투시키고자 하였던 국민신체의 훈육화 전략으로부터 아이들과 마을 사람들이 일탈해 갔다는 걸 의미할까. 마을 축제로서 운동회는 국가 축전과는 다른 위상을 가지면서도 세부적인 부분의 조정을 통해 바로 국가적 의례화 = 규율화의 시스템을 지지해 가는 역할을 다 한 것은 아닐까.

여기서 중요한 의미를 갖는 것은 1891년에 제정되어, 일찍이 일본열도의 모든 사람들에게 국가적인 시간의

87 《대만교육회잡지》 제44호, 1905년, 42~46쪽.

식을 침투시키게 된 축제일 의식규정祝祭日 儀式規程이다. 이 규정이 제정되고 전국의 소·중학교에서 똑같은 축제일 의식이 개최되게 되었던 1890년대, 일반 민중들은 이런 규정에 대해 거의 관심을 갖지 않았다. 아리이즈미 사다오有泉貞夫는 메이지 시대의 국가적 축제일 침투 과정을 분석한 논문에서 이러한 초기 민중들의 무관심을 검증하였다. 이에 따르면 이 무렵은 아직 "오랫동안 일반 인민, 특히 농민들의 생산 및 생활과 관련해서 그 리듬이 되었던 '명절'은 그대로 중요시되어 이어졌다". 학교에서 시작한 축제일 의식은 한참동안 "'일종의 학교 고유 행사'로 여겨져 대중의 생활에는 쉽게 스며들지 못하였다".[88] 학교의 축제일은 이 무렵에는 아직 지역사회의 민속적 의식과 결합되지 않았으며, 마을사람들의 생활시간과는 이질적인 국가 시간을 그 폐쇄된 공간 안에서 구성되었던 것이다.

그러던 것이 1900년대 이후 이러한 학교 축제와 지역의 민속적 시간의 관계가 변화한다. 아리이즈미는 가나가와현 사가미하라相模原에서 일본 근대를 살아온 한 부농[89]의 일기를 분석하면서, 이 부농이 기겐세쓰紀元節[90]에 대해 1890년대 초까지는 전혀 무관심하였고, 1900년대에도 처음에는 덴초세쓰天長節[91]와 혼동할 정도로 별 신경을 쓰지 않아 마을의 임원이 되고서도 학교의 축하회조차 출석하지 않았는데, 러일전쟁 이후부터는 그 양상이 크게 바뀌어 기념식에는 반드시 출석하고, 결석한 해에도 그 이유를 꼭 일기에 적어야만 했다고 썼다. 특히 주목할 만한 점은 "이나리신사稻荷神社 분사分祀의 한 예에서 볼 수 있듯이 길일吉日이라는 감각으로 이 날이 받아들여지게 된 점"이다. 즉, 1890년대까지는 이질적인 시간의 흐름으로서 병행해 온 학교 축제의 시간과 지역의 민속적 시간이 러일전쟁 무렵부터

88 아리이즈미 사다오 '메이지국가와 축제일' 〈역사학 연구〉 제341호 (특집 천황제 이데올로기), 1968년, 61~70쪽.
89 원전은 豪農.
90 우리의 '개천절'에 해당. —역주
91 메이지 이후 국가가 제정한 4대 기념일의 하나로 천황탄생일 —역주

는 공유하기 시작, 학교의 축제일이 민속적인 감각으로 수용되게 된 반면, 지역의 시간 흐름 속에 학교 시간이 연중행사로서 침투해 간 것이다. 학교 시간과 민속 시간은 그 경계를 애매하게 하면서 단일한 유사종족적 類似種族的 시간 속에 일상의식을 끌어안아 갔다. 운동회는 이러한 두 가지 시간의 흐름을 매개로 한편에서는 다른 지방으로 확산시키는 역할을 해나갔다. 지방개량운동이 이루어지는 가운데 근린 지역의 씨족제례[92]의 '개량'에 한 번 실패하였던 나가노현의 어느 여학교의 교장은 "그 뜻을 이어받아 덴초세쓰天長節축제 대운동회를 시작해 어느덧 8회를 맞이하였습니다. 당일은 시 전체의 남녀노소 모두 함께 목이 빠지도록 기다린 날이자 즐거운 날로 손꼽아 기다리게 되었으니, 완연히 종래의 제례일과 똑같이 되었다"고 밝히고 있다.[93] 씨족제례의 흥청거림은 그대로 운동회 속에 끌어들이면서도, 마을 제사와 관련된 시간구조가 기겐세쓰와 덴초세쓰를 명절로 하는 국가 시간의 흐름 안에서 통합되어간 점에 주의하도록 하자. 그리고 실제로 운동회의 개최도 곧잘 덴초세쓰天長節 육해군 기념일 등과 같이 봄·가을의 국가축제일을 골라서 열렸던 것이다.

5. 맺음말을 대신하여

운동회란 메이지 국가가 일본열도 사람들의 신체와 축제의 기억을 재편성해 가려고 했을 때, 그 접합점에서 출현했다. 일종의 매개적이라고도 조정적이라도 할 수 있는 현상이었다. 머리말의 비유를 다시 인용해보면 그것은 일종의 '상연'이며, 이 '상연'에는 각지에서 증식하고, 반복되었던 헤아릴 수 없을 정도의 수

92 원문은 氏神祭禮.
93 같은 논문, 67쪽.

많은 운동회들이 참으로 갖가지 차이를 지니면서도 틀을 잡아나갔다. 그리고 거기에는 모리 아리노리森有禮가 정확하게 인식하였던 근대의 국민 신체를 둘러싼 전략과 '운동' 이라는 말 자체의 애매함이 확산되는 것을 이용해, 각지의 사람들이 빚어낸 온갖 퍼포먼스가 대치되기보다 오히려 세부적으로는 모순을 내포하면서도 중층적으로 엮어지고 조정되었다. 즉, 이 '상연' 에서는 결코 이른바 근대극처럼 '대본' 이 '상연' 을, '연출' 이 '연기' 를 일방적으로 규정해 가는 관계는 성립되지 않은 채, 텍스트와 퍼포먼스, 수많은 행위 주체와 그 전략은 서로 상대방을 이용하면서 전체로서 하나의, 아니 오히려 정확하게 말하자면 몇몇 드라마를 펼쳐나갔던 것이다. 그리고 이 글에서 운동회에 대해 논하였던 것과 비슷한 시점은 아마도 메이지 일본에서 '발명' 되었던 갖가지 의례적 장면에 대해서도 적용 가능할 것으로 보인다. 가령, 운동회와 견주어 소·중학교의 학교 행사로서 중요한 역할을 해온 전람회가 있다. 운동회가 아동의 운동 기능을 국가적인 시선 아래에서 전람시켜간 의례였다고 한다면, 전람회는 아동의 공예적 기능을 둘러싼 비슷한 의례였다. 그리고 후자의 경우는 각 지방의 공진회와 박람회, 도쿄와 오사카, 그리고 교토 등의 대도시에서 열렸던 바로 국가적 규모의 박람회와도 관련을 맺는다. 이와 마찬가지로 다이쇼 시대에 발전하였던 국가적 규모의 경기대회, 특히 메이지 신궁의 국민 체육대회와 같은 개최행사도 운동회와 동형적 구조를 가지고 있었다고 본다. 나아가 덧붙이자면, 메이지 초기의 천황의 순행으로부터 운동회, 혹은 박람회, 그리고 1945년 종전 이전의 여러 천황제 행사까지 국민국가가 행한 의례전략의 한 유형으로서 언급할 수 있는 하나의 실마리가 되는 이른바 '상연' 을 구성하는 실체였다고 이해하는 것도 가능하지 싶다.

후쿠자와 유키치福沢諭吉의 운동회

근대 스포츠와 일본인의 신체관

시라하타 요자부로(白幡洋三郎)

전란戰亂의 마을과 그네

1868년 5월 15일, 에도江戸까지 쳐들어온 관군이 우에노 산으로 숨은 막부幕府의 창의대彰義隊를 향해 드디어 총공격을 시도하였다. 1868년에 들어 왕권을 복고한다는 호령号令, 도쿠가와 요시노부德川 慶喜 추토령追討令에 따라 관군은 이미 에도에 들어와 있었다. 그러나 막부에 충성을 맹세하는 사무라이도 우세했기에 관군 병사와의 소규모 전투는 일상적으로 일어나 에도 마을은 대단히 불안한 상황에 놓여 있었다. 에도 사람들 중에는 가재도구를 수레에 싣고 거의 야반도주하듯 에도를 벗어나는 사람들도 이미 많았다.

그러나 그런 분위기 속에서도 예전과 다름없이 묵묵히 서양 책 해독에 열중하는 사람들이 있었는데, 이들이 바로 게이오기주쿠慶応義塾에서 공부하는 학생들이었다.

후쿠자와 유키치福沢諭吉는 몇 년 후 그 때의 모습을 다음과 같이 회고하였다.

(생략) 그 전후는 에도 시내의 연극용 극장도, 만담전문 극장도, 흥행장도, 음식점도 모두 문을 닫아서 에도 거리는 사방이 온통 암흑 속, 뭐가 뭔지 모를 정도로 혼란스러운 가운데 나는 그 전쟁이 일어나던 날에도 학원의 과업을 그만두지 않았다. 우에노(上野)에서는 탕탕 총을 쏴댔지만, 우에노와 신센자(新錢座; 지금의 하바마쓰초(浜松町))는 2리나 떨어져 있어서 총알이 날아올 염려는 전혀 없다고 하니, 그런 순간에 나는 영어로 쓰인 책으로 경제를 해설 강의하고 있었다. 꽤나 시끌벅적한 분위기에 혹시 연기라도 보이지 않을까 궁금해하는 학생들은 재미있는 듯 사다리를 타고 올라가 지붕에서 구경했다. 무엇보다 점심 무렵부터 해질녘까지 전쟁이 계속 되었는데, 이쪽과 관계가 없다면 무서울 것도 없다《후쿠옹 자서전》.[1]

이때의 추억에 대해서는 거의 비슷한 내용의 문장이 있다 "당시 우에노의 창의대 사변은 5월 15일의 일로 그 날은 게이오기주쿠에서 새로 수입한 영문책 '웨이랜드Wayland' 씨의 경제론 개강일을 맞이해, 강의 중 생도들은 이따금 지붕에 올라가 우에노의 화염 연기를 멀리 바라보기도 했다".[2]

신센자는 그때까지 쓰키지築地, 뎃포슈鉄砲洲에 있는 나카쓰한中津藩인 오쿠다이라奧平 가문의 별채에서 운영하던 기주쿠를 게이오慶応 4년메이지 원년이기도 한 1868년에 이전한 곳이다. 게이오기주쿠란 '게이오' 시대에 시작된 임의 참가義의 글방塾이라는 뜻으로 뎃포슈에서 신센자로 이전한 후 자리잡은 명칭이다.

신센자는 현재의 도쿄 미나토구港区 바다를 인근한 주변의 지역명이다. 이 지역에 있고, 지금

1 후쿠자와 유키치《후쿠옹 자서전》岩波文庫, 1972년, 202쪽(이하 문고《후코옹 자서전》으로 표기, 또한 인용은 문고판에 따름).《후쿠자와유키치전집》제7권(재판), 岩波書店, 1970년, 164쪽.
2 게이오기주쿠 기사 메이지 16년 초판, 메이지 22년 재판.《후쿠자와유키치전집》제19권(재판) 수록, 岩波書店, 1971년, 410쪽.

의 시바별궁芝離宮에 가까이 있는 〈아리마 나카야시키有馬中屋敷〉를 일찌 감치 후쿠자와 유키치가 구입해 두었다. 거기에는 '운동장'이 마련되어 게이오 학생들은 적극적으로 신체운동을 하도록 권장되었다. 《게이오 기주쿠慶応義塾 50년사》에
는 "가운데 마당을 운동
장으로 삼아 '그네'를 설
치해 활발하게 운동을
시켰다"는 기록이 남아
있다.[3]

1868년메이지 원년 신
센자新錢座 숙사 평면도
(그림 2-1)에는 '유원遊
園'과 '운동장'이, 또
1869년메이지 2년의 평면도
(그림 2-2)에는 '운동장'
이라는 글자가 보인다.[4]

한편 《게이오기주
쿠 50년사》에는 선배들

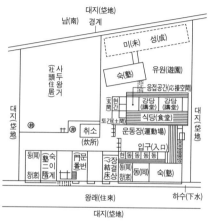

그림 2-1 1868년(메이지 원년) 신센자 숙사 평면도
《게이오기주쿠 100년사》에서 작성)

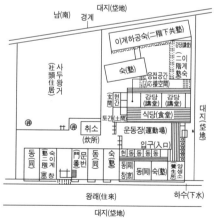

그림 2-2 1869년(메이지 2년) 신센자(新錢座) 숙사 평면
도(위와 동일)

3 《게이오기주쿠 50년사》 1932
년, 388쪽. 또는 《게이오기주쿠
100년사(부록)》 1961년, 282쪽의
연표 게이오 4년 항목에 "시소,
그네 등 체육시설을 설치"라고
적고 있다.
4 《게이오기주쿠100년사(상)》
1958년, 318~319쪽.

로부터 들은 이야기를 바탕으로 만들었다고 하는 뎃포슈신센자로 이전하기 이전의 숙사 평면도가 실려 있다. 그 운동장 안에는 확실하게 '그네' 라고 적혀 있다. 그러나 이 평면도는 신센자 시대의 그림(그림 2-1, 그림 2-2)과 거의 똑같다.

시바 · 신센자 시대 게이오기주쿠 운동장에 틀림없이 그네가 있었는지 어땠는지는 '50년사', '75년사', '100년사' 로 이어지는《게이오기주쿠사》를 참조하는 것만으로는 확인할 수 없다. 그러나 창설 초기부터 게이오기주쿠가 운동장을 만들었다는 것, 그네와 같은 놀이기구, 운동기구를 갖추고 운동을 장려했다는 것은 분명한 사실이다.

어쨌든지 간에 천황에 충성하는 쪽과 막부 존속을 옹호하는 쪽으로 갈라져 서로 눈을 부릅뜨며 목숨을 걸고 싸우는 무사집단을 뒷전으로 한 채 게이오기주쿠 학생들이 그네를 타고 있을 모습을 떠올려보면 오히려 마음이 온화해진다. 그리고 역사는 알 수 없는 수수께끼라는 생각에 사로잡힌다.

학원을 운영하고 있던 후쿠자와 유키치 입장에서 보면 일본의 장래를 맡길 수 있는 것은 도쿠가와德川 막부도 아니고, 관군측도 아니었다. 즉 왕을 옹호하는 것도 아니고, 막부를 사수하려는 것도 아니며, 해외 문명국을 제대로 이해할 수 있는 집단을 조금이라도 많이 길러내는 것이 일본의 진로에 도움이 된다고 생각했던 것 같다. 후쿠자와 유키치가 당시 어떤 생각을 가졌는지 그 단서를 찾아볼 수 있는 부분으로 앞에서 소개한《후쿠옹 자서전》의 한 구절에 잘 나와 있다.

이쪽이 이처럼 평온하게 있느니, 세상은 참으로 넓고도 또한 묘한 것이다. 병마(兵馬)로 소란한 중에도 서양의 문물을 알고 싶어하는 기풍이 어딘가에서 크게 유행해 우에노의 소동이 정리된다 싶더니 이번에는 오슈(奧州)전쟁**5**이 일어났으며, 그 와중에서도 학생들은 속속 입학해 기주쿠는 계속 번성해 갔습니다. 돌이켜 세상사를 보니, 도쿠가와(德川)의 학교는 물론 망해 없어지고 만데다가 그 교사조차도 행방이 묘연해졌으며, 게다가 유신정부는 학교 같은 데 신경쓸 겨를이 없어 우리 나라 전역에서 적어도 책을 읽고 있는 곳은 단지 게이오기주쿠밖에 없는 실정.**6**

후쿠자와 유키치는 이 당시 게이오기주쿠를 되돌아 보며 데지마**7**와 비교해 언급했다.

(생략) 게이오기주쿠는 일본의 서양학문을 공부하기 위해서 네덜란드의 데지마와 마찬가지로 세상에 어떤 소동이 있든, 변란이 있든 상관없이 서양학문의 명맥을 끊은 적이 없습니다. 게이오기주쿠는 하루도 수업을 쉬어본 적이 없으며, 이 학교가 있는 한 대일본은 문명국이며, 세상사에 대해 걱정하지 말라며 많은 소년들을 격려한 바 있습니다.**8**

즉 18세기에 본국인 네덜란드가 완전히 점령당했음에도 불구하고 데지마만이 유일하게 네덜란드 국기를 휘날리고 있었던 예를 들어 네덜란드 국왕은 멸망한 적이 없었다고 네덜란드인들이 자랑스럽게 여긴다는 이야기를 소개하고 있다.

후쿠자와 유키치는 막부의 혼란, 유신의 전쟁 속에서도 장래 일본을 생각하면 학문을 중단해서는 안 된다고 생각했다. 그리고 학문을 지속적으로 수행하기 위해서는 육체적 건강이 필수불가결하며, 건강을 유지하기 위해서는 반드시 신체적인 운동이 없어서는 안 된다고 생각하고 있었다.

5 메이지 원년인 1868년 신센구미(新撰組)의 멤버 히지가타 도시조(土方歳三)가 곤도 이사미(近藤勇)가 죽자 일으킨 전쟁으로 관군과 항쟁을 벌였다. —역주
6 문고 《후쿠옹 자서전》 202~203쪽. 《후쿠자와유키치전집》 제7권, 164쪽.
7 원문은 出島로 나가사키의 지명. —역주
8 같은 책, 203쪽, 164~165쪽.

1868년게이오 4년 우에노전쟁上野戰爭이라는 전란 중에도 시바芝 · 신센자新錢座에 있던 게이오기주쿠 교정에서 흔들리고 있던 그네를 희화戱画적으로 볼 수 있다. 그러나 쓰키지 · 뎃포슈이전 나카즈한 오쿠다이라 가문의 별채에서 시바 · 신센자이전 아리마(有馬)의 별채로 학교를 이전했는데, 두 군데 모두 '운동장'을 마련하고 그네와 시소를 설치한 사실을 볼 때 일관된 생각이 있었다고밖에 생각할 수 없다. 후쿠자와 유키치로서는 자신의 사상을 표현하는 데 중요한 한 부분이었다고 생각된다.

나라의 진로를 둘러싸고 총과 칼을 손에 들고 비장하게 싸우고 있는 집단이 바로 곁에 있었다. 그 옆에서 그네나 시소를 타는 것은 참으로 분명한 의사표현이 아닐까.

후쿠자와 유키치의 사상이 얼마나 위대했는지 여러 관점에서 분석한 논고論稿는 너무 많아서 일일이 들 수 없을 정도다. 그렇지만 후쿠자와 유키치의 사상은 '사상'을 전면에 드러낸 문장 안에서만 읽을 수 있는 것은 아닐 것이다. 일상의 몸짓이나 언뜻 봐서는 사상적인 문맥과는 거리가 먼 것처럼 보이는 발언 속에서 사실은 그 자신의 큰 각오가 잘 나타나 있는 경우도 있다.

실제로 내일 일본이 어떻게 되겠는가 라며 대부분의 청년들이 피가 끓어오르는 형국에서, 오로지 학문 한길만을 바라보고 착착 계획을 추진해나가기란 결코 보통의 마음가짐으로는 안 된다. 아니 그 이상으로 일상적으로 흰 칼날이 번쩍이는 살기등등한 마을 안에 '유원遊園'이나 '운동장'을 설치하고, 탄환이 여기저기 날아다니는 와중에서도 그네를 타는 태도는 그야말로 선명한 사상표현이었을 것이다.

그와 같은 태도를 단순히 후쿠자와 유키치의 신체관으로 한정짓는 것은 그가 가진 풍부한 사상 전체를 왜소화시킬 우려가 있다.

그렇지만 게이오기주쿠가 존폐의 위기를 포함해 그 후 부딪치게 되는 다양한 시련 가운데 막부 말기와 유신 초기의 일, 그 중에서도 게이오기주쿠의 소재지 바로 앞에서 일어난 우에노전쟁 때만큼 게이오기주쿠가 또 후쿠자와 유키치가 비장한 각오를 추궁받았던 적은 아마도 없었을 것이다.

그 무렵 가장 선명하게 후쿠자와 유키치의 사상이 잘 드러났다고 여겨지는 것 중의 하나가 내 견해로는 학교 운동장에서의 신체운동, 그 네놀이였던 것이다. 후쿠자와 유키치는 이를 통해서 게이오기주쿠의 자세를 우에노전쟁에서 서로 칼날을 겨누고 있는 군인 세력들과 맞섰다고 생각할 수밖에 없다.

이하 그의 사상, 그의 인간관 중에서 신체운동은 어떤 위치를 점하고 있었을까, 개국기의 한 일본인 지식인의 신체관을 예로 삼아 그 실상을 더듬어 보고자 한다.

1. '우선 짐승같은 몸을 완성한 후에 사람의 마음을 양성해야' — 후쿠자와 유키치의 심신론

후쿠자와 유키치는 일찍부터 신체운동에 주목했었던 것 같다. 그 증거로 후쿠자와가 1868년게이오 4년에 시바·신센자로 게이오기주쿠를 이전할 무렵에 제정한 〈식당규칙食堂規則〉 안에서 이미 엿볼 수 있다. "오후 저녁식사 후에는 나무 오르기, 구슬 놀이 등 '짐나스틱' 9법에 따라 여러 가지를 즐기며, 성실하게 신체를 운동해야 한다"**10**라는 조항이 있었다.

그리고 이것을 제정한 배경에는 후쿠자와 유키치가 세 차례에 걸쳐서 유럽에 갔을 때 직접 보고 들은 여러 학교들의 실정이 깔려 있을지 싶다. 1866년게이오 2년에 저술한 《서양사정초편西洋事情初編》에서 그는 런던의 '킹스칼리지'의 쉬는 시간은 학생들 자유의사에 맡겨 그 사이에 신체운동·유희를 하거나 그런 식으로 몸을 움직이기 쉬운 환경을 만들려고 한다는 점을 소개하였다. "수업 중 말하지 않고, 손을 들지 않아도, 그리고 규칙을 범한 자에게 벌이 있다. 게다가 시간은 임의로 노는 것을 금지했다. 이를 위해 학교 옆에는 반드시 유원遊園을 두고서, 꽃과 나무를 심어 샘물을 끌어 마음껏 뛰어놀 수 있는 장소로 삼았다"〈서양사정초편西洋事情初編〉, 권지일(卷之一).**11**

교실에서 수업은 엄격하지만, 휴식시간은 생도들이 자유롭게 신체운동을 시킨 점, 일본의 교육시설인 데라코야寺子屋**12**나 사설 주쿠에는 존재하지 않았던 '유원', 즉 '교정'을 소개하고 있는 것은 후쿠자와 자신의 운동과 운동시설에 대한 관심이 높았음을 의미하지 않을까. 위 인용문에 이어서 "기둥을 세우고, 사다리를 걸쳐놓고, 그물을 치는 등, 아동으로 하여금 기둥과 사다리에 오르거나 혹은 그물 건너기의 재주를 익히고, 오금회五禽戲라는 놀이로 사지를 움직이면서 공부하느라 쌓인 답답한 마음을 풀고 신체의 건강을 유지한다"**13**며 교정의 기능과 갖추어야 할 시설들을 설명한다. 이러한 생각에 맞춰 게이오기주쿠의 교정도 정비되었던 것으로 보인다.

덧붙이자면, '오금회'란 근세의 유생医員**14**

9 원문은 ヂムナスチック으로 독일어의 'Gymnastic', 즉 운동이나 체조·훈련을 가리킴 —역주
10 《게이오기주쿠75년사》 27쪽.
11 《후쿠자와유키치전집》 제1권, 303쪽.
12 우리의 서당과 같은 전통적인 교육시설 —역주
13 같은 책, 303쪽.
14 원문은 유의(儒医)로 선비들과 의원들을 뜻한 것으로 보인다.

그림 2-3 〈華陀, 오금희 勢〉《도인체요(導引体要)》, 다니구치(谷口)서점, 1986년)

등이 자주 주창해온 일종의 도수체조와 같은 운동이다. '호세虎勢', '웅세熊勢', '녹세鹿勢', '원세猿勢', '조세鳥勢' 다섯 가지 동작이 있는데, 이들은 호랑이, 곰, 사슴, 원숭이, 새 등 각각의 동물이 지니는 특징적인 동작을 본따 몸을 움직이는 '체조'다(그림 2-3).

화타라는 인물이 쓴 책에 있는 '오금희'라고 이름이 붙은 신체동작을 고전으로 삼아, 막부 말기 일본이 개국할 무렵 서양의 체조를 이해할 때 유사한 것으로 자주 거론된다.[15] 후쿠자와 유키치는 이런 점을 잘 알고 있었기 때문에, 일반인들의 이해를 쉽게 돕기 위해 사지 운동을 '오금의 놀이'에 견주었을 것이다.

게이오기주쿠가 시바·신센자에 있었을 무렵에는

15 今村嘉雄, 《19세기 일본 체육의 연구》不昧堂, 1967년, 725~728쪽.

'운동장'이 있었고, 거기에 그네와 미끄럼틀 등의 운동시설이 설치되었었다는 이야기는 이미 밝힌 바 있다. 1871년메이지 4년에 이전한 미타三田에도 생도들의 운동을 위해 교정에 그네와 철봉, 시소 등이 설치되었다고 한다.16

신체운동을 교육의 일환으로 포함시켰던 후쿠자와 유키치의 교육론에는《후쿠옹자전福翁自傳》의 문장에서 볼 수 있듯이 다음과 같은 전제가 있었다.

> (생략) 아이들 교육법에 대해서는 나는 전적으로 신체를 중요시하여, 어렸을 때부터 억지로 독서 등을 시키지 않았다. 먼저, 건강한 몸을 만든 후에 마음을 기르는 것이 나의 주의(主義)이기에 태어나서 3살 내지 5살까지는 기본 글자조차 보여주지 않았으며, 7~8살이라도 되면 습자(習字) 공부를 하기로 하지않기도 했는데, 아직 독서까지는 시키지 않았다. 이때까지는 단지 막 신나게 뛰어놀게 할 뿐이었는데, 다만 의식(衣食)에는 꽤 신경을 썼었다. 그리고 어린 아이이지만 비열한 짓을 한다든지 천한 말을 흉내내기라도 하면 이를 꾸짖을 따름인데, 그 외에는 전부 그대로 두고서 자유자재로 맡겨둔 그 모습은 마치 개나 고양이 새끼를 기르는 것과 다를 바가 없었다. 즉, 이것을 먼저 짐승의 몸을 만드는 법으로 삼았으며, 다행히 개나 고양이와 같이 성장해 무사무병(無事無病),17 (생략)

이는 1897년메이지 30년부터 1898년에 걸쳐서 구술을 받아 적은 기록으로 이른바 만년의 이야기이지만 똑같은 발언이 일찍이 1883년메이지 16년 6월, 두 아들이 미국으로 유학할 무렵에 전달한 '마음의 자세'에서도 이미 보이고 있다. 거기에는 신체제일이라는 후쿠자와의 평소 주장이 그대로 담겨 있다. "하나. 두 사람은 함께 학문의 상달은 두 번째 일로, 함부로 신

16 《게이오기주쿠100년사(부록)》, 1961년, 283쪽.
17 문고 《후쿠옹자전》 286쪽, 《후쿠자와유키치 전집》 제7권, 233쪽.

체의 건강을 해쳐서는 안 된다".[18]

후쿠자와 유키치의 자녀교육의 기본자세는 먼저 신체를 만들고 건강하게 기르는 데에 있다. 그런 취지를 "짐승의 몸을 만든다"고 표현하였던 것이다. 하지만 왜 인간의 몸인 '인신人身'이 아니라, 짐승의 몸인 '수신獸身'일까.

물론 이는 신체를 가치가 낮은 것으로 보고서, 짐승의 것을 상정해 '짐승의 몸'이라고 한 것은 아니다. 아이를 기를 때, 어린아이의 몸이건, 짐승의 새끼 몸이건 만들어가는 과정과 목표에는 다를 바가 없다는 생각의 표명인 것이다. 육체의 유지와 건강이 무엇보다도 중요하다는 점은 짐승도 인간도 다르지 않기 때문이다.

또 한 예로 마찬가지의 취지를 더욱 발전시킨 구체적인 생각을 1895년메이지 28년에 쓴 《후쿠옹자전》 가운데 〈신체 발육이야말로 중요시하라〉라는 제목의 논설에서도 엿볼 수 있다.[19] "부모가 아이를 양육하는 것은 처음부터 자연스러운 정의 발산이며, 또한 의무다. 그 방법이 어떻다든지 옳다든지 말들이 많은데, 우선 첫째 아이가 갓 태어날 때는 인간의 아이도 역시 일종의 동물이라고 볼 수 있는데, 그 지혜가 어떻다는 건 버리고 묻지도 말고 오직 그 신체의 발육을 중요시하는 것은 소와 말, 개와 고양이 새끼를 키우는 것과 다를 바 없는 같은 마음가짐이다. 의복과 음식의 가감, 공기와 햇볕의 주의, 신체 운동, 귀와 눈의 연습 등 모든 것을 동물의 사육법에서 배워 발육과 성장을 촉진시키고, 짐승 몸의 근본을 다 익힌 위에 조금씩 정신교육에 이르는 것이 바르다",[20] "어찌됐거나 신체는 인간의 제일 소중한 보물이자 수칙으로, 어떠한 사정이 있더라도 정신을 과도하게 사용해 체육에 방해가 되어서는 안 된

18 《후쿠자와유키치전집》 제17권(재판), 이와나미, 1971년, 552쪽.
19 《후쿠자와유키치전집》 제6권(재판), 이와나미, 1970년, 255~257쪽.
20 같은 책, 255~256쪽

다",**21** 거기에는 인간 역시 태어날 때는 일종의 동물로 볼 필요가 있으며 지혜는 처음부터 문제삼을 필요가 없다는 사실, 먼저 신체 발육을 소중히 해야 하며, 동물 새끼를 기를 때와 마찬가지의 마음가짐이 필요하다는 내용이 적혀 있다. 그리고 "먼저 짐승의 몸을 만들고 나서 사람의 마음을 기른다는 것은 우리들이 늘 주창하는 바"**22**라고 밝히고 있다.

따라서 후쿠자와 유키치의 교육론에서는 필연적으로 신체교육을 중시해야 할 단계를 유추할 수 있다. 그 단계에 해당하는 연령의 아이들을 위해 교육기관이 특별히 필요하다는 결론도 당연히 나온다. 그것이 대략 12~3살 이하의 소년을 수용하는 게이오유치사慶応幼稚舎 설립메이지 7년 1월으로 이어졌던 것이다.

> (생략) 운동을 위해서는 체조도 있고, 유도도 있고, 방과 후 한가할 때엔 운동장에서 유희하게 하고, 공 던지기도 또한 씨름도 괴롭게 여기지 말 것이며, 신체를 강하게 하는 방법이 있다면 이에만 머물지 말고 오직 크게 권장하길 바랄 뿐인데, 노파심에 모든 사람이 반생반사(半生半死)의 창백한 큰 학자가 되기보다도, 체격이 강인한 장년이 되기를 진정 바라는 바다. (중략)
>
> (〈메이지 25년 1월 25일 게이오유치사에서〉〈시사신보(時事新報)〉 '메이지 25년' 1월 26일자 〈잡보(雜報)〉**23**

지육知育에 대해서는 '기주쿠' 하고 '유치사'에서 따로따로 열렸지만, 신체운동의 큰 행사인 게이오기주쿠 대운동회(그림 2-4)는 유치사의 생도들까지 포함해 개최되었다. 유치사 생도의 행사인 체조는 특히 관심을 끌었다. 하지만 후쿠자와 유키치의 신체운동론은 신체운동과 관계한 수업이

21 같은 책, 256쪽
22 같은 책, 257쪽.
23 《후쿠자와유키치전집》 제17권, 438쪽.

그림 2-4 게이오기주쿠 대운동회 [《풍속화보》 제74호 1894년(메이지 27년) 7월 10일]

나 운동회와 같은 특별한 행사만이 아니라, 일상적 움직임 전반이 운동이라는 인식을 가지고 있었던 것 같다.

후쿠자와 유키치는 자기 자신의 몸이 만들어지는 과정 역시 집안일을 돕거나 그 밖의 노동을 하면서 알게 모르게 몸을 움직이는 기회와 접하게 된다라는 견해를 가졌다. 운동을 따로 내세워 강조하고, 특별히 따로 자리매김하려는 식의 태도는 취하지 않는다. 말년에 저술한 《후쿠옹자전福翁自傳》 가운데 "그 뒤로 내 신체운동은 어땠는지 그 이야기도 하기로 하죠. 유년 시절부터 가난한 집에서 태어나, 신체운동은 싫었지만 하지 않을 수 없었으니. 그것이 습관이 되어 평생 몸을 움직였답니다"[24] 라는 발언이 있다. 이처럼 생활 속의 신체 동작, 바로 자연체의 '운동' 이 야말로 이른바 '짐승의 몸을 만드는 법' 의 하나였던 것이다.

24 문고 《후쿠옹자전》 311~312쪽. 《후쿠자와유키치전집》 제7권, 255쪽.

2. '소년의 건강도살장' 도쿄제국대학

후쿠자와 유키치의 관학官學과 관계官界에 대한 기피는 여러 발언 속에 나타난다. 그 무렵, 건강과 신체에 대한 생각에서도 관학 기피라고 할 수 있는 요소가 보인다.

> 벌써 20년 전의 일입니다. 장남인 이치타로(一太郎)와 차남 사지로(捨次郎) 둘을 제국대학 예비교에 들여보내 수학시키고 있을 무렵인데, 어떻게 위가 나빠졌죠. 그래서 집으로 불러들여 여러 가지 손을 쓰자 점차 좋아졌고, 상태가 나아져서 다시 넣으니 또 나빠지고 말았는데, 이런 식으로 결국 세 차례 학교에 넣었는데 세 번 모두 실패하였습니다. 그때에는 다나카 후지마로(田中不二麿)라는 사람이 문부장관을 하고 있었는데, 다나카에게도 몇 번 이 이야기를 했습니다. 우리 아이를 예비교에 입학시키고 실제 일어난 경험이지만, 문부학교의 교수법을 그대로 해 나가다가는 생도를 죽일 게 뻔하다. 죽이지 않으면 미쳐버리든지, 그렇지 않으면 몸과 마음 모두 쇠약해져서 반죽음 상태의 병신이 되고 말 게 분명하다. 정녕 이 예비교의 수업이 3~4년 걸리고, 그 사이에 대학교의 법이 바뀔 거라고 내다보고서 그걸 믿음으로 삼아 아이를 예비교에 넣었지만 어서 개정되었으면 좋겠다. 이대로 두면 도쿄대학은 소년의 건강도살장이라고 명명해도 좋을 것이다 등. 서둘러 교수법이 바뀌었으면 하는 간절한 생각에 꺼리낌 없이 말했지만, 전혀 결말이 나지 않은 채 아이는 변함없이 3개월을 넣어두면, 3개월을 나와 쉬지 않으면 안 되었기에 그리고 무엇보다도 예비교의 수업에 참다못해 저 또한 끝내 단념해 버리고, 그로부터 이곳 기주쿠(게이오기주쿠를 가리킴)에 입학, 보통 학과를 졸업시켜 미국으로 보내 그곳 대학의 신세를 졌습니다. 저는 일본 대학의 교과를 나쁘다고 말하는 건 아니지만 교육방식이 너무 엄중하고 짐이 너무 무거운 게 두려워서 문부성의 대학을 피하였던 것입니다. 이런 까닭에 지금도 주장은 바

꾸지 않았습니다. 무엇보다도 몸이 중요하다고 생각합니다.[25]

이 인용문의 표현에는 관학을 꺼리는 태도가 매우 강렬하게 드러나 있다. 도쿄제국대학을 "건강도살장"이라고 한 것은 욕설에 가깝다. 자식 때문에 골머리를 썩은 유키치로서는 자신의 소중한 두 아들이 모두 도쿄제국대학에서 엉망이 되었다는 원망도 깔려있을 것이다.

본래 두 아들이 상당히 엄한 수업을 따라가지 못했다고도 생각할 수 있다. 다만, 대학예비교 = 도쿄제국대학의 등식을 포기하고 게이오기주쿠에 넣은 그 발단은 적어도 표면적으로는 신체 건강문제였다.

후쿠자와 유키치의 교육론, 특히 청소년 교육에 대한 몇몇 견해 가운데에는 그가 갖고 있던 신체관이 뚜렷하게 나타나 있다. 그리고 그 의견은 후쿠자와 자신의 자식 교육의 논지이기도 하였다. 장남 이치타로, 차남 사지로의 양육에 있어서도 이러한 생각은 실제로 실천에 옮겨졌던 것으로 보인다.

후쿠자와는 나중에 미국으로 유학 보낸 두 아들에게 편지를 자주 보낸다. 그 수는 무려 130통이나 달하는데, 그 중에는 곧잘 몸을 만들라, 건강에 주의하라는 문장이 많이 들어 있다.

학문은 두 번째 문제, 무엇보다도 건강을 유지한 다음의 분별이라면, 섭생에 전념할 필요가 있다(이치타로 / 사지로 앞, 메이지 16년 8월 27일).[26]

너무 일찍 엄한 겨울철이 찾아들었으니, (생략) 몇 번이고 거듭 주의하고 주의해도 모자라는 몸의 섭생을 위해서는 돈을 아낄 필요가 없으며, 될 수 있는 한 미리미리 손을 쓰도록. 사지로는 날마다 시간을 정해놓고 운동하고, 이치타로는 어쩌냐 (생

략)(앞과 같음, 메이지 16년 12월 22일).**27**

공부보다도 더 중요한 것은 몸. 부디 소중하게 하도록(앞과 같음, 메이지 17년 2월 22일).**28**

무엇보다도 몸의 건강은 소중한 법이니, 용기를 내고 심신을 활발하게 하도록(생략)(이치타로 앞, 메이지 17년 11월 4일).**29**

내년이 되면 너희 두 사람도 한번 귀국해 (생략) 나 역시 양생은 게을리 하지 않고 여전하다네. 너희들도 마찬가지로 운동을 열심히 해 튼튼하고 강인한 몸을 부모에게 보여줄 수 있도록 늘 주의를 기울이도록 하게나 (앞과 같음, 메이지 20년 7월 29일).**30**

　　다만 이와 같은 편지의 예를 들어 후쿠자와 유키치가 몸에 대해 관심이 높았다고 지적하더라도, 이는 단지 자식의 건강을 유념하는 부모된 노릇이라고 하면 그 또한 그렇다. 하지만 후쿠자와 유키치의 신체건강에 대한 발언은 세상의 보통 부모들이 자식에게 하는 발언보다 더 적극적이었다는 게 내 생각이다. 특히 당시의 일반적인 신체에 대한 생각, 그리고 보통 부모들의 신체관에 비교하자면 후쿠자와 유키치의 신체에 대한 관심은 매우 비상했다고 할 수 있다. "학문은 두 번째"라든가 "학업보다도 중요한 것은 몸"이라는 발언은 이를 증명한다. 게다가 이와 비슷한 취지의 발언은 수없이 보인다.

　　후쿠자와 유키치는 참으로 자식 문제로 고민이 많았던 아버지로, 팔불출 아버지라고 할 만큼 유난히 아이의 성장에 따라 웃기도 걱정하기도 했던 것이다. 그만큼 편지 내용을 신체에 대한 높은 관심인지, 자식에 대한 강한 관심인지 어느 쪽으로 볼 것인지는 간단하지 않은 문제다.

27 같은 책, 621쪽.
28 같은 책, 643쪽.
29 같은 책, 703쪽.
30 《후쿠자와유키치전집》 제18권(재판), 岩波書店, 1971년, 141쪽.

그렇다고 하더라도 이치타로와 사지로가 이제 막 걸음을 떼기 시작할 무렵으로 보이는 시기에 시바·신센자의 게이오기주쿠에 운동장을 마련하고 놀이기구를 설치한 사실을 고려할 때 자기 자식만을 아긴 신체건강에 대한 관심이었다고는 할 수 없다.

이치타로와 사지로가 유학 중, 다른 가문으로 시집간 딸이 낳은 손녀까지 생겨 후쿠자와 자택에 함께 놀러 온 일이 있었다. 1886년메이지 19년 이치타로 앞으로 보낸 편지에서 다음과 같이 자택에 어린이와 손녀를 위해 놀이터를 설치한 모습을 적어 보냈다. "(생략) 요전부터 (생략) 옛 마장馬場이 있던 장소에 한 면을 내어 그 자리에 고려 잔디를 심어 여자아이들 놀이터를 마련하려는데, 이미 절반가량 계획이 진행된 상태"(이치타로 앞, 메이지 19년 4월 22일)[31]

주택에 딸린 일본식 정원을 설비하는 게 아니라, 어린이 운동을 위한 잔디정원을 계획하였다. 전후 주거문화의 서양풍 모던한 이미지를 지녔던 잔디정원의 선구자적인 시도라고도 생각할 수 있다. 당시로서는 매우 파격적인 발상에 근거한 주택 꾸미기였다.

3. '운동섭생'에서 '섭생'으로
― 후쿠자와 유키치의 신체섭생법

지금까지 살펴본 것은 유년의 신체육성기에 대한 발언이다. 후쿠자와 유키치가 책임을 져야 했던 자기 자식들과 게이오기주쿠의 생도들을 위한 교육이라는 관점에서의 신체론 건강론이다. 즉 자기 자신 이외의, 말하자면 타인의 신체건강에 대한 발언과 관심이었다.

31 같은 책, 27쪽.

그럼, 후쿠자와 유키치 자신의 신체건강에는 어떻게 대응했을까?

후쿠자와 유키치는 생애 두 차례에 걸쳐 중병을 앓는다. 두 번째는 만년에 들어서인데, 몸소 시작한 신문사 및 시사신보사時事新報社의 사설로 매일같이 왕성한 문필을 자랑하고 있었던 1898년메이지 31년 9월, 갑자기 찾아온 뇌출혈이었다. 병은 한 달 반에 걸친 투병 끝에 회복된다. 하지만 이후로는 구술을 받아 적는 경우가 많아져 〈시사신보〉 사설에 직접 펜을 드는 일은 없었다. 그리고 3년 후인 1901년메이지 34년 1월, 뇌출혈이 재발해 그 다음 달, 세상을 떠난다.

후쿠자와 유키치의 양생養生에 대한 발언은 이러한 궤적을 거슬러 올라가 첫 번째 큰 병을 앓던 시기 바로 직후에 이루어진다. 그 첫 번째 큰 병은 1870년 37세의 나이에 걸린 발진티푸스였다. 이것이 후쿠자와에게는 특히 양생을 생각하게 하는 계기를 마련해 주었던 것 같다.

(생략)

제 섭생(攝生)은 메이지 3년 37살 큰 병을 앓았을 때부터 어떤 의미에서 크게 눈을 떠, 서생(書生)시대의 난폭하고 난잡했던 10년간의 술고래 생활을 버리고 오늘에 이르기까지 대략 40년에 달하는데, 이 40년 동안에도 초기는 공부하는 틈틈이 짬을 내어 운동섭생을 했으며, 그 다음으로 나이가 들어감에 따라 지금은 섭생을 주된 일로 삼고 그 틈틈이 공부하게 되었습니다. 지금도 밤에는 일찍 자고, 아침 일찍 일어나 식사 전에 1리 반 정도 시바의 산코(三光)에서 아자부(麻布)의 후루가와(古川) 주변의 야외를 젊은 학생들과 함께 산보하며, 오후가 되면 검을 들고 연습하거나 쌀을 찧는 등 1시간을 운동했으며, 저녁 식사 역시 규칙처럼 잘 지켜 비가 오나 눈이 오나 연중 하루도 빠뜨린 적이 없습니다.[32]

32 문고 《후쿠옹자전》 314~315쪽. 《후쿠자와유키치전집》 제7권, 257~258쪽.

이 문장으로 보면 서생시대는 건강과 신체에는 무감각해 몸만 믿고 마시고, 먹고, 하고 싶은 걸 다 했으며 때때로 난폭한 경우도 있었던 듯하다. 특히, 오사카의 오가타 고안緖方洪庵[33] 주쿠에 있었을 때의 난폭함은 좀 도가 지나친 감도 있다〈후쿠옹자전〉.[34]

하지만 사설 주쿠를 열고나서는 그의 표현을 빌리자면 '운동섭생', 즉 건강을 위해 적극적인 신체운동을 소화했다. 그때의 관심이 게이오 기주쿠라고 이름을 붙인 시바芝·신센자新錢座에 놀이터를 설치하고, 놀이기구를 도입하는 걸로 이어진 것 같다. "나는 귀가 후에도 운동을 게을리 하지 않아 매일 아침 식사 전 오야마 간고小山完吾[35] 씨를 비롯해 7~8명과 함께 히라오廣尾의 주변 1리에서 1리 반 정도의 거리를 걸었다. 오후에는 검을 휘두르거나 또는 쌀을 찧는 등 양생에 전념한 덕분인지 오늘날까지 무병으로"미노와 고스케(箕輪五助) 앞으로 보낸 편지, 메이지 29년 11월 17일[36]라고 밝힌 것처럼 언제나 운동과 건강을 연결해 생각했었다.

하지만 후쿠자와 유키치의 신체운동론에는 '스포츠성'이라고 할까, 경기, 게임, 팀 플레이 등에 대해 논한 것이 하나도 없다. 신체를 단련해, 따분함을 날려버리는 기능을 기대할 수 있는 운동이 시야에 들어왔다는 정도로 표현해야 하지 않을까 싶다. 즉, '스포츠'보다는 '레크레이션'에 관심이 있었던 것이다.

인생 후반에 후쿠자와 유키치가 했던 운동은 '섭생'이라고 표현되었던 것들로 그것은 검도와 쌀찧기였으며, 여기에 때때로 소풍과 여행 같은 것이 더해진다.

나도 양 3일 간 아이들을 데리고 가마쿠라(鎌倉) 주변까지 한 바퀴 둘러보는 등 사실 평소 바쁘더라도 때때로 양생의 중요

33 막부 말기 네덜란드의 의술과 문화를 번역하고 소개했던 의사. ─역주
34 같은 책, 45~62쪽, 56~67쪽.
35 시사신보사 기자출신으로 신문사 사장을 역임한 실업가. ─역주
36 《후쿠자와유키치전집》 제18권, 763쪽.

성을 알기에 자주 주의를 기울이고 있다. 그럼에도 불구하고 몸이 늘 건강한데, 오늘 아침도 변함없이 쌀찧기를 다 마치고 나서 이 편지를 쓰고 있을 따름이다(생략)(사지로 앞, 메이지 20년 9월 1일).**37**

이처럼 건강과 몸을 위해 쌀을 찧고 검을 휘두르는 걸 빼먹지 않았다. 특히, 검도에 대해서는 자세한 기록이 남아 있다. 이 기록은《후쿠자와 유키치 전집》가운데 '검도 수차례' 라고 적혀 있는데, 1893, 1894, 1895 매년 하루 약 5시간 정도 각기 천 번이나 칼 휘두르기를 했었다.**38**

이는 참으로 힘든 운동으로 건강을 위한 레크레이션적 운동의 경계를 뛰어넘은 것으로 여겨진다. 하지만 이와 같은 격렬한 '칼 휘두르기' 는 1년에 정해진 때밖에 이뤄지지 않았으며, 보통의 경우는 그 횟수가 적었다.

전체적으로 그의 말년은 격렬한 신체운동을 피하고, 근육을 푸는 정도의 운동이었거나 아니면 익숙한 동작의 육체작업 정도에 머물렀다. 후쿠자와 자신의 용어를 빌리자면 '운동 섭생' 에서 '섭생' 으로 옮겨지고 있었던 것이다.

4. 스포츠인가 신체 운동인가
ー후쿠자와 유키치의 스포츠관

후쿠자와 유키치와 신체운동을 이어준 것은 스포츠가 아닌 듯하다. 적어도 서양에

37 같은 책, 157쪽.

38 메이지 26년 11월 17일, 칼 휘두르기 1,000번, 오전 9시 15분부터 12시까지 640번, 오후 2시부터 3시 반까지 360번 이상. 칼은 손잡이 칼날에서 길이 2척(尺) 4촌(寸) 9분(分), 무게 310 몬메(원문은 '匁'로 1관의 1/1000에 해당, 환산하면 3.75그램), "메이지 27년 10월 25일, 칼 휘두르기 1,200번, 오전 9시 15분부터 12시까지 680번, 오후 2시 전부터 4시까지 520번, 칼은 26년도의 것과 같음", "메이지 28년 12월 31일, 칼 휘두르기 1,000번, 오전 8시 반이 조금 지나서 시작해 오후 1시까지 끝났는데 중간에 휴식없이, 칼은 전년도와 같음(《후쿠자와유키치전집》제 20권(재판), 이와나미, 1971년, 395~396쪽)

서 출발한 근대스포츠만은 아닌 게 분명하다. 그가 신체의 이상적인 상태를 만들고 유지하기 위해 노력을 기울인 신체운동은 '칼 휘두르기' 라는 일본의 무사문화가 빚어낸 수양·훈련의 동작이며, 또한 '쌀찧기' 라는 생활에 밀착된 육체노동이었다. 오락·유희적 요소를 지닌 것은 산보 정도밖에 없었으며, 나중에 교육에 적극적으로 관여함으로써 즐길 수 있는 요소를 포함한 걸로는 소풍·해수욕·운동회를 받아들인 정도에 불과하다.

당초 게이오기주쿠의 정원에 설치한 그네, 시소, 철봉 등으로 미뤄볼때, 그리고 일반적으로 문명개화의 기수, 해외문화 도입의 리더로 여겨지던 인물이기에 이후 후쿠자와 유키치가 서양문화의 섭취를 위해 더욱 적극적으로 재빠르게 움직였을 거라는 상상도 가능하다. 서양 스포츠·근대 스포츠의 도입에 전력을 기울이는 모습을 떠올리는 것도 반드시 무리만은 아니다. 하지만, 후쿠자와 유키치는 그렇지 않았다.

후쿠자와 유키치는 정신에 앞선 육체, 마음을 유지하는 몸이라는, 지금으로 보자면 일반적인 심리에서 비롯된 운동론을 줄곧 이야기했다. 이는 특별히 서양적인 것도 아니며 일본적인 것도 아니다.

게이오기주쿠의 운동회에서는 '들것 경주' 등 일본적인 것도 서양적인 것도 아닌 불가사의한 경기가 마련되었다. 이 이외에는 '자루에 들어가 뛰기' 라든지 '2백·4백야드 달리기'1야드는 약 0.9미터든가 서양 기원의 경기가 열려 마치 서양 스포츠의 도입장처럼 보이기도 했는데, 그 실체는 예부터 존재하는 집밖에서의 오락, 산놀이 및 꽃놀이와 같은 행사로 받아들여졌던 시기이다.[39]

39 〈게이오기주쿠 대운동회〉《풍속화보》 제47호, 1894년 7월 10일, 22~24쪽.

잡지 《풍속화보》 1892년메이지 25년 4월 10일의 기사 〈운동회와 꽃놀이〉라는 논설에서도 꽃놀이는 옥외로 나들이해 도시락을 먹고, 숨바꼭질 등의 놀이를 하면서 하루를 보냈는데, 따라서 꽃놀이는 운동회와 크게 다르지 않다는 게 일반적인 생각이었다.[40]

게이오기주쿠의 운동회에서도 학생이 경영하는 '학생 다방'은 매우 인기가 있었다고 한다. 운동회라고는 하지만 신체운동과 그에 따른 경기에만 전념하는 것이 아니라 먹고 마시면서 경기를 즐기는 분위기였다.[41] 거의 모든 참가자와 구경꾼들 역시 당시의 의식으로는 꽃놀이와 거의 다름없는 걸로 받아들였을 것이다.

물론, 이러한 행사 자체가 당시의 사람들 눈에는 서양 티가 나는 보기 드문 구경거리로 비쳐졌던 것으로 보인다. 《풍속화보》는 몇 번에 걸쳐 게이오기주쿠의 운동회를 삽화와 함께 전했다.(그림 p.79)

후쿠자와 유키치에게 신체운동이란 운동회 개최행사 중 경기부분만을 가리키지 않았다. '학생 다방'이나 여흥으로 열렸던 '골계 장기滑稽技'를 포함한 운동회 전체가 신체운동의 장으로 받아들여졌었다.

서양 기원의 경기스포츠를 많이 도입하는 데 분명 게이오기주쿠가 큰 선구자적 역할을 해냈지만, 후쿠자와 유키치의 신체운동 개념은 스포츠에서 전문적인 스포츠맨의 출현까지 이어지는 식은 아니었다고 본다.

원래 운동회는 신체 단련의 목적과 오락 등 여러 가지가 하나로 합해진 행사다. 이미 살폈듯이, 민중들 사이에서는 꽃놀이와 크게 다르지 않는 걸로 받아들여졌던 때다. 게다가 소풍과도 혼동되었다.

메이지 후반기는 멀리 운동회장까지 도시락을 싸가지고 도보 왕복하는 일도 있었는데, 이것이 '소풍'이라고 불려졌었다. 또한 소풍의 목적지에

40 白幡洋三郎, 〈놀지 않으면 태어나지 않았을 걸-근대 스포츠와 일본인의 신체관·서론〉《일본연구》제1호, 1989년, 184쪽). 〈운동회와 꽃놀이〉《풍속화보》제40호, 1892년 4월 10일, 5쪽.
41 〈게이오기주쿠 대운동회〉《풍속화보》제74호, 23쪽.

서 씨름이나 도보 경주 등을 해 반대로 '운동회'라고 불리기도 했다.[42]

어제는 우리 기주쿠의 생도들 삼백 오륙십 명이나 되는 인원을 데리고 아스카야마(飛鳥山)에 참배 차 갔는데, 혹시 도중에 무슨 일이라도 생기면 좋지 않을 거라고 판단해 나도 직접 동행해 씨름과 줄다리기, 깃발뺏기 등으로 오후까지 즐겁게 놀고서 무사히 돌아왔다. (방점은 인용자, 이치타로, 사지로 앞 편지, 메이지16년 11월 4일)[43]

이 편지는 당시 후쿠자와 유키치 역시 '소풍', '운동회'를 구별하지 않았음을 보여주며, 그리고 이를 표현하는 언어조차 없었음을 알 수 있다. 다만 '참배'[44]라고만 표현했다. 불과 얼마 전까지 소풍이라고 하면 목적지에서 운동회와 같은 경기를 여는 행사로 간주한 지역도 있다고 한다. 메이지시대, '꽃놀이', '소풍', '운동회'는 전부 비슷한 행사였다. 무엇을 주제로 내세울 것인가에 따라 다양한 이름이 붙여진 것에 지나지 않는다. 그 본질은 신체운동과 오락의 공존이며, 스포츠와 레크레이션의 미분화였다. 그리고 이와 같은 행사야말로 근대 초기 일본에서 폭넓게 받아들여졌던 '스포츠', 신체운동이었던 것이다. 후쿠자와 유키치가 관심을 보였던 신체운동도 근대 스포츠가 아닌 바로 이런 행사였다.[45]

하지만 후쿠자와 유키치가 서양 스포츠에 관심을 보인 예로 두 가지 있다. 그것은 아이스하키와 잔디 테니스다. 그런데 이들 스포

42 사토 히데오(佐藤秀夫), 〈운동회의 고현학(考現學)〉《월간백과》229호, 1981년 9월호.

43 《후쿠자와유키치전집》 제17권, 599~600쪽.

44 원문은 '산지조로(參候)'로 귀중한 분을 찾아뵙고 알현하는 뜻 ─역주

45 나는 운동회를 민중조작을 위한 국가적 의도와 권력·의사의 주입장치라는 일방적인 이데올로기 장치로 보지 않는다. 소풍이나 수학여행 등도 마찬가지로 '위에서부터'의 조작의도를 실현하는 장치이면서도, 다른 방향에서 강력하게 '아래로부터' 원하였던 행사이기도 했다고 생각한다. 자세한 분석은 별도의 논문에서 다루고자 하는데, 그 성과는 《여행의 권함》(中公新書, 1996)에서 밝힌 바 있다. 특히, 4장 〈국민적 행사 수학여행〉과 6장 〈단체여행-일본인의 여행 특성〉을 참고했으면 한다.

츠 모두 두 아들이 편지에서 전한 내용을 그냥 추인하는 식에 지나지 않았다고 하겠다. 아이스하키에 대해서는 다음의 편지에서 그 사정을 엿볼 수 있다.

> 스케이트 운동을 하기 위해 20불의 돈으로 신발과 스케이트를 두 사람이 각자 하나씩 알아보고 구입하였구나. 한 벌에 20불이라면 괜찮은 가격이다. 참으로 만족스럽다. 무엇보다도 그 신발도 스케이트도 다 떨어질 정도로 탈 것이며, 차츰 양키 보이의 기량까지 따라잡을 만큼 서로 능숙해지길(이치타로, 사지로 앞 메이지 17년 2월 22일).[46]

두 아들은 비싼 스케이트 신발 세트를 산 것을 알리자 아버지가 어떤 반응을 보일까 조금 걱정스러워하면서 편지를 써 보냈다. 이에 대해 후쿠자와 유키치는 신체 만들기를 위해서라면 돈을 쓸데없이 쓰지는 않을 거라는 지론 때문인지 기뻐하며 신발이 해질 정도로 제대로 연습해 미국 청년을 능가할 정도로 능숙해지길 바란다고 격려하고 있다. 이는 스케이트에 대한 관심이라기보다는 자식들의 행위에 관심을 보이며, 그 건강에 대한 효과를 기대하면서 기뻐했다고 하겠다.

한편, 테니스에 대해서는 몇 번인가 차남 사지로와 주고받은 편지와 답장이 있다.

> 잔디 테니스 도구는 요코하마에서 찾아보는 게 좋을 듯. 아직 그 가격을 묻지 않았는데, 가격만 좋다면 거기서 사 가지고 와도 좋다(사지로 앞, 메이지 21년 1월 16일).[47]

46 같은 책, 634쪽.
47 《후쿠자와 유키치 전집》 제18권, 195쪽.

잔디 테니스의 도구는 요코하마에서 가격이 🏸과 같은 거 4자루와 고무공 12개를 한 짝으로 해서 값이 대체로 25, 6엔이라고 한다. 가격만 좋다면 미국에서 가지고 오도록 하고, 장소는 옛 마사터에 잔디를 깔고, 평지로 폭 7, 8칸에 길이가 25, 6칸 정도인데 사람들이 테니스 하는 데는 딱 안성맞춤이라고 들 그런다(사지로 앞, 메이지 21년 1월 23일).**48**

사지로는 귀국 전에 테니스 도구를 구입하고 싶다고 써 보낸 듯하다. 이 문면으로는 후쿠자와 유키치가 테니스 도구를 사는 걸 불필요한 지출, 과다한 지출이라고 생각하고 있다고는 단언할 수 없지만, 적어도 손을 들어 반기며 적극적으로 구입을 서두르는 모습은 보이지 않는다.

일찍이 후쿠자와 유키치는 건강을 위해서는 돈을 아끼지 말라고 말했다.**49** "(생략) 신체섭생을 위해서라면 돈을 아끼지 않아도 되니 (생략)" 라켓 4자루와 볼로 25, 6엔이 그렇게 고액이라고는 생각하지 않은 게 분명하다. 막 유학을 떠난 뒤인 두 아들에게 연간 천 엔 이상의 지출은 당연하다고 편지를 쓸 정도다.

그럼에도 불구하고 테니스 도구에 대한 관심이 그다지 없었다는 것은 테니스와 건강, 테니스 도구의 구입과 신체운동 등이 후쿠자와 유키치의 머릿속에 곧바로 뚜렷하게 관련되지는 않았던 게 아닐까 싶다.

그렇지만 자식자랑 팔불출로 불릴 정도였던 그는 자택의 정원에 잔디 구장을 마련한다. 그런데, 이 역시 손자들의 놀이터로도 공용되었거나 전용되었을지도 모르겠다.

---

48 같은 책, 201쪽.
49 주 19 참조

5. 즐거움과 운동과의 공존 ─ 운동회와 소풍

후쿠자와 유키치로서는 신체운동 그 자체가 즐거움, 쾌감, 사교 등의 자립적인 가치를 지니고 있으며, 인간에게 없어서는 안 되는 필요한 요소라고 생각했을 가능성은 낮지 않았을까 싶다. 신체운동은 분명 **빼놓을** 수 없는데, 그것은 건강의 유지라는 목적을 만족시키기 위해 필요하며, 육체의 건강을 매개로 의의 있는 유용한 것이 될 것이라고 생각했던 것으로 이해할 필요가 있다.

스포츠를 하고서 유쾌했다, 즐거웠다는 발언은 하나도 없다. 신체운동과 관련해 '유쾌', '즐거움'을 그대로 표현한 것은 가족과 함께 떠난 소풍에 관한 정도일 듯 하다.

후쿠자와 유키치는 지난 29일, 일요일의 휴가 겸 귀여운 따님 셋을 데리고 오전 10시부터 미타의 댁을 출발해 도보로 도카이도(東海道) 쪽으로 세 딸이 다리 힘이 있는 데까지 걷다가 힘이 빠지면 오모리(大林), 가와사키(川崎) 그리고 쓰루미(鶴見) 등 어떤 정거장에서든 기차를 타고 돌아올 생각이었다. 먼저 가마타(蒲田)의 매화 숲에서 점심을 먹고, 거기서 다시 길을 떠나 가와사키를 거쳐 쓰루미가 거의 다 왔을 무렵에 너무 지친 것 같아서 여기서 기차를 탈까라고 말하자 다시 고집이 생겨 결국 가나가와까지 1리 남짓 무리해 도착했다. 여자 아이들의 용기를 격려해 스스로 나아가 어느새 가나가와 정거장에 도착한 것은 오후 5시 반경으로 잠시 찻집에서 휴식을 취하고 6시 36분발 기차로 귀가했다. 이날 다른 동반자도 없이 이들 부녀 4명에 일꾼이 동행했으며 (중략) 도카이도를 걷던 도중 이야기도 나누고 웃었으며, 갈대로 엮은 찻집에 걸터앉아 깊은 차 맛을 만끽하며 군고구마를 먹는 등 세 따님은 태어나서 처음 경험한 걸로 조금 놀라면서도 마냥 즐거워했다. 다음 일요일에도 또 어딘가로 소풍을 가자며 아버지를 끊임없이 조른다. 이거야말로 참으로 단란한 가족의 한 바탕 즐거운 추억이라고 하겠다(〈가족의 소풍〉, 《시사신보》 1888년 메이지 21년 1월 31일자).**50**

이는 후쿠자와 유키치 자신이 쓴 것이다. 후쿠자와의 자식 걱정을 확인할 수 있으며, 또한 그가 어떤 상황에서의 신체운동과 오락과의 관계가 바람직한 걸로 이해했는지 엿볼 수 있다.

"마냥 즐거워했다"는 것은 아이들의 본능적인 신체운동과 기쁨을 무엇보다도 중요하게 평가한 표현일 것이다. 그런 기회를 갖는 것은 "참으로 단란한 가족의 한바탕 즐거운 추억"인 것이다.

후쿠자와 유키치의 신체운동에 대한 자세를 관찰하면 독립된 신체운동으로서의 스포츠가 아닌, 운동과 오락, 즉 스포츠와 레크레이션이 일체가 된 것을 평가하며, 그럴 경우 받아들이겠다는 자세이지 않았을까. 운동과 오락이 하나가 된 걸로 하자면 바로 운동회이며 소풍이었다.

인간이 사회 속에서 살아가는 동안 '신체운동'은 중요한 역할을 하지만, 그 자체가 인생의 목적이 되지는 못한다. 바꿔 말하면, 그것만으로 삶의 보람이 된다는 자기주장이 강한 '스포츠'는 그에게는 별로 관심이 없었을 것이라는 생각이 든다. 후쿠자와 유키치는 현대 스포츠관을 누구보다 먼저 가졌다고 해도 어색하지 않을 만큼 지금의 스포츠관에 가까운 생각을 가지고 있었던 것 같다. 최근에는 도달목표가 뛰어나고 뒤떨어진다는 평가 시스템을 떠나 그냥 즐기면서, 게다가 건강에도 도움이 된다는 점에 스포츠의 의의가 있다는 생각이 우세한데, 이러한 '부드러운 스포츠'관의 이른바 선구자적 존재가 후쿠자와 유키치다.

50 〈후쿠자와유키치전집〉제20권(재판), 岩波書店, 1971년, 331~332쪽.

규범에 맞춰 승부에 집착하는 스포츠, 엄격한 경기스포츠를 발전시킨 문명을 바라보는 자세에서부터 당시 후쿠자와 유키치는 자유로웠다. 당시 존재한 일본적인 '스포츠'의 메뉴 가운데 자연체로 선택한, 즐겁고 또한 신체를 위한 운동을 받아들여 이것을 자신의 것으로 만들었던 태도는 요즘 생각할 수 있는 스포츠 수용태도의 한 본보기다.

　　후쿠자와로서는 신체운동·건강의 이상형, 더 나아가자면 '일본형 이상형日本型理想形'의 하나가 오락과 신체운동이 적당히 섞인 운동회와 소풍이지는 않았을까.

3장

일본의 운동회 역사

히라타 무네후미(平田宗史)

1. 일본 최초의 운동회

학제공포와 해군병학료海軍兵学寮

1868년 메이지로 연호가 바뀌자, 사쓰마薩摩 · 조수長州를 중심으로 한 새로운 정부가 등장한다. 이 정부의 목표는 구미선진국을 따라가는 것이었다. 이를 위해 신정부는 '부국강병'의 슬로건을 내걸고, 새로운 정책을 차례차례 입안하고 실행하였으며, 나아가 철도를 부설하거나 우편제도를 시행하였다. 또한, 도모오카富岡 제사공장을 설치하였고, 징병령을 공포하기도 하였다.

한편으로 신정부는 국민 한 사람 한 사람의 교양을 높이기 위해, 새로운 교육제도 수립을 모색하였다. 그리고 1872년 9월메이지 5년 8월에 학제를 공포하였다. 이는 구미선진국의 교육제도를 참고한 것으로, 사민평등四民平等 · 국민개학國民皆学 · 실학주의實學主義 등을 기본으로 삼았다. 즉 에도시대와는 달리 국민 모두가 신분에 관계없이, 같은 학교에서 똑같은 교육내용을 배우는 것을 원칙으로 한 것이다.

학제공포에 앞서서 1869년 10월메이지 2년 9월에 해군간부를 양성하기 위한 해군조련소가 도쿄 쓰키지築地에 설치된다. 당초 기본조례의 규칙·내규조차도 없었으며, 커리큘럼이나 교육방침도 아직 정리되지 않은 상태였는데, 1870년 2월메이지 3년 11월에 해군병학료海軍兵学寮로 이름이 바뀌자 상황은 크게 달라진다. 해군병학료 규칙 등이 마련되고, 생도의 복장과 해군제복이 제정되었다. 생도 복장은 하오리羽織[1], 짚신 혹은 나막신에서 위에는 재킷, 호크 달린 깃, 모자에 아래는 바지, 구두 등으로 바뀌었다. 즉 전통적인 일본 옷에서 서양 옷으로 바뀐 것이다. 교관은 일본인만이 아니라 외국인도 채용되었으며, 학교 건물도 서양풍으로 바뀌었다. 유년생도15~19세는 예과 3년, 본과 2년으로, 장년생도20~25세는 3년으로 사관에 등용되었다. 교과서는 영문이었는데, 뒤쳐진 생도가 있어서 1872년메이지 5년에는 모두 합쳐 123명이나 되는 퇴학자가 나왔다. 그래서 1873년메이지 6년 3월의 생도 모집부터는 13세에서 15세 예과생도만을 모집하게 되었다.

이상과 같이 해군병학료의 서양화는 착착 진행되었다. 1870년 11월 24일메이지 3년 10월 2일에 육군은 프랑스식으로, 해군은 영국식으로 결정했음에도 해군 내부에서는 아직 네덜란드파의 영향이 뿌리 깊었다. 더글러스Archbald Lucius Douglas, 1842~1913를 단장으로 하는 영국 고문단 34명이 일본을 찾은 것은 1871년 9월 11일메이지 4년 7월 27일이다. 그리고 그들이 방일한 지 2년여가 지난 1873년메이지 6년 10월 8일에는 네덜란드식 해군병학료의 모든 규칙은 영국식으로 바뀌었다. 10월 21일에는 시험을 실시, 생도 129명의 전공을 측량과 17명, 증기기관과 36명, 운용포술과運用砲術科 63명, 조선과 13명으로 하였다. 영국식으로 바뀌어 크게 달라진 것은 지금까지 실내수

1 일본의 전통적인 남성 옷. ─역주

업뿐이었던 것을 오전 2시간은 실내에서, 오후 2시간은 야외수업실습으로 구분했으며, 방과 후에 당구·크리켓cricket·볼링 등을 적극 받아들인 점이었다.[2]

경투유희競鬪遊戱의 개최 경위와 내용

해군병학료의 영국화가 진행되는 가운데 1874년메이지 7년 2월, 더글라스로부터 "영국에는 Athletic Sports라는 게 있어 여러 경기를 치루는데, 체육과 레크레이션이 될 만한 것이기에 이를 실시했으면 좋겠다"는 신청이 있었다고 한다.

　　병학료 당국도 찬성하였는데, 아무튼 일본에서는 처음 있는 일이라 해군성의 허가를 받지 않으면 안 되었다. 허가를 받는다고 하더라도, 영문 프로그램을 일본어로 옮겨야 했는데 이게 큰 문제였다. 먼저 세 명의 외국인 교관과 일본학과 중국학을 가르치는 3명의 동양학 교관들이 협의하여, '아스레틱 스포츠'를 '경투유희競鬪遊戱'로 번역하게 되었다. "각 종목의 명칭은 직역도 별로 재미없으니까 뭔가 우아한 것으로 하자고 고민한 끝에 일본어풍과 한문풍이 섞인 이름을 골랐다"고 한다.

　　같은 해 2월 27일, 병학료는 해군성에 문의했으며 해군장관 가쓰 아와勝安房[3]는 이를 허가하는 동시에 3월 11일에 경투유희를 개최한다는 요지를 영문·일문 프로그램을 덧붙여, 3월 8일 다이조太政 대신[4] 산조 사네토미 三条実美, 1837~1891[5]에게 신청안을 제출하였다

2 해군병학료에 대해서는 다음의 책들을 참고했다. 가마타 요시로(鎌田芳郞), 《해군병학교이야기》, (原書房, 1979년), 해군병학교편, 《해군병학교연혁》, (原書房, 1979년)(복각원본 1919년 출간).
3 1823~1899, 에도말기 막부의 해군관료이자 메이지 정치가. 가쓰 가이슈(勝海舟)라고도 불림. ―역주
4 다이조칸(太政官)은 메이지정부 초기의 최고관청. 1868년 1월에 설치, 1885년 내각제 발족과 함께 폐지. ―역주
5 막부 말기와 메이지시대의 정치가. 사네쓰무(実万)의 아들. ―역주

(그림 3-1, 3-2). 같은 날 이를 접수한 해군성은 정원正院·좌원左院·각 중앙관청·개척사開拓使·도쿄부 등에도 경투유희 개최를 알리는 안내를 보내 참가를 요청하였다. 한편, 병학료에서는 어쨌든 일본 최초의 행사이기에 예행연습을 실시하였다. 당시 예과 생도였던 사와 간노조澤鑑之丞의 수기를 보면, 다음과 같은 분위기였다고 한다.

> 코치는 영어교사인 시렌트슨, 집슨, 팁 씨 등이 중심을 이뤄 담당하였고, 여기에 요우, 하먼드 씨 등 몇 명이 돕는 형태였다. 연습에는 병학료 본과 생도 128명, 예과생 62명을 비롯하여 수로료(水路寮) 생도 14명, 군의료(軍医寮) 생도 12명, 해병사관학교 생도 10명이 참가하였고, 주요 종목은 단·중거리 경주, 높이뛰기, 삼단뛰기, 도움받아 멀리뛰기인데, 별도로 2인 3각, 등지고 달리기, 계란 줍기, 양동이(물통) 달리기 등이 있었다.

예정되었던 3월 11일은 공교롭게도 비가 와서 개최가 16일로 연기로 되었는데, 16일에도 역시 흐린 날씨라 다시 21일로 미뤄졌다. 21일은 구름이 낀 날씨였지만, 시간을 늦춰 오후 1시부터 병학료 구내 마장馬場에서 경투유희가 거행되었다. 관람자는 오전 11시부터 입장이 가능하였는데, 꽤 많은 인원이 모여들었다. 경기 순서는 경투유희표에 적힌대로였는데, 따로 마장의 중앙에 경기종목을 보여주는 입간판이 세워졌다. 스타트는 권총 한 발의 신호에 맞춰서 이뤄졌으며, 해군 악대가 연주해 회장의 흥을 살리고 참가자들을 고무시켰다.

이와 같은 분위기 속에서 일본 최초의 운동회로 불리는 경투유희가 개최되었다.

이제 일본어(옮김)와 영문 프로그램을 비교해가면서 검토해 보자.

일본어 프로그램 번호	영문 프로그램 번호	『해군병학교연혁』 게재 프로그램 번호
第一般	3	③
第二般	1	①
第三般	2	②
第四般	13	⑬
第五般	4	⑭
第六般	5	⑮
第七般	6	⑥
第八般	8	⑧
第九般	7	⑦
第十般	9	⑨
第十一般	10	⑩
第十二般	11	⑪
第十三般	12	⑫
第十四般	14	⑭
第十五般	15	⑮
第十六般	17	⑰
第十七般	16	⑯
第十八般	18	⑱

　　물론 일본어 프로그램을 토대로 실시되었는데, 이 일본어 프로그램은 영문 프로그램과 다른 점이 몇 가지 있다. 먼저 일본어 프로그램은 반드시 영문 프로그램 순서대로 되어있지 않다. 예를 들어, 영문 프로그램에서는 13번째였던 '관객들이 참여하는 3백 야드 경주'는 일본어 프로그램에서는 4번째로 되어 있다. 또한 영문 프로그램과 비교하면, 일본어 프로그램 쪽이 경투와 유희라는 두 가지의 균형을 고려하고 있다. 게다가 사소한 것일지 모르겠지만, 일본어 프로그램에서는 처음 세 가지 종목을 연령순으로 배치하고 있다. 덧붙여서 경투유희를 언급할 때 곧잘 인용되는 해군병학교편 '해군병학교 연혁'의 '유희 순서표'는 영문 프로그램을 그대로 번역한 것이다. 따라서 순서도 영문 프로그램과 똑같다는 점을 지적해 두고자 한다.

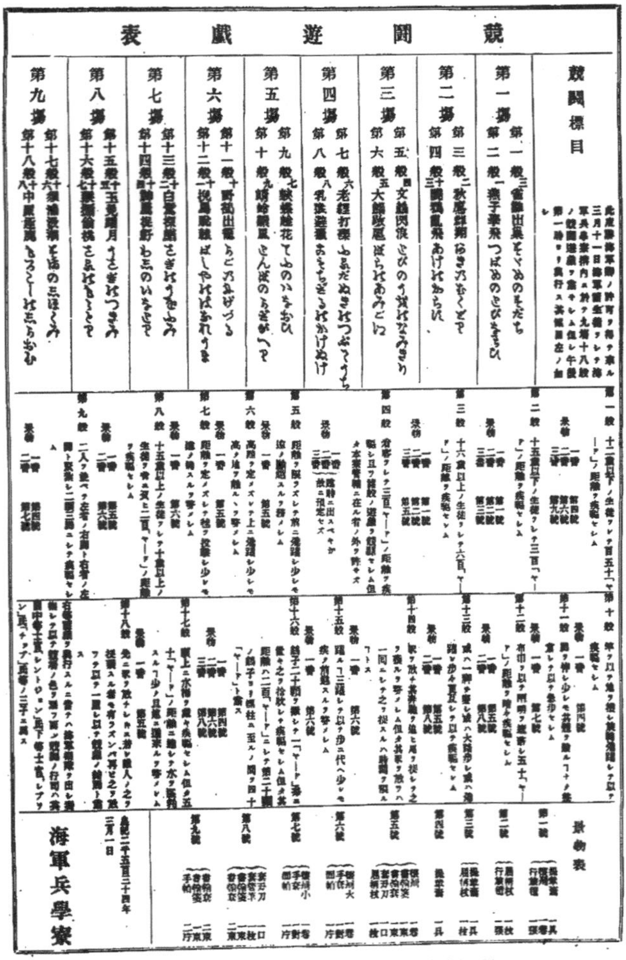

競闘遊戲表

그림 3-1 해군병학료 「경투유희표」(일본어), 1874년(메이지7) 3월

그림 3-2 해군병학료 「경투유희표」(영문), 1874년(메이지7) 3월

다음으로 일본어 프로그램인 「경투유희표」를 검토해 보자. 그 특징 가운데 하나는 종목은 모두 18종류제14반과 제18반은 중복되어 있음으로 실질적으로는 17종류라고 봐도 좋을 듯로, 각각의 종목에서 서로 힘겨루기를 한 뒤 상품을 증정하였을 것이다. 나아가 종목으로는 달리기 · 던지기 · 뛰기 등의 경투적인 종목과 돼지 쫓기 시합 등 유희적 종목이 있었다.

어쨌든 간에 어느 종목이건 당시 일본인들로서는 처음 보는 내용들이었으며, 신기한 것뿐이었다. 특히 2인 3각, 높이뛰기, 3단 뛰기, 기마전,6 양동이 경주 등은 관객의 주목을 끌었다고 한다. 프로그램의 마지막을 장식한 돼지 쫓기 시합은 관객들을 폭소의 도가니로 몰고가 큰 갈채를 받았다.

경투의 마지막 종목이었던 돼지 쫓기는 돼지새끼 몸 전체에 소기름을 잔뜩 발라 장내에 풀어 놓고서, 예과생도들이 이를 잡게 하는 시합이었다. 생도는 마장 내를 전후좌우로 휘저으면서, 말아 올라간 돼지꼬리를 댕긴다든지 했는데, 다리를 움켜잡아도 몸에 두른 기름 때문에 미끌미끌 빠져나간 돼지는 소리 지르면서 사방팔방 도망 다녀 쉽게 잡을 수 없었다. 넘어지고, 미끄러지고, 끝내는 생도도 숨이 차고 돼지도 지쳐 헉헉 거릴 때 한 생도가 용감하게 첫 번째로 돼지를 끌어안아 이 경투도 끝이 나게 되었다. 이 마지막 돼지 쫓기는 관중 모두를 폭소에 빠뜨려 큰 갈채를 받았다. 종료는 오후 4시 40분이었다.

필자는 십여 년 전, 버지니아대학이 있는 샤롯트 빌딩에 체재했을 때, 헌책방에서 흥미로운 한 권의 책과 만났다. 그것은 *St. George's Day in Williamsburg*라는 제목으로, 영국군의 수호신이라고 불리는 세인트 조지의 축제일 가운데 하루가 묘사되어

6 각주로 운문은 가타구루마(肩車) —역주

그림 3-3 달리기

It is soon time for the contests of strength and skill to begin on the Palace Green. Adam hopes so much that he can win a prize this year. But right away another boy leaps higher and farther in the jumping contest.

그림 3-4 멀리뛰기

있는 그림책이다. 윌리엄즈버그는 버지니아주의 남동부에 있으며, 영국인이 1632년에 이주해 개척해는데, 1699년에서 1780년까지는 식민지 주의 수도원문은 州都였다. 영국의 영향이 강하게 남은 역사적인 마을이다. *St. George's Day in Williamsburg*는 4월 23일에 열린 윌리엄즈버그의 세인트 조지 데이의 하루를 불과 31쪽에 담은 책으로 그 내용은 다음과 같다.

(1) 세인트 조지 데이의 의의	1~2쪽
(2) 가축시장	3~4쪽
(3) 멀리뛰기	5쪽
(4) 레슬링	6쪽
(5) 봉술(棒術)	7~8쪽
(6) 달리기	9~12쪽
(7) 천막극장	13~14쪽
(8) 무거운 돌 오래들고 있기	15쪽
(9) 말타기	16쪽
(10) 경마장에 앞다투며 가는 사람들	17~18쪽
(11) 경마	19~20쪽
(12) 서커스	21~22쪽
(13) 돼지쫓기 경쟁	23~24쪽
(14) 저녁식사	25~26쪽
(15) 댄스	27~28쪽
(16) 불꽃놀이	29~30쪽
(17) 귀가	31쪽

책 속에는 각 경기의 풍경이 그려져 있으며, 설명이 곁들여 있다. 그 가운데 멀리뛰기, 달리기, 돼지 쫓기 경쟁 등도 묘사되어 있는데, 즉 축제 분위기 속에서 이들 경기가 열렸던 것이다. 이런 점으로 미루어보

Now someone's caught the pig. No, it squirms and runs away.
But Adam grabs it by the tail. He has won a prize at last. The pig
is his to keep!

When Adam starts home for dinner he sees a great crowd gather-
ing on the Market Square. It is the last contest of the day—the
race to catch a well-greased pig.
Adam joins the fun. Up and down, round and round he goes.

그림 3-5 돼지 쫓기 경쟁

아, 더글라스는 당시 영국의 축제에서 일반적으로 행해지던 것들을 경투유희로서 일본에서 실시한 것에 지나지 않는다고 할 수 있다.

경투유희에는 그밖에도 주목할 만한 것이 몇 가지 더 있다. 첫 번째로 해군병학료 경투유희라고 하였지만, 실제로 해군병학료의 생도만이 아니라, 수로료·군의료 등의 생도들도 참가했다는 점이다. 두 번째로 경투유희의 내용이 당시 수업 커리큘럼에는 없는 내용이라는 점이다. 즉, 경투유희는 학교교육의 연장이 아니라는 사실이다. 세 번째로 외국인이 와서 관람하는 것을 장려한 점이다.[7]

경투유희의 해외보도

The FAR EAST Vol.5, No.3, March 1874라는 잡지 안에서 "NAVAL COLLEGE ATHLETIC SPORTS-TOKYO"라는 제목으로 기사가 실린 적이 있는데, 이는 경투유희의 실시 상황을 소개한 기사다. 이 기사에 따르면, 당일은 곧 비가 쏟아질 듯한 날씨였는데도 많은 관객들이 모여들었다고 한다. 그리고 나서 각 종목의 실시 상황을 소개했는데, 일본인의 회상록과 달리 앞서 소개한 영문 프로그램의 순서대로 실시된 것으로 표현하고 있다. 맨처음 실시한 종목은 15세 이하 생도들의 3백 야드약 280미터 달리기다. 계속해서, 15세 이상 생도들의 6백 야드 달리기, 12세 이하의 150 야드 달리기 순으로 실시 상황을 적고 있다. 그리고 도움받아 멀리뛰기에서는 가노狩生 선수가 14피트 6인치 약 5.7미터를 뛰어, 작은 문방구점을 열만한 상품을 획득하였다고 한다. 높이뛰기 기록은 유럽인의 입장에서 보면, 특별한 것이 못되겠지만 일본인의 습

7 제2항은 졸고 〈우리나라 운동회의 역사적 고찰(3)〉《후쿠오카교육대학기요》제39호 제4책, 1990년, 135~144쪽)를 정리한 것이다. 상세한 내용은 졸고를 참조하기 바란다.

관에는 없다는 점을 고려할 때 이만저만한 게 아니었을까라는 견해를 밝히기도 하였다. 2인 3각은 특히 관객의 주목을 끌었다. 2쌍의 커플이 넘어졌을 때에는 큰 폭소가 쏟아졌던 것 같다. 15세 이상의 생도가 10세 이상의 생도를 등에 업고 2백 야드 달리기, 봉 뛰어넘기, 빨리 걷기가 이어진다. 눈을 가린 채 150야드 달리기에서는 몇 사람인가 똑바로 달렸지만, 반대로 달리고, 담장에 부닥친 이도 있었다. 3단 뛰기, 3백 야드 장애물 경주, 돼지 쫓기 경쟁, 물을 채워넣은 양동이를 머리 위에 올리고서 50야드를 달리는 경주, 일정한 간격으로 놓인 달걀을 20개 주우면서 2백 야드를 달리는 경주 등 오후 5시쯤에 모든 종목이 끝났다고 한다.

　　마지막으로 이 첫 이벤트가 아무 탈 없이 끝난 것에 대해 더글라스 단장을 중심으로 한 영국사관 및 수병에게 보내는 감사, 팬튼의 지도 아래 이벤트의 분위기를 돋우어 준 해군 군악대에 대한 칭찬 등도 기록되어 있다.[8]

　　이상과 같은 경투유희가 삿포로札幌농학교, 도쿄대학, 체조 전습소体操伝習所로부터 사범학교, 중학교, 그리고 소학교로 운동회라는 이름으로 일본 전국에 보급되어 갔다. 그것은 경투유희의 발기인 가운데 한 사람인 영국인 더글라스조차 예상하지 못한 일일 것이다.

8 일본인 보고와 외국인 보고는 다르다. 특히, 경투유희의 실시 순서가 다르다. 일본인은 일본어 번역문의 프로그램 순서대로 열렸다고 하며, 외국인은 영문 프로그램의 순서로 진행됐다고 한다. 일본인인 필자의 눈으로 보자면, 일본인의 보고대로 실시되었지 않았나 싶다.

2. 메이지 시대의 운동회

경투유희로 시작한 운동회가 1878년메이지 11년 5월 25일에 삿포로 농학교에서 '리키게力竸', 1883년메이지 16년 6월 16일에 도쿄대학에서 '운동회', 다음

그림 3-6 학교체조운동 그림, 1886년(메이지 19년)

해인 1884년메이지 17년 4월과 11월에 체조 전습소에서 '도쿄체육회', 1885
년메이지 18년 6월 6일에는 '도쿄대학 및 예비생 경기운동회'라는 이름으
로 개최된다. 같은 해 10월에는 소학교를 대상으로 한 '도쿄부 체육장려
회'가 체조 전습소 안에서 개최된다.

　　모리 아리노리森有禮, 1847~1889[9]는 1885년 12월 문부대신에 취임하자
적극적으로 교육개혁을 추진한다. 다음해 4월 '소학교령'이 반포되고, 심
상尋常 소학교 및 고등高等 소학교에서 체조가 필수학과가 된다. 병식兵式체
조가 중시되어, 순시할 때에는 운동을 참관하였다. 운동회는 대학 · 체조
전습소를 시작으로 사범학교, 중학교, 소학교로 점차 보급되어 갔다.

　　프로그램 등을 분석해 보면, 메이지 시대의 운동회는 다음과 같이
세 시기로 나눠진다.

(1) 제1기 1885년(메이지 18년)부터 1887년(메이
지 20년)경까지

9 정치가. 1885년 이토 히로부미
(伊藤博文) 내각의 문부대신을 역
임하는 등 독일식 교육사상을 받
아들여 학제 정비에 힘씀 ─역주

(2) 제2기 1888년(메이지 21년)부터 1900년(메이지 33년)경까지

(3) 제3기 1901년(메이지 34년)부터 1912년(메이지 45년)경까지

제1기는 3년간의 짧은 기간이었지만, 운동회 자체가 드물었던 탓일까, 아니면 이를 보급하기 위해서인지 교육잡지 등에서 많이, 그것도 아주 자세하게 보도하였다. 예를 들어, 당시 대표적인 교육 잡지인 《대일본교육회잡지》는 이 시기에 집중적으로 운동회를 게재하였다. 이에 비해 1888년부터는 전혀 언급하지 않는다.

보도된 자료들을 분석하면, 이 시기의 특징은 크게 두 가지다. 첫째는 운동회의 개최 형태로 몇몇 학교의 아동·생도들이 가까운 들·해변·신사 경내·연병장 등 넓은 장소에 모여 열렸다. 그리고 '운동회' 와 '소풍 행군' 과 같은 것들이 함께 실시되었다. 이는 첫 번째로 각 학교의 교원과 아동·생도들 인원이 적었다는 점, 그리고 또 다른 이유로 각 학교에 운동회를 열 만한 공간이 없었다는 데 기인한다고 하겠다. 둘째는 프로그램의 내용이다. 종목 수를 보면 3개에서 11개 정도로 대부분 한정된 종목을 대규모로 실시하였다. 먼저, 그 중에 가장 많았던 것은 '맨손체조', '아령체조', '공·막대 체조' 등 이른바 체조종목이다. 이들은 1878년메

그림 3-7 그물 빠져나가기

그림 3-8 깃발잡기, 1887년(메이지20)

이지 11년 체조 전습소의 교사로 초빙된 조지 아담스 리랜드George Adams Leland, 1859~1824의 지도에 따른 것으로, 그가 소개한 체조종목이었다. 그는 1881년메이지 14까지 지도했는데, 그 지도를 받은 생도들이 교사가 되어 전국에 그 체조종목을 보급하기 시작하였다. 제1기의 사례로 든 '공·막대 체조'가 44%, '맨손체조' 및 '아령체조'는 64%의 높은 비율로 등장한다. 이어서 군대식체조·대열운동·행진유희 등의 군사교련적 종목, 달리기·높이뛰기·멀리뛰기·장대넘기 등 겨루기 종목, 줄다리기·발잡기·깃발뺏기·깃발줍기·깃발꽂기·2인 3각 달리기·장애물 경주 등 유희경쟁적 종목 등이 이 시기 운동회에서 널리 실시되었다.[10]

한 예로 1886년메이지 19년 2월에 개최되었던 '히로시마 현립학교 생도 및 소학교 생도 대운동회 프로그램'[11]을 검토해 보자.

회장은 히로시마 친다이鎭臺 연병장,[12] 개최 일시는 2월 셋째 일요일로 오전 7시 30분 집합, 같은 날 8시 개시, 복장은 '양복 아니면 가급적 짧은 소매', 신발은 구두 혹은 짚신이었다. 참가한 생도

10 平田宗史/今林裕次, 〈우리나라에 있어서 운동회의 역사적 고찰(1) 소학교 운동회 프로그램의 변천(메이지기)〉,《후쿠오카교육대학기요》제36호 제4분책, 1987년, 119~127쪽.
11 《대일본교육회잡지》제29호, 1886년, 69~72쪽.
12 친다이는 각 지방을 수비하던 군대. 1873년에 도쿄(東京), 센다이(仙台), 나고야(名古屋), 오사카(大阪), 히로시마(広島), 구마모토(熊本) 등 6곳이 있었는데, 1888년 사단(師団)으로 이름을 바꿈 —역주

들은 현립학교 생도 357명, 소학교 생도 1,347명소학 초등과 제2급 이상이었다.
이어서 임원들의 복장 등도 정해져 있었는데, 현립학교 생도부와 소학교
생도부의 프로그램은 다음과 같다.

현립학교 생도부

8시부터 8시30분까지	아령체조 150명
	곤봉체조 30명
8시30분부터 9시까지	공·막대 체조 150명
	고리(木環) 체조 60명
9시부터 10시까지	병식 체조 45명
10시부터 11시까지	달려가 깃발 잡기 357명
11시부터 12시까지	장애물 넘기 45명

앞부분 세 개는 동시에 실시되었는데, 후반의 두 가지는 다음과 같
이 실시되었다고 한다. 깃발 잡기는 신장의 크기에 따라 약 10개조로 나
눠 한 조씩 이루어졌는데, 200야드쯤 떨어진 곳에 색이 다른 깃발 5개를
일렬로 나란히 꽂아두고서, 이를 잡는 순서에 따라 1등상부터 차례로 3
등상까지 수여되었던 것이다.

장애물 넘기는 총인원357명을 네 개로 나눠, 한 조씩 순서대로 실시
하였다. 약 250야드 거리 안에 제1관문으로 폭 5척1.5미터의 구덩이를 파
내었으며, 제2관문에는 높이 4척쯤1.2미터 되는 장벽을 설치하였고, 제3관
문에는 길이 3간5.5미터의 둥근 통나무 다리를 걸쳐놓았으며, 제4관문에는
높이 7척2.1미터의 장벽을 쌓았으며, 제5관문에는 폭 5척의 구덩이를, 제6
관문에는 높이 7척의 나무 울타리를, 제7관문에는 깊이 7척의 웅덩이를
만들어 이를 미끌어지듯 빠져나간 뒤, 제8관문에서 높이 7척에 좀 비탈

그림 3-9 가와나카지마(川中島)[후쿠오카(福岡)] 심상고등소학교 운동회, 1909년 (메이지 42년)경]

진 돌담을 두어 이를 올라가게 하였던 것이다.

소학교 생도부에서는 오전 8시부터 10시까지 2시간, 맨손체조700명, 아령체조400명, 공·대 체조200명가 이뤄졌으며, 오전 10시부터 11시까지 1시간은 참가자 전원1247명이 참가하는 깃발잡기가 열렸다.

제2기는 제1기에 비해 기간이 길다. 1888년(메이지 21년)부터 1900년(메이지 33년)무렵까지다. 이 시기의 개최형태는 제1기와 마찬가지로 연합운동회지만, 제1기와 다른 것은 프로그램 종목 수가 늘어난 점이다. 수집한 제2기 프로그램 18종류의 예를 분석하면, 제1기에서는 1항이었던 종목이 19개에서 51개까지 크게 늘어났다. 예를 들어, '오이타현大分県 기타아마배군北海部郡 중부中部학교운동회'[13]에서는 29개, '시마네현島根県 각 학교생 대운동회'[14]에서는 중학교·사범학교생을 합쳐서 이틀 동안 51개의 종목을 소화하였다. 종목 수가 늘어난 것은 취학률 증가에

13 《오이타현교육백년사》 제1권, 1976년, 692~694쪽.
14 《시마네현근대교육사》 제1권, 1978년, 676~678쪽.

따른 동일 종목이 모든 학년에 걸쳐서 왕성하게 실시되었다는 점에도 기인한다.

　　종목 내용을 검토해 보자. 먼저, 제1기에서 많았던 맨손체조 · 아령체조 · 공막대 체조 등 체조종목이 제2기에는 급격하게 줄어든다. 이에 비해, 군대식 체조 · 대열운동 등 군사교련적 종목이 등장율로 볼 때 늘어났으며, 두 종목 모두 운동회 안에 확고하게 자리잡게 된다. 그리고 달리기 등 경쟁적 종목, 줄다리기 · 2인 3각 · 장애물 경주 · 주머니 머리에 이고 달리기 등 유희경쟁적 종목이 크게 선보인다. 한편, 이들 종목과는 아주 대조적으로 보이는 종목이 있었는데, 그것은 '깃발'과 관련된 종목들이다. 제1기때 주류였던 깃발잡기 · 깃발뺏기 · 깃발꽂기 등의 종목이 급감한다. 그 외에 이 시기의 특징으로는 씨름이 2개, 가와나카지마川中島**15**가 1개 등이 프로그램 안에 등장한 점이 주목된다.**16**

　　제3기는 1901년메이지 34년부터 1912년메이지 45년까지에 해당하는 시기다. 주지하다시피, 이 시기는 1900년메이지 33년 8월 소학교령 재개정으로 의무교육 연한을 4년, 수업료를 무료로 한 것 등으로 인해, 소학교 취학률이 60%에서 90%대로 단기간에 급증하던 시대이기도 하다. 그리고 1907년메이지 40년에는 의무교육의 연한이 4년에서 6년이 된다. 이런 사실로 알 수 있는 것은 각 소학교의 아동 · 생도수가 급증하였다는 점이다. 어떤 학교의 경우, 아동수가 1900년에는 174.39명이었던 것이 1910년메이지 43년에는 264.83명이 된다. 아동 · 생도수가 급증하면서 당연히 한 학교당 교원 수도 늘어난다. 교과서 제도는 1904년메이지 37년 4월부터 국정제가 되었으며, 교

15 일본 나가노시(長野市) 남부에 있는 지명으로 두 하천 사이에 있다. 이곳은 전국시대 말기 (1553~64) 다케다 신겐(武田信玄)와 우에스기 겐신(上杉謙信)이 몇 차례에 걸쳐 자웅을 겨루었으나 승부를 보지 못한 것으로 유명하다. 여기서는 114쪽 사진을 보면 알 수 있듯이 기마전을 뜻하는 것으로 보인다 －역주
16 平田/今林, 앞의 논문(1), 119~127쪽.

그림 3-10 교련(教錬)[미에현(三重県) 가메야마(亀山) 종합운동회, 1909년(메이지 42년)]

원을 지도 감독하는 지방시학視学제도도 확립된다. 즉, 국가주의 교육이
확립된 시대였다. 그리고 소학교령 재개정으로 향후 5년간에 걸쳐 '체조
장'을 모두 설비하게끔 규정을 정해, 각 소학교는 널찍한 '체조장'을 갖
게 된다.[17] '소학교령' 1900년 8월 20일, 칙령 제344호에서는 체조장에 대해 다음
과 같이 규정하고 있다. 제29조 소학교에는 교사, 교지, 교구 및 제조장을
준비할 것, 제71조 기존의 심상소학교에 체조장이 없는 경우는 메이지
38년 3월 31일까지 함께 설비하는 것을 유예한다. '소학교령 시행규칙'
1900년 8월 21일, 문부성령 제14호에서는 심상·고등소학교의 옥외체조장 면적
에 최저기준을 정했다.제65조 나아가, 1893년부터 1894년메이지 27~28년에 걸
친 청일전쟁, 그 10년 후인 1903년부터 1904년메이지 37~38년까지의 러일전
쟁에서 승리를 거머쥔 군국주의적 색채가 강했던 시대
이기도 하다. 그리고 "운동회는 어느 학교든 반드시 거
행되었으며, 학교 입장에서는 확정 사업의 하나로 자리

17 《메이지 이후 교육제
도 발달사》(제4권) 45~
58쪽.

잡게 되었다"[18]고 한다.

　　이러한 배경 아래, 이 시기의 운동회도 조금씩 변모한다. 운동회 개최형식을 보면, 종합운동회가 주류를 차지하면서도 단독적으로 한 학교에서 열리는 '교정校庭' 운동회가 대두하기 시작한 것이다.

　　제3기 13개의 프로그램 종목을 분석해 보도록 하자. 체조 및 리듬운동 종목은 맨손체조를 제외하고, 제1기와 제2기를 비교해 보면 확실히 감소하였다. 이에 비해, 지금까지 없었던 댄스무용의 예가 6개나 등장한다. 이는 다이쇼 시대의 운동회를 다룰 때 앞부분에서 논의하겠다. 군사교련적 요소의 종목은 이전과 마찬가지로 실시되었다. 경쟁적 종목에서는 높이뛰기, 멀리뛰기 종목은 없어지고, 달리기가 유일한 대표적인 경주종목으로 남게 된다. 유희경쟁적 종목은 지금까지 중시되었던 깃발 관련 종목이 급격하게 줄어들고, 줄다리기 · 2인 3각 · 장애물경주 · 주머니 이고 달리기 · 축구football 등이 정착되어 줄곧 실시된다. 그리고 이 시기에 유희적 종목은 다채로워진다. 인마경주기마경주 · 치도리千鳥경주[19] · 한쪽 다리로 달리기 · 업고달리기 · 숟가락경주 · 가와나카지마 · 군함경주 등. 또한 전통적인 무예종목으로는 씨름 외에 유도격검 · 검으로 기와깨기와 같은 것도 등장한다.

　　종목 내용으로 본 메이지 시대의 소학교 운동회가 지닌 특징을 정리해 보자.

　　먼저, 메이지 시대를 통해 줄곧 빈번하게 실시되었던 종목은 줄다리기다. 전부 56개의 사례 가운데 39개의 예가 보이는데, 실로 70%나 되는 높은 등장률이다. 이어서 달리기를 들 수 있는데, 29개의 예에 등장해 52%를 차지한다. 줄다리기는 단체 경쟁종목으로, 달리기는 개인

18 《小學校事彙》, 同文館, 1904년 6월 11일(재판), 382쪽.
19 새처럼 지그재그 걸으면서 승부를 겨뤘던 경기종목으로 생각됨 ―역주

경기종목으로서 이 두 종목은 메이지시대 소학교 운동회를 상징하는 경기였다.

　　이들 가운데에는 처음에는 주류를 이루었던 종목이었는데, 점차 실시되지 않은 것도 있다. 그것은 아령 체조 · 볼장대 체조 · 곤봉 체조 등 체조 종목과 높이뛰기 · 멀리뛰기 · 봉넘기 등의 경기, 여기에 깃발과 관련된 종목들이다. 반대로, 화려하지는 않지만 착실하게 실시된 종목으로는 2인 3각 경주 · 장애물 경주 · 축구 등 유희경쟁적 종목, 병식 체조 · 대열 운동 · 행진 유희 등 군사교련적 종목이 그것이다.[20]

3. 다이쇼 시대의 운동회

다이쇼大正 시대는 1912년다이쇼 원년부터 1926년다이쇼 15년까지인데, 이 시기에 메이지유신 신정부의 목표였던 구미 선진 제국 따라 잡기를 어느 정도 달성한 일본 정부는 다이쇼 시대가 되자 새로운 과제에 직면하였다. 5대 강국의 하나로 성장한 일본은 국제협력 노선을 취하게 되었으며, 5대국과 비슷한 수준의 서양문명을 한층 더 익혀나가려는 분위기가 무르익는다. 다이쇼 시대는 메이지의 문명개화를 뒤이어 제2의 문명개화라고 평가받는다. 메이지와는 달리 다이쇼의 문명개화는 산업경제의 번영에 따른 중류 계급의 진출을 배경으로 교육 · 학문 · 정치사상 · 문예 등의 개혁이었다.

　　교육에 관해서는 정부 측은 메이지 말 무렵에 확립되었던 천황제 국가주의 교육을 재검토하기 위해, 1917년다이쇼 6년에 임시교육회의를 설치해 교육제도 전반에 걸쳐서 재검토를

20 鎌田, 앞의 책, 해군병학교편 앞의 책 각각 참조.

실시하였다. 그 결과의 하나로 1918년다이쇼 7년부터 제국대학만이 아닌 공·사립대학도 대학으로 인정받게 된다. 마찬가지로 고등학교도 공립만이 아니라 사립학교도 인정하였는데, 이런 식으로 대학과 고등학교가 크게 늘어났던 것이다.

　　민간 측에서는 메이지 시대의 교사중심주의 교육에서 다이쇼 신교육·다이쇼 자유주의 교육으로 불린 아동의 흥미·심리·개성 등을 중시하는 아동중심주의 교육운동이 일어났는데, 당연히 운동회도 이러한 시대의 영향을 받는다. 운동회의 개최형식에 주목하면, 메이지 시대에는 연합운동회가 대부분이었던 것이 학교 단독으로 운동회를 실시하는 곳이 크게 늘어난다. 자료 22개의 프로그램을 검토해 보면, 연합운동회가 8개, 단독운동회가 9개, 합동운동회사범학교 등에서 생도와 아동이 함께 하는가 5개가 보인다. 단독운동회가 늘어난 것은 한 학교당 아동수가 증가하였기 때문이다. 1900년메이지 33년과 1912년메이지 45년·다이쇼 원년 심상과尋常科의

그림 3-11 오사토(大里) 심상고등소학교 운동회 풍경[후쿠오카현 모지시(門司市), 다이쇼 시대]

학급수별 구성을 비교해 보자. 1900년에는 반이 하나뿐인 단급소학교가 7,090교였는데, 1912년에는 1,665교로 줄어든다. 6학급의 경우는 전기 536교였던 것이 나중에 4,357교가 된다. 12학급의 경우는 처음에는 65교였는데, 후자에 와서는 1,142교가 된다. 이는 정부의 취학장려에 따른 취학률의 상승과 1907년메이지 40년 소학교령 일부 개정에 의한 의무교육 연한이 4년에서 6년으로 연장된 것에 기인한 것으로 취학아동수의 급증에 따른 결과로 보인다. 또한, 앞서 밝힌 것처럼 1900년 소학교령의 재개정으로 5년 이내에 체조장을 반드시 갖추도록 규정되었기에 각 학교에 운동장이 설치되었기 때문일 것이다.

이런 사실을 염두에 두면서 다이쇼 시대의 운동회 프로그램의 내용을 살펴보자. 먼저, 연합운동회 프로그램 내용을 보면, 다이쇼 시대에는 8개의 예가 보이는데, 그것은 메이지 시대와 마찬가지로 체조적 종목, 병식·군사교련적 종목, 경주적 종목, 유희경쟁적 종목, 창가유희·리듬댄스 운동적 종목, 전통적 무예종목으로 분류해 볼 때 내용적으로는 경주적 종목이 압도적으로 많다. 즉, 100미터에서 800미터에 이르는 다양한 달리기나 릴레이 등이 그 예다. 그리고 메이지 후반의 프로그램에서 없어졌던 도움받아 멀리뛰기·높이뛰기, 게다가 새롭게 테니스와 배구를 집어넣은 프로그램도 있다. 연합운동회는 학교에서 실시된 단독운동회에 비해 운동경기라는 성격이 강하다.[21] 1921년다이쇼 10년 10월 15일에 개최된 오이타현 미나미아나베군南海部郡 교육회 주최의 '군내 소학교 연합체육대회'[22] 1921년의 프로그램은 다음과 같다.

21 平田宗史/今林裕次, 〈우리나라에 있어서 운동회의 역사적 고찰(2) 소학교 운동회 프로그램의 변천(다이쇼·쇼와 전기)〉《후쿠오카교육대학기요》 제36호 제4분책, 1988년, 67~75쪽.
22 《오이타현교육잡지》 제434호.

미나미아나베군 교육회 주최 군내소학교 연합체육대회 (1921년 10월 15일 실시)

순 서

1   개회식

2   우승기 반납식

3   심상 4학년 남자 100미터 달리기 10회

4   심상 5학년 남자 200미터 달리기 10회

5   심상 6학년 남자 200미터 달리기 10회

6   여자 릴레이 레이스 8회

7   고등 1학년 남자 400미터 달리기 7회

8   고등 2학년 남자 400미터 달리기 6회

9   고등과 여자 연합체조 1회

10   우승기 및 상장 수여식 (이상 오전 행사)

11   심상과 씨름 54판

12   고등과 씨름 36판

13   심상과 장기자랑

14   고등과 장기자랑

15   우승기 및 상장 수여식 (이상 오후 행사)

필자의 소견으로 볼 때, 쇼와 전기에 들어서면 연합운동회 사례가 보이지 않는다. 이 점은 쇼와 초기가 되어, 곧바로 연합운동회가 열리지 않게 되었다는 것을 뜻하는 것은 아니지만, 적어도 소학교 아동이 참여하는 연합운동회는 감소하는 경향임을 말해 준다. 정부는 '문부성 훈령 제3호' 1926년 3월 21일, '운동경기회 학생·생도·아동 참가에 관한 통첩' 1927년(쇼와2) 10월 1일 등으로 연합운동회에 관한 일정한 제한을 설정, 아동의 숙박금지·대회경비의 절감을 독려하였다. 이는 1차 세계대전

1914~1919년 와중에 경기 호황을 누린 일본 경제가 1920년에는 공황에 큰 타격을 입으면서 경제 대불황에 빠졌던 것이 그 배경이라고 하겠다.

이미 살폈듯이, 다이쇼 시대가 되면 한 학교가 단독운동회를 실시하는 곳이 늘어난다. 이와 더불어 운동회 풍경이 바뀐다. 운동회 중앙에 높은 장대가 세워지고, 그 꼭대기에 '히노마루日の丸(일장기)'를 게양하고서 거기에 만국기를 묶은 기다란 끈을 사방팔방으로 치고, 그 중앙에 놓인 오르간을 선생님이 치면 그 주위를 아동·생도들이 둘러싼 채 연기하는 풍경을 흔히 볼 수 있게 된다.**23** 오르간의 보급이 운동회에 영향을 끼친 것이다. 그리고 운동회 개회식에서는 '기미가요君が代(일본국가)'를 제창하였고, 폐회식에서는 만세삼창을 한다.

프로그램을 체조적 종목, 병식·군사교련적 종목, 경주적 종목, 유희경쟁적 종목, 창가유희·리듬댄스 운동적 종목, 전통적 무예종목 등의 시점에서 분석해 보면, 다음과 같은 점을 알 수 있다. 첫째는 전체적으로 볼 때 체조적 종목에서 창가유희·리듬댄스 운동적 종목까지가 전반적으로 실시되어 종목 내용이 다채로워진다.

또한 메이지 시대의 연합운동회에서는 종목 내용이 달리기·도움받아 멀리뛰기·높이뛰기 등의 경쟁적 종목에 집중되어 있었는데, 여기에 변화가 일기 시작하였다. 물론, 경쟁적 종목은 학교 단독운동회에서도 실시되었지만, 그보다도 유희경쟁적 종목이 더 다양해지고, 많이 실시되는 쪽으로 바뀌었다. 여전히 줄다리기·장애물경주·기마전 등의 종목도 많은 운동회에서 실시되었는데, 공던져 넣기·계란 옮기기·오뚝이 옮기기·제비뽑기 경주·숟가락 레이스·피구·배구·농구 등의 종목도 자주 등장하게 되었다.

23 나가노현 고마가네시(駒ヶ根市)의《아코(赤穂)소학교백년사》(1972년, 382쪽)에는 메이지 40년대의 운동회 사진이 게재되어 있다. 이 사진에는 중앙 기둥에 일장기가 게양되어 있다.

나아가 창가유희 · 리듬댄스 운동적 종목도 다채로워져서 많이 선보이게 된다. 즉, 모모타로桃太郎[24] · 우시와카마루牛若丸[25] · 히노마루 · 우라시마타로浦島太[26] · 장난감행진 · 벌레악대 · 땅땅댄스 · 메디신볼 medicine ball[27] · 폴카춤polka · 매스게임 등이다. 이들은 먼저 아동의 관심과 심리 등을 중시한 다이쇼 신교육운동의 영향일 듯하며, 1880년 전후에 국산 오르간이 제조되어 메이지 후반부터 차츰 전국의 학교로 보급된다. 오르간을 사용한 창가유희 · 리듬댄스 운동이 전국적으로 실시된 사실에도 기인할 것이다.

덧붙여 메이지 시대부터 실시되었던 병식 · 군사교련적 종목도 행진 · 교련 · 병식체조 · 수기手旗신호 등의 이름으로 다이쇼 시대의 운동회에서도 착실하게 열렸다.[28]

이상의 프로그램이 보여주는 특징은 22개의 프로그램 자료들을 분석한 결과이지만, 그 내용을 자세히 살펴보면 같은 시대일지라도 대도시의 학교인지 아니면 시골의 학교인지, 혹은 소학교인지 중학교인지 고등학교인지, 도쿄에 있는 학교인지 아니면 규슈의 작은 마을에 있는 학교인지에 따라 다르다.

이런 특징을 전제로 하면서 시즈오카현 가지마加島심상고등소학교에서 1917년다이쇼 6년 11월 3일에 개최한 추계육상운동회를 검토해 보자.[29] 이 운동회에서 무엇보다 먼저 주목할 점은 개최 일시인데, 메이지 천황의 탄생일인 11월 3일에 운동회를 연 사실이다. 메이지 시대에는 11월 3일에 운동회를 개최한 예가 많이 있었지만, 그것을 다이쇼 시대에도 계속 이어갔던 것이다. 달리 표현하자

24 일본 전역에서 전래되고 있는 아기장수전설의 하나 —역주
25 헤이안 시대를 배경으로 하는 전설로 인형극과 동요 등으로도 전래되어 일본인들에게 아주 친근한 이야기 —역주
26 일본 전역에서 전래되고 있는 용궁전설의 하나 —역주
27 길게 늘어서 머리 위나 다리 사이로 공을 이어가는 놀이 —역주
28 平田/今林, 앞의 논문(2), 67~75쪽.
29 《시즈오카현교육사》(자료편 하권) 89~91쪽.

면, 운동회와 천황제가 얽혀져 있음을 짐작할 수 있다.

오전 6시 반, 3발의 불꽃으로 개최를 알린다. 오전 8시 개최, '기미가요', 개회 인사말, 운동으로 이어진다. 오전 중에 31종목, 오후 29종목번호 31이 종목이 선보인다. 합계 60종목이 실시되고, 그 후 강평, 교가, 폐회사, 만세삼창이 이어지고, 오후 4시 15분 막을 내린다. 60종목의 내역은 교련 체조(9), 교련(2) 등 병식·군사교련적 종목, 줄다리기(3), 장애물(2), 모자 뺏기(2), 구슬 줍기 경쟁(2), 목마 경쟁(1), 깃발 잡기(1), 그림 겨루기(1), 단체 깃발 옮기기(1), 오뚝이 옮기기(1), 줄넘기 경쟁(1), 농구(3), 피구(1), 숟가락 레이스(1), 기마 습격(1), 수기 신호(1), 지네 경쟁(1),**30** 제비뽑기 경쟁(1), 요리 경쟁(1), 머리에 이고 달리기(1), 1인1각(1) 등 유희경쟁적 종목, 우시와카마루(1), 히노마루(1), 부인종군婦人從軍(1), 은하수(1), 땅땅댄스(1), 잉어(1), 우라시마타로(1) 등 창가유희·리듬댄스 운동적 종목 등 이들 세 가지가 많았고, 단순히 달리는 식의 경주적 종목은 의외로 적었다. 그리고 달리기에서 학교대항이 실시된 점은 주목할 만하다. 또한, 내빈들도 참가하여 지역 전체가 축제 분위기였다는 보고도 많이 보인다.

4. 쇼와 전기의 운동회

쇼와시대에 들어서자 1929년쇼와 4년 미국에서 주식이 대폭락해 순식간에 전세계 자본주의 국가로 파급되었다. 일본에도 여파가 미쳐 1930년쇼와 5년에 도산한 기업은 823사, 실업자는 약 300만 명으로 추산되며, 노동쟁의는 전년대비 62% 증가하여 2,289건을 헤아렸다. 소작 쟁의도 1927년쇼와 2년은 2,053건이었던 것이 6년 뒤인

30 원문은 무카데(ムカデ) —역주

1933년쇼와 8년에는 약 4,000건에 달하였다고 한다. 대학을 나와도 취직이 되지 않아, "대학은 나왔는데"라는 말이 유행했던 시대다.

사회불안이 높아지는 가운데 국가주의·군국주의 세력이 대두해 그들은 사회불안을 전쟁으로 회피하려고 했다. 관동군은 1931년쇼와 6년 9월 만주 전역을 무력으로 점령해 버리는 만주사변을 일으킨다. 만주사변이 진전되어가는 와중에서 1932년쇼와 7년이 되자 해군의 청년장교를 중심으로 한 군인들이 백주대낮에 수상관저에 쳐들어가 이누카이 쓰요시犬養毅**31** 수상을 "문답무용問答無用"**32**이라며 사살한 5·15사건, 그리고 1936년쇼와 11년의 2·26사건을 거치면서 군부는 차츰 막강한 힘을 길러가며 독주한다. 그 다음해인 1937년쇼와 12년 7월 중국 전토로 확산된 중일전쟁이 시작된다.

군부의 대두는 교육 분야에도 영향을 미쳤다. 문부성은 소학교 교원과 학생들의 사상탄압과 사상선도를 실시, 또한 1935년쇼와 10년 11월에 교학쇄신평의회가, 그리고 2년 뒤인 1937년에는 교육심의회가 설치되어, 전시체제를 향해 교육개혁이 전면 실시된다. 국민교육에서 중요한 국정교과서에도 군사교재가 늘어났다.

그렇다면 운동회는 어떤 상황이었을까. 만주사변이 일어난 1931년경까지는 다이쇼 시대의 운동회와 기본적으로 거의 비슷하였다. 그 이후 군국주의화가 진행되자 운동회도 그 영향을 받게 되었다. 그것은 프로그램의 내용에 두드러지게 나타난다. 나가노현 고마가네시駒ヶ根市에 있는 〈아코赤穂소학교백년사〉에 게재되어 있는 1930년쇼와 5년도와 1938년쇼와 13년도의 프로그램 내용을 아래와 같이 비교 검토해 보자.**33**

31 1855~1932, 일본의 정치가로 문부대신, 체신대신 등 요직을 거쳐 1931년 총리자리에 오른다 ─역주
32 아무리 의논해도 전혀 이익이 되지 않는다는 뜻 ─역주
33 앞의 책, 《아코소학교백년사》 574~576쪽.

1930년도는 기본적으로 다이쇼 시대의 프로그램 내용과 다르지 않지만, 1938년도가 되면 눈에 뜨일 만큼 변화가 나타났다. 첫째, 1930년도는 도보(12) · 릴레이(6)였던 것이 1938년도가 되면 도보(10) · 릴레이(1)로 이들 종목이 감소했다. 둘째, 그런 반면 1930년도에는 2종목이었던 체조가 1938년도에는 6종목으로 늘어났다. 즉, 전원이 참여하는 종목이 많아졌던 것이다. 또한, 큰공 잇기 · 큰공 옮기기 · 큰공 뺏기 · 큰공 굴리기 · 오뚝이수레 등 전원이 힘을 합쳐서 해내는 종목이 새롭게 등장하였으며, 게다가 이들 대부분이 주목을 받는다. 셋째로 유희 · 댄스종목이 1930년도는 7종목이었는데, 1938년도는 10종목으로 늘어났으며 그 종목명도 국화꽃 · 애국행진곡 · 요람**34** · 병정놀이**35** · 영락寧樂의 도시 · 히노마루 등 시국을 반영하였다. 그 외에 겐페이 깃발들기 · 적전상륙 · 폭탄 릴레이라는 종목 역시 시국을 반영한것으로 보인다.

다음으로 야마나시현山梨県 시오야마塩山 심상고등소학교가 1938년 10월 16일에 개최했던 프로그램을 검토해 보자.**36** 먼저, 명칭을 운동회가 아닌 '합동체육대회' 라고 한 점이 기존과는 다른 특징이다. 오전 7시 반에 개회한 뒤, 이어 황거요배皇居遙拜 · 국가합창 · 개회사 · 황군무운皇軍武運을 비는 장구묵도長久默禱가 이루어진다. 1938년 당시 전년도에 중일전쟁에 뛰어들었기 때문에, 실제 연기를 들어가기 앞서서 이상과 같은 행사들이 통상적으로 이루어졌던 것이다.

연기종목은 오전 30종목, 오후 2종목이었다. 종목 내용을 검토하면, 다음과 같은 특징을 가지고 있었던 것으로 정리할 수 있다. 첫째, 달리기를 카케코, 릴레이를 계주로 불렀는데, 카케코(2), 계주(3)로 적었다. 둘째, 줄다리기(10)를 비롯해 장대뺏기(1), 장대끌기(1), 공 옮기

34 원문은 유리카고(ユリカゴ). —역주
35 원문은 헤이타이상(兵隊さん). —역주
36 《야마나시현교육백년사 제2권 다이쇼 · 쇼와 전기편》 1978년, 967~969쪽.

1930년도 (쇼와5)	1938년도 (쇼와13)
1 도보 고1 남자	1 합동체조 전체
2 줄다리기 심3 전체	2 도보 심6
3 도보 심5 여자	3 줄다리기 심3
4 줄다리기 심4 전체	4 도보 심2
5 도보 심2 전체	5 줄다리기 심5
6 기마전 심5 남자	6 도보 고1 남자
7 도보 고2 남자	7 아시키리(足切り) 고 여자 전체[두 사람이 긴 막대기나 줄을 가지고 무릎 정도의 높이를 유지한 채 달리면, 사람들은 줄을 서서 이를 뛰어넘는 놀이. 줄에 걸리거나 넘어지면 실격]
8 어깨띠 뺏기(たすき切り)	8 뜀틀넘기 심4 전체
9 도보 심1 전체	9 유희(국화꽃) 심4 전체
10 밭달리기(田樂競走) 심5 남자	10 도보 여실(女實) 전체
11 도보 심6 여자	11 기마전 심4 남자
12 볼 릴레이 레이스 고2 여자	12 도보 고2 남자
13 도보 심3 전체	13 줄다리기 심2 전체
14 줄다리기 심2 전체	14 도보 심3 전체
15 반별 릴레이 레이스 고1 남자	15 줄다리기 고 여실
16 꼬리잡기 심5 여자	16 유희(月朧月夜) 심6 전체
17 체조 심6 여자	17 겐페이(源平) 깃발들기 심1 전체
18 열매까기 심4 전체	18 큰공잇기 심4 전체
19 도보 고1 여자	19 기계체조 심5 남자
20 유희 심1 전체	20 공동일치(共同一致) 고1 남자유치원
21 2인3각 여실 전체	21 도보 고1 여자
22 도보 심5 남자	22 적전상륙 심2 전체
23 엔드볼(피구) 직원	23 터널경쟁 심4_5 여자
24 줄다리기 고2 전체	24 유희(포플러기차_) 심3 여자
25 반별 릴레이 레이스 심3 전체	25 줄다리기 심1 대 직원 대항
26 유희 심2 전체	26 큰공 옮기기 고 여자 전체
27 도보 심4 전체	27 유희(애국행진곡) 여실 전체
28 곤봉 레이스 고1 여자	28 장대 넘어뜨리기 심6 이상 남자

29	장대 넘어뜨리기 심5 이상 남자		29	제1 라디오 체조 심3 이상 전체
30	줄다리기 심1 전체		30	제2 라디오 체조 심4 이상 전체
31	합동체조 심3 이상		31	줄다리기 고 남자 전체
32	ボルカセリス 여실 전체		32	폭탄 릴레이 심3 남자
33	도보 고2 여자		33	큰공뺏기 고2 전체
34	기마전(머리띠뺏기) 심5 전체		34	오뚝이 수레 심5 여자
35	도보 심6 전체		35	큰공굴리기 심1 전체
36	줄다리기 고1 전체		36	유희(연꽃 연못) 고 여자 전체
37	반별 릴레이 레이스 여실		37	장애물경기 고2 남자
38	なだまき 심6 여자		38	봉체조 심6 전체
39	홍백(紅白) 릴레이 레이스 직원		39	도보 심4 전체
40	줄다리기 심5 전체		40	유희(애국행진곡) 심5 전체
41	유희 심1 전체		41	기마전(멜빵뺏기) 심3 전체
42	반별 릴레이 레이스 고2 남자		42	도보 고2 여자
43	기마전 심3_4 여자		43	유희(ユリカゴ・ヘイタイサン) 심1 전체 [요람에서 병사까지]
44	줄다리기 심6 전체		44	줄다리기 심4 전체
45	유희 심2 전체		45	통굴리기 직원
46	장대 넘어뜨리기 심3_4 남자		46	장애물경기 심6 남자
47	기마전 고1 남자		47	大原 여자경쟁 여실 전체
48	유희 여실 전체		48	합동체조 고 남자 전체
49	대나무끌기(竹曳き) 심5 이상 여자		49	도보 심5 전체
50	꼬리잡기 고2 남자		50	유희(積木の城・小馬) 심2 전체[성쌓기와 말길들이기]
51	유희 고2 여자		51	줄다리기 심1 전체
52	전교 릴레이 레이스 전교 선수		52	대나무끌기 심6 이상 여자
53	유희(비둘기) 전교생		53	장대 넘어뜨리기 심 4_5 남자
			54	줄다리기 심6 남자
			55	유희(寧樂の都) 여실 전체[안녕과 즐거움의 도시]
			56	전교 릴레이 전교 선수
			57	유희(日の丸) 전교생[히노마루]

기(2), 깃발 옮기기(1) 등 집단경기가 많았다. 셋째, 불조심의 날 · 일장기 · 도고東鄉님37외에, 건국체조 · 기병습격 · 군함기 · 씨름체조 · 우시와카마루 · 우리나라의 어린이38 · 크리크 도하전渡河戰 · 소년소방대 훈련 · 총후銃後 후원 · 애국행진곡 · 중대 교련 · 행진 등 시국을 반영한 종목이 많아졌다. 이러한 특징을 가진 프로그램 종

그림 3-12 〈적기습래(敵機襲來)〉, 1940년경 소학교 운동회

목들이 끝나면, 그 뒤를 이어 금강석金剛石의 노래, 폐회사, 만세가 있은 뒤 오후 4시 반 막을 내렸다.

이상과 같이 1937년 중일전쟁이 발발하고서 일본 전국에 군사적 색깔이 짙어가는 가운데, 운동회 역시 그런 경향을 보여주었는데, 1941년쇼와 16년 12월 태평양전쟁에 돌입할 무렵이 되면, 운동회는 드디어 온통 군사적 색깔로 덧칠해지게 된다.

아이치현愛知県 오카자키시岡崎市 바이엔梅園 국민학교의 1942년쇼와 17년 10월 23일 개최한 '체육회순서예행연습'를 중심으로 당시의 운동회 실상을 검토해 보자.39

37 도고 시게노리토가우(東鄉茂德), 1882~ 1950. 외교관, 도조(東条) 내각의 외무장관으로 미국과의 교섭, 그리고 스즈키(鈴木) 내각에서는 외무장관 및 대동아(大東亜) 장관으로 종전 작전에 임한 인물. A급 전범으로 금고 20년 형을 받아 옥중에서 병사 ―역주
38 원문은 미쿠니(御國)로 일본을 뜻함 ―역주
39 《아이치현교육사 제4권》, 1975년, 426~ 427쪽.

체육회 순서(예행연습)

1 정렬

2 입장

3 교기 입장

4 개회사

5 신궁 궁성(宮城)요배(요배)

6 묵도

7 국기게양

8 기미가요 봉창

운동

1 합동체조

2 방형(方形) 터치 볼 고2-5

3 체조 초2-1

4 원형 계주 초4-3

5 전기(戰技) 훈련 고1-1

6 체조 초1-1

7 공 집어넣기 초3-1

8 운반경쟁 초5-2

9 체조 초6-2

10 돌파 고2-1

11 비행기놀이 초2-4

12 체조 고1-7

13 깃발뺏기 초1-3

14 유도 초5-1

15 체조 초4-2

16 꽃 고1-6

17 체조 고2-3

18 홍백(紅白) 치환(置換) 경쟁 초1-2

19 2인 3각 고1-5

20 총력전 남자 전체

21 줄넘기 고1-4

22 후생(厚生)체조 전체

휴식(점심시간)

23 체조 고2-2

24 바다, 모모타로(桃太郞) 초1-4

25 체조 초3-2

26 월월화수목금금 초6-3

27 씨름 고1-3

28 이기세요! 군인아저씨 초3-3

29 치도(薙刀) 고2-4

30 장난감 전차(戰車) 초2-2

31 열단분열(閱團分列) 초3 이상

32 도약(跳躍) 경주 초2-3

33 체조 초6-1

34 모자 뺏기 초4-1

35 군함행진곡 고2-6

36 체조 초5-3

37 검도 고1-3

38 히노마루 여자 전체

39 학년 계주 학년 대표

40 합동체조 전체

폐회식	
1	애국행진곡
2	국기강하
3	폐회사
4	만세삼창
5	교기퇴장

(오카자키시 우바엔국민학교)

운동회를 체육회로 바꿔 부른 이유는 무엇일까. 단순한 개명이 아니다. 어느 소학교는 운동회를 체육회로 이름을 바꾼 이유에 대해서 다음과 같이 기술하고 있다.

체육회(10월 상순) 흥아성전(興亜聖戰) 체육회

체육회의 정신은 작년과 비교하면 하등의 변화가 없습니다. 종래 운동회라고 부르던 것을 체육회로 부르게 된 것입니다. 종전은 운동도 하고 여흥적인 연중행사가 되어, 사람들에게 보여준다는 마음 때문에 가벼운 기분이 들어 나쁘게 말하자면 '난장판' 같았는데, 진정한 학교체육의 정신으로부터 거리가 먼 곳으로 치닫는 결함을 일소하고자 여러분과 학교가 하나가 되어 체육의 엄숙한 제전을 일으키자는 취지 외에는 없습니다. 결코, 비상사태이기에 흥청망청한 분위기를 자제하자고 말씀드리는 식의 일시적인 생각에서 비롯된 것은 더욱 아닙니다. 흥아대업(興亜大業)의 달성을 향해 매진하는 이즈음, 체육회 그 자체를 본연의 모습으로 돌려놓는 참된 황국민(皇國民)으로서 평소 연마하고 기른 심신을 유감없이 발휘함으로써, 아동의 체력을 향상시키는 동시에 협동심, 인내심, 규율존중의 정신, 용감민활한 기성(氣性)을 양성시키는 데 노력해 나가고자 합니다.[40]

40 《東須磨校史》 297~
298쪽.

그림 3-13 〈적기습래(敵機襲來)〉, 1940년경의 소학교 운동회

　이 문장에서 알 수 있듯이, 운동회에서 체육회로 명칭이 바뀐 것은 단순한 개칭이 아님을 충분히 엿볼 수 있다. 체육회는 황국민 양성의 체육회였던 것이다. 그 후 '체련体鍊 대회', '연성鍊成 대회'로 바뀌는 곳이 크게 늘어난다.

　개회식은 ① 정열, ② 입장, ③ 교기 입장, ④ 개회사를 뒤이어, 다음으로 ⑤ 신궁 궁성요배, ⑥ 묵도, ⑦ 국기게양, ⑧ '기미가요' 봉창식으로 황국 양성을 위한 의식이 행해졌다. 계속해서 오전 22종목, 오후 18종목이 실시되었는데, 합계 40종목을 분석해 볼 때 다음과 같은 특징을 지적할 수 있다. 첫째, 체조(10), 합동체조(2), 후생체조(1) 등 체조종목이 많다. 둘째, 그냥 달리는 식의 종목은 적어지고, 전기戰技훈련·돌파·비행기 놀이·깃발뺏기·총력전·이기세요! 군인아저씨·장난감 전차·열단 분열·군함 행진곡·히노마루 등 전시체제를

그림 3-14 장난감 전차(미야기현(宮城県) 기조(木城) 국민학교, 1941년경)

반영하는 종목이 많다. 셋째, 유도 · 장검술[41] · 검도 등 무도武道 종목
이 등장하였다. 이는 1941년 3월 국민학교령 및 동시행규칙에 따라 체
조과는 체련과로 바뀌고, 교과목에 체련과 무도가 신설되었기 때문이
다. 즉, 무도 종목의 증가는 이들 체련과 무도를 반영한 셈이다.

　　이상과 같은 특징을 가진 40종목이 모두 끝나고 폐회식이 이루어
진다. 폐회식은 ① 애국행진곡, ② 국기강하, ③ 폐회사, ④ 만세삼창, ⑤
교기퇴장으로 막을 내린다.

　　계속해서 시즈오카현靜岡県의 '누마주시沼津市 제1 국민학교 추계체
련대회 순서' 1941년 10월 10일, 우천일 경우 순연를 검토해 보자.[42]

　　개회식은 오전 7시 30분에 시작한다. ① 일동경
례, ② 국기게양 · 국가봉창, ③ 요배宮城 · 皇太神宮, ④
기념祈念, ⑤ 학교장 훈화, ⑥ 운동회의 노래 순인데 기
본적으로 앞서 소개한 바이엔梅園 국민학교의 개회식
과 거의 같은 순서로 이뤄졌다. 종목은 오전 23종목,

41 원문은 나기나타(長刀)로
긴 창끝에 칼을 단 무술로 헤
이안 시대에 생겨나 에도 시대
에는 주로 여성들의 무술로 사
랑을 받았다 ─역주
42 앞의 책《시즈오카현교육
사》(자료편 하권) 694~695쪽.

오후 16종목으로 합계 39종목이다. 39종목을 분석해 보면, 다음과 같은 특징을 지니고 있다. 첫 번째는 합동체조(2), 흥아 기본 체조(1)처럼 체조 종목이 적고, 계주릴레이(10), 50미터 경주 식의 달리기(6) 등이 늘어난 점이다. 두 번째는 포탄 옮기기 · 공중함대 · 인조隣組 · 황군 만세 · 소녀전사 · 모모타로 비행기 · 하늘의 소녀대 · 삼국동맹 · 소년단 교련 · 적진 돌입 · 군함 히노마루의 깃발 · 신동아 건설 · 백병전 등 전시체제를 반영한 종목이 많았다. 세 번째는 국민학교 무도柔道, 국민학교 무도劍道라고 하는 무도 종목도 등장한 점이다. 오후 2시 50분에 39종목을 마치고, 오후 3시에 폐회식을 시작하는 것으로 예정, 그 폐회식은 1. 일동 경례, 2. 성적 보고, 3. 학교장 강평, 4. 운동회의 노래, 5. 국기 강하, 6. 만세삼창 후 해산하는 것으로 되어 있다.

이상의 두 가지 프로그램을 검토해 알 수 있듯이, 1941년쇼와 16년 이후의 운동회는 전시 색채로 전부 물들어 있었다. 그 종목을 선정하는 데서는 아코赤穂 국민학교는 1942년도쇼와 17 다음과 같은 기본 방침 위에 종목을 선정하였다고 한다.[43]

- 집단적 경기를 집어넣어, 승패는 그 총력여부에 따라 결정되는 종목
- 집단미, 엄정한 규율을 통한 집단훈련의 미가 표현될 만한 종목
- 용맹과감한 역투(力鬪)를 필요로 하는 종목
- 비용이 들지 않는 종목

선정된 종목을 보면, 앞서 든 두 가지 프로그램 종목과 기본적으로 변한 게 없다. 이는 전국적으로 공통된 현상이라고 생각한다. 앞의 오카자키시 바이엔 국민학교의 '체육회 순서' 30번째 종목인 '장난감 전차'는 미야자키현宮崎県 고

43 앞의 책 《아코소학교 백년사》 651~652쪽.

유군児湯郡 기조무라木城村(현재 기조초木城町)에서도 열렸으며, 그 사진이 남아 있다.

　　전시체제 아래 열린 운동회는 황국신민을 양성하기 위한 중요한 수단의 하나였다. 1945년쇼와 20년 8월 15일, 일본은 패전국이 된다. 전후 일본은 미국을 중심으로 한 연합군의 점령 하에 놓이게 되었으며, 1947 년쇼와 22년 3월 31일, 교육기본법 · 학교교육법이 공포됨으로써 일본의 교육은 급변한다. 교육의 목적은 황국의 신민을 양성하는 것이 아니라, 개인의 인격을 완성하는 것으로 바뀐다. 교육의 기회균등 등이 시도되었으며, 운동회 역시 그 영향을 받아 크게 변하게 된다.

참고문헌

山本信良 · 今野民彦,《메이지시대 학교 행사의 고찰, 근대교육의 천황제, 이데올로기》 新泉社, 1973년

山本信良 · 今野民彦,《학교 행사의 연사적(年事的) · 의사정치적(擬似政治的) 성격, 다이쇼 · 쇼와교육의 천황제 이데올로기》(2), 新泉社, 1977년.

메이지 정부의 운동회 정책

장려와 억압의 이면성

기무라 기치지(木村吉次)

필자는 일본의 운동회 성립과정에는 신체운동을 집단적으로 전람하는 두 가지 방식이 존재하며, 이들이 교착한 지점에서 운동회가 성립되었다고 본다. 그 중 한 가지 방식이 1874년메이지 7년 해군병학료兵學寮[1]에서 열린 '경투유희회競鬪遊戯會'[2]의 계보이며, 또 다른 한 방식은 체조 전습소體操傳習所에서 실시된 '체조강습회'의 계보다. 이들은 각각 서로 다른 계기로 시작되었는데, 이와 같이 신체운동을 집단적으로 실시하고, 참관자에게 전람하게 하는 방식은 당시 일본인들에게는 색다른 시도였다.

이들 두 가지 방식이 교착하고, 서로 영향을 주고받으면서 일본의 학교나중에는 기업 등까지도 운동회가 만들어진 것이다. 이 형성과정에는 정부에 의한 운동회 개최와 보급을 장려한 움직임이 있었으며, 이와 함께 다른 한편에서는 운동회의 정치화를 막기 위한 철저한 억압책이 취해졌다. 이러한 이중성을 지닌 정책이 특징이라고 할 수 있는 가운데 일본의 학교운동회가 성립되었다. 이하에서는 먼저 운동회의 두 가지 방식이 걸어온 계보를 더듬어가는 것으로 논의를 시작하고자 한다.

1 해군 병사들을 양성하는 학교의 기숙사
2 영어로는 아스레틱 스포츠(Athletic Sports), 즉 경투유희회로 불려왔기 때문에 이 글에서도 이 용어를 따른다.

1. 경투유희회의 계보

해군병학료의 경투유희회는 더글러스Archbald Lucius Douglas 중좌를 단장으로 하는 영국해군 고문교사단의 발의를 바탕으로 개최된 행사로 이 당시 행해진 운동종목은 필자가 이미 지적했듯이[3] 달리기150야드, 300야드, 600야드, 경보, 도약도움받아 멀리뛰기, 높이뛰기, 장대높이뛰기, 3단 뛰기, 제자리에서 3단 뛰기, 투척공 던지기 등이었다. 이들 종목은 제자리에서 3단 뛰기와 공 던지기 등 이들 두 가지를 제외하면 따로 육상경기대회를 구성할 만한 경기성 짙은 종목과 함께, 2인 3각, 어린이 업고 달리기, 눈 가리고 달리기, 장애물 경주, 물 옮기기 경주, 계란 줍기 경주, 돼지꼬리 잡기 경주 등 나중에 운동회의 내용이 되는 오락성 짙은 종목 두 종류로 구성되었다. 아스레틱 스포츠가 바로 영국인들이 자신들의 생활 방식으로 가져왔다는 것은 요코하마 거류의 영국인들이 이미 막부 말기부터 봄과 가을에 이 행사를 개최했다는 사실로 비춰볼 때 분명하다.

　　이 1874년 경투유희회의 계보와 연관되는 것은 1876년 4월 7일 같은 해군병학료에서 열렸던 경투유희회가 있다.[4] 허들300야드, 달리기450야드, 검술, 해머 던지기, 줄다리기를 새롭게 채용하였는데, 경보競步 외에 어린이 업고 달리기, 눈 가리고 달리기, 물 옮기기 경주, 계란 줍기 경주 등 오락성 짙은 종목이 빠진다. 장애물 경주, 검술, 돼지꼬리 잡기 경주, 줄다리기 외에는 육상 경기 종목이라고 할 만한 것들로 구성되었다.

　　1878년메이지 11년 5월 25일에 제1회가 개최된 삿포로농학교農學校[5]의 유희회와 1878년 6월 16일

3 木村吉次, 〈해군병학료의 경투유희회에 관한 일고찰〉《교육학연구》 제6권 32호, 1996년, 129~138쪽.
4 木村吉次, 〈메이지 9년의 해군병학료 경투유희회와 도쿄 재류외국인의아스레틱 스포츠〉《주쿄(中京)대학체육학논총》 제38권 1호, 1996년, 1~12쪽.
5 게테키료사(惠迪寮史)편찬위원회편, 〈게테키료사〉, 홋카이도제국대학 게테키료, 1933년.

에 영국인 목사 스트랭지F. W. Strange 지도로 실시된 도쿄대학의 '아스레틱 스포츠'가 이 계보에 속한다.[6] 삿포로 농학교에서는 '당시'라고만 밝히고 있어 시기가 명확하지 않지만, 달리기100/200야드, 1/4마일, 반마일, 1마일,[7] 도움받아 멀리뛰기, 높이뛰기, 장대높이뛰기, 해머던지기 등 육상경기 종목하고, 군장을 갖춘 채 1/4마일 달리기가 있었는데, 그 외에 배면背面, 장애물, 한쪽 다리로, 3각, 한신韓信, 죽마竹馬, 주머니이기,[8] 개구리 뜀뛰기, 제등提灯, 참마薯 줍기, 식과食菓, 구렛나루鬚 등 다양한 경기가 있었는데 오락성이 강한 행사였다.

도쿄대학의 종목은 다케다 지요사부로武田千代三郎[9]에 따르면, 100야드 달리기예선, 크로켓 볼 던지기, 100야드 달리기경주, 포환던지기, 440야드 달리기, 허들 경주예선, 해머던지기, 허들 경주결승, 장대높이뛰기, 880야드 달리기, 어깨동무하고 달리기였다고 알려져 있다.[10] 이는 육상경기회 그 자체라고 불러도 손색없다. 그렇지만 2년 뒤인 1880년 6월 6일 경기운동회에서는 다케다가 기록한 종목 이외에 내객 달리기, 교원 달리기, 한쪽 발로 달리기 등 3종목이 들어 있었다.[11] 경기운동회가 근대적인 육상경기에 가까운 내용이었다고 하더라도, 여전히 오락성을 지닌 종목을 집어넣었다는 것이 운동회의 성격을 규정짓는 데 작용하였다고 본다. 이런 가운데 일본의 육상경기가 본격화되기 전까지의 요람기에 도쿄제국대학의 육상운동회는 육상경기회의 역할을 톡톡히 해낸 셈이다.

---

6 木村吉次, 〈메이지 9년의 해군병학료 경투유희회와 도쿄 재류외국인의아스레틱 스포츠〉《주교대학체육학논총》제38권 1호, 1996년, 1~12쪽.
7 1마일은 약 1.6킬로미터 ─역주
8 원문은 대양(戴襄) ─역주
9 일본체육협회 부회장이던 시절, 도쿄천도 50주년을 기념해 교토 산조오하시(三条大橋)에서 도쿄 시노바즈노이케(不忍池)까지 526킬로미터를 23구간으로 나눠 달리는 역전경주를 제안한 인물 ─역주
10 武田千代三郎, 〈우리나라 운동계의 은인 스트랭지 선생을 생각한다(1)〉《아스레틱스》제2권 2호, 1923년, 11~12쪽.
11 《대일본교육회잡지》제48호, 1885년, 49~50쪽.

2. 체조연습회의 계보

또 다른 계보로 체조 전습소의 체조강습회를 살펴보면, 당초 1881년메이지 14년 12월 17일과 1882년 4월 1일 연속해서 열린 사설을 알 수 있다.[12] 이 는 미국으로부터 리랜드George Adams Leland를 초빙하여 채택한 경체조輕体操 [13]의 연습 성과를 선보이면서, 교육관계자에게 계몽 · 보급을 꾀한 행사 였다.

1881년 12월에는 체조 전습소와 도쿄사범학교 등의 학생들 가운데 '체조술'의 성적이 우수한 이들을 중심으로 성과를 널리 알렸다. 이를 관람한 이는 도쿄부 학무과 직원과 도쿄부 공 · 사립학교 교직원 등 교육 관계 희망자들이었다. 1882년 4월 행사는 체조 전습소 생도 · 지방전습 소의 전습원, 도쿄사범학교 · 도쿄여자사범학교의 생도들이 '연합'해서 실시되었다. 이때 참관자는 마찬가지로 도쿄부 학무과 직원과 도쿄부 공 립소학교 교직원 가운데 희망자들이었다. 이 두 차례에 걸친 연습회 참 관자는 합계 600여 명이었다고 보고하고 있다.[14] 이후 체조연습회의 계 보로 꼽을 수 있는 것은 1884년 4월 20일에 체조 전 습소에서 개최된 '체육회'의 춘계대연습회가 있 다.[15] 이해 가을 11월 23일 '도쿄체육회' 앞서 '체육 회'라고 기재된 것과 동일한 조직으로 여겨진다라는 이름으로 제3회 추계대연습회가 실시되었는데,[16] 아마도 1883년에도 이와 같은 행사가 열렸던 것으로 보이 지만 현재로서는 확인할 길이 없다.

1884년 춘계대연습회 회원 및 참관자가 대충 300여 명에 이르렀다고 하는데, 이때 실시된 종목

12 〈체조 전습소연보 메이지 14 년 9월에서 15년 8월까지〉 문부 성 제10년보, 1882년, 111쪽.
13 맨손체조와 아령 · 곤봉 · 구 간(球竿, 나무 막대기 양쪽 끝에 공 모양의 나무를 끼운 체조 용구) 등을 손에 쥐고 하는 체조 − 역주
14 《대일본교육회잡지》 제7호, 1884년, 37쪽.
15 같은 잡지 제48호, 1885년, 49~50쪽.
16 같은 잡지 제14호, 1884년, 47~48쪽.

은 첫째가 경운동맨손, 아령, 곤봉 등, 둘째가 풋볼蹴鞠, 셋째가 한쪽발隻足경주・한발들기隻立경주・깃발줍기 경주・줄다리기, 넷째가 야구・크로켓・궁술, 다섯째가 타구打毬, 여섯째가 들野시합, 일곱째가 타구打毬, 여덟째도 앞과 같은 타구였다. 이는 분명 체조 전습소가 실시하려고 했던 '체조'와 '유희' 두 종류의 운동 종목을 배려한 내용이었다. 세 번째 한쪽발 경주 이하의 종목은 경투유희회의 계보와 겹쳐지는 부분이지만, 첫째 경운동과 둘째, 넷째, 다섯째, 일곱째, 여덟째 구기류를 많이 끌어들인 것은 이 대연습회가 운동 방법을 실제로 선보이고, 계몽한다는 역할을 맡았기 때문이라고 본다.

　　도쿄체육회의 대연습회는 1885년메이지 18년에도 개최되었으며,[17] 1886년이 되어서도 열렸다. 4월 25일에 춘계를, 11월 21일에 추계 대연습회가 개최되었다. 춘계 참가자는 대략 750명이었다고 하는데, 당일 유희를 직접 선보인 이들 대부분이 '체조 전습소의 전습생・수업생'이라고 들었다는 기록으로 볼 때, 도쿄체육회의 회원을 구성한 사람은 체조 전습소에 소속되어 있는 사람들 내지 그 관계자가 주를 이루었지 않았나 싶다.

　　추계행사의 프로그램을 보면,[18] 축구, 맨손체조, 깃발줍기 경주, 총검술, 2인 3각 경주100야드, 푸대에 들어가 달리기, 기계 체조, 장애물 경주, 주머니이고 달리기, 달리기100야드, 내빈 달리기100야드, 의마擬馬 달리기, 달리기200야드, 장대 넘기, 높이뛰기, 멀리뛰기, 달리기300야드, 달리기400야드 18종목으로 구성되어 있다. 구기 종목으로 축구만을 남기고, 경주 종목이 압도적으로 크게 증가한 사실에 주목하고 싶다. 깃발줍기 경주, 2인 3각, 푸대에 들어가 달리기, 장애물 경주, 주머니 이고 달리기, 의마 경주 등 오락성이 있는 것과 달리기100야드, 200야드, 300야드, 400야드, 장대 넘기, 높이

17　같은 잡지 제25호, 1885년, 80쪽.
18　같은 잡지 제44호, 1886년, 66쪽.

뛰기, 멀리뛰기 등 경기성이 강한 육상경기 종목이 많이 들어 있었다. 이러한 특징에는 경투유희회의 계보와 겹쳐지는 부분이 많다고 볼 수 있는데, 특히 육상경기 종목의 증가와 관련해서는 도쿄제국대학의 육상운동회 영향이 있었다고 봐도 좋을지 싶다.

도쿄 체육회의 대연습회는 일본 근대 체육을 창시한다는 사명을 걸머진 체조 전습소를 회장으로 체조 전습소의 전습생·수료들을 주요 구성원으로 운동방법체조·유희의 실연이 이루어졌다는 점에서, 이는 이른바 규범 '체조연습회'라고 부를 만한 것이었다. 이 규범 연습회가 1886년에는 다음과 같이 크게 변모해 갔다.

전국적으로 볼 때 운동회의 형식은 1885년부터 각부현에서 시작한 체조대연습회 실시 이후에 나타난다. 도쿄부는 10월 4일에 체조 전습소를 회장으로 도쿄부 산하의 공립소학교 학생각 학교에서 3명씩을 소집해 도쿄부 체조장려회를 실시하였다.[19] 《대일본체육회잡지》에서는 교원학생들 대략 7, 8백 명, 학생 수백 명 참가라고 기록하고 있는데, 실제 학생 수는 165명이었다.[20]

이때 운동종목은 깃발줍기 경주, 맨손체조, 아령체조 3종목으로 학생들의 체조 습득 정도에 따라 나눠 아직 익숙하지 않은 이들에게는 깃발줍기 경주, 맨손체조·교정술矯正術에 머물고 있는 이들에게는 맨손체조, 맨손체조가 끝나고 아령체조에도 소질을 보이는 이들에게는 아령체조를 연기하도록 하였다. 프로그램 이외에 공 던지기, 축구공 유희도 열렸으며, 그 후에 맨손체조와 아령체조를 끝낸 학생들을 두 줄로 정렬시켜 일제히 교정술矯正術을 선보였다. 연기가 모두 끝난 후에 도쿄부 지사로부터 1등에서 3등까지 상품이 수여되었다.

19 같은 잡지 제24호, 1885년, 74~76쪽.
20 〈도쿄부 체육장려회 성적 일람표〉 도쿄부 학무과, 1885년, 도쿄도공문서관 소장.

이러한 체육장려회 내용을 볼 때, 도쿄체육회가 실시한 것과는 분명히 큰 차이가 있다. 소학교 단계에서 체조실시가 좀처럼 보급되지 않은 상황 아래에서 열렸다는 점에서, 역으로 장려회를 계기로 보급을 꾀해 가려고 했다고 추측할 수 있다. 게다가 도쿄부의 경우에도 사범학교와 중학교 양교의 '합동' 체육회를 같은 해 11월 13일, 체조 전습소를 회장으로 삼아 개최하였는데,[21] 직선 경주대략 70간[22], 최후 경주대략 100간, 푸대 들어가 달리기, 맨손체조, 아령체조, 병식체조 등의 종목이 열렸다. 이는 소학교 학생의 경우와는 달라서 도쿄체육회의 내용에 좀 더 가까웠다.

도쿠시마현徳島県에서는 도쿄부보다도 더 일찍 실시한 점을 내세운다. 1885년 4, 5월부터 매월 1회 혹은 2회 체조대연습회를 실시해 왔던 것이다.[23] 이는 사범학교 · 같은 학교의 부설 소학교, 중학교 학생들, 도쿠시마시 각 소학교 학생, 연습회장 근방 소학교 학생들이 참가한 행사로 매회 적어도 천 명을 웃돌 정도였다고 한다. 회장은 시내 사방 1리[24] 내지 3리 거리로 강둑 · 해변 · 들판을 골라 정했다. 운동종목은 맨손체조, 기계(아령 · 곤봉 · 구간球竿 · 목환木環), 유희(깃발꽂기 · 깃발줍기 · 줄넘기 · 축구 · 경주 · 줄다리기)이다. 이것이 모두 실시되었다고 한다면, 내용적으로는 도쿄체육회의 연습회에 가깝고, 도쿄부보다도 앞서간 것이 되는데, 더욱이 사범학교 · 중학교 참가라는 점도 고려해야 한다.

이와 같은 성격의 운동회로 다음해인 1886년 11월 3일 개최된 이바라키현茨城県[25]의 연합제학교 추계대운동회[26]와 같은 달 6일에 실시된 군마현群馬県[27]의 생도生徒운동회[28] 등이

21 〈도쿄부 사범학교 중학교 생도체육회 일람표〉 도쿄부 학무과, 1885년, 도쿄부공문서관 소장.
22 1간(間)은 약 1.82미터 —역주
23 《대일본교육회잡지》 제26호, 1885년, 57~64쪽.
24 1리(里)는 약 4킬로미터 —역주
25 사범학교 · 중학교 · 미토(水戸) 부근의 소학교 —역주
26 회장은 조반(常盤)공원 부속지인 사쿠라야마(桜山) —역주
27 심상사범학교 · 같은 학교의 부속소학교 · 히가시군마(東群馬) 미나미세타(南勢多) 고등소학교 —역주
28 회장은 사범학교 체조장 —역주

있다.**29** 이처럼 연합운동회 방식과 그 명칭이 자리잡아 갔다.

한편, 도쿄부 산하의 공립소학교를 모아 개최한 체육장려회로 시작된 것이 더욱 지역을 좁힌 행사들로서 본격적으로 실시된다. 그 첫 행사가 1885년 11월 6일 기타토시마군北豊島郡 공립소학교 13교 생도체육회(회장은 아스카야마飛鳥山)다.**30** 이를 선두로 이후 지역별 체육연습회가 점차 개최되어 갔다.

다음해인 1886년 11월 29일에도 기타토시마군 공·사립소학교 대운동회가 같은 장소인 아스카야마에서 열렸다.**31** 참가인원은 2,500여 명. 이때는 풋볼, 아령체조, 교정술, 맨손체조, 유희깃발줍기 경주, 2인 3각 경주, 달리기, 줄다리기 등가 열려, 구경 온 사람들이 더 많아 근래에 보기 드문 대성황을 이루었다고 한다.

이러한 움직임은 다른 부현에서도 마찬가지였던 것으로 보인다. 예를 들어, 이시카와현石川県에서는 이시카와군 구삼번학구舊三番學區 소학 생도 장려회가 1885년 11월 10일부터 12일에 걸쳐 가나이와金石 오엔죠御塩蔵 소학교에서 열렸다. 읽기, 작문, 산술, 용의, 체조에 관한 행사였다. 체조술 연습을 하는 한편 깃발뺏기, 공뺏기, 줄다리기 등이 함께 열렸다고 한다.**32** 이 운동회에서는 체조만이 아니라 다른 교과의 장려도 이뤄졌는데, 당시 상황은 전반적으로 이와 같은 학습장려, 좀 더 일반적으로는 취학을 더욱 장려하는 다양한 시도가 필요했다. 이런 가운데 일본인들에게 낯설었던 서양의 신체기법의 습득을 위해 각별한 노력을 기울여야 했던 점을 고려해야 한다.

마찬가지로 1885년 11월 16일에는 나가노현長野県 여러 군에 있는 8개 학교들이 한 자리에 모인 연합운동

29 같은 잡지 제44호, 1886년, 59~62쪽.
30 키타토시마군 공립소학교 13교 생도체육회연습, 앞의 책, 1885년.
31 《대일본교육회잡지》 제46호, 1886년, 71~72쪽.
32 같은 잡지 제28호, 1886년, 81~82쪽.

회가 개최되어 달리기, 깃발 뺏기, 줄다리기, 철병撤兵운동 등이 열렸다.**33** 학교에서 가장 먼 학생의 경우는 오전 4시에 일어나 6시 40분에 학교를 출발, 학교로부터 약 10킬로 떨어진 회장(후지산의 마을 닛키고개二ッ木峠)에 도착한 것이 10시, 운동회가 끝나고 회장을 뒤로 한 것이 오후 5시 43분, 오후 9시 30분에 학교로 돌아온다. 피로를 호소한 사람, 수레 등의 힘을 빌린 사람이 한 명도 없었을 뿐만 아니라, 운동장에서도 다른 학교 학생보다도 더 씩씩하고 활발하게, 규칙적이고 민첩하게 행동하여 승리한 이가 많았다는 점 등은 "대열隊列운동의 결과가 나타났다"고 보았다. 바로 병식 체조소학교에서는 처음 대열운동이라고 불렸다의 도입이 회장지까지 왕복하는 대열행진, 회장에서의 정렬정돈, 그 외에 집단적 행동 등 연합운동회에 형식을 부여하였던 것이다. 또한, 이는 소풍과 운동회가 미분화된 원족遠足운동회라는 명칭이 붙여진 적도 있었지만, 1900년대가 되어서 양자는 뚜렷하게 구별된다.

그리고 미에현三重県에서 "체조과 가운데 병식체조를 섞어 매년 봄, 가을 두 번 운동회를 개최하는 즈음에 공중들이 그 규율의 삼엄함을 배워 용감하고 씩씩하게 될 것을 기대하는데, 취학장려상 간접적으로 힘이 될지 싶다"로 평가받은 것처럼,**34** 그 병식체조를 끌어넣은 연합운동회 풍경은 또한 취학 장려로 이어진다고 여겨졌던 것이다.

이런 식으로 아직 각 학교에 운동장이 완비되어 있지 않아, '체조'라는 이름의 체육 수업도 충분히 확립되지 않았던 근대학교의 창설기, 즉 1886년경부터 연합운동회가 확산되어갔다. 이는 체조나 유희의 실시를 행사라는 형태로 보완했다는 의미도 지닌다. 1900년메이지 33년 소학교령이 개정되어 처음으로 체조가 필수과목이 됨

33 같은 잡지, 63~64쪽.
34 요카이치시(四日市)시립 주부서(中部西)소학교 편,《백년사》요카이치시시립 중부서소학교 창립 100주년 기념사업 실행위원회, 1978년, 190쪽.

과 동시에 체조장의 설치가 필수적인 시설이 되는데, 이후 1902년 무렵부터 각 학교 단위로 운동회(교정校庭운동회라고 부르는 곳도 있었다)가 열렸다. 다만, 그 이후로도 연합운동회는 이어졌지만, 각 학교운동회의 경우에는 연합운동회처럼 출전 학생 수의 제한 없이 전원 참가가 기본이 되었으며, 프로그램도 풍부해졌다. 1900년대가 되면 창가唱歌유희를 집어넣어, 다이쇼 시대 이후에는 장대 쓰러뜨리기와 기마전이 주목받는 인기 종목이 된다. 그 반면 초기부터 행해졌던 교정술, 아령체조, 구간체조, 깃발뺏기 등은 그 자취를 감추게 되었다.35

그리고 다이쇼 시대에 들어오면 육상경기, 야구, 정구 등의 종목에서 군교육회 주최의 대항경기가 시작된다. 즉, 학교운동회와는 별도로 대항전이 발달해갔다.36 운동회가 '세시物日'37평소의 노동 피로를 푸는 휴양일의 성격38과 '마을 축제' 적인 성격을39 지녔던 마을 전체의 행사인 독자적인 학교문화로서 형성되어 온 것에 비해, 스포츠 경기회의 경우는 기술 수준의 발달을 추구해간 행사였으며, 이를 위해 선수제도를 선택하였기 때문에 성격이 다른 길을 걸어가지 않을 수 없었다고 하겠다.

3. 운동회의 장려

해군병학료의 경투유희회는 해군경 가쓰 아와勝安房, 1823~1899가 다이조太政 대신 산조 사네토미三条実美, 1837~1891 앞으로 보낸 신청서 속에서40

당 해군성 병학료 생도들이 평소 밤낮없이 일하

35 《나가노현교육사》제6권 교육과정편, 나가노현교육사 간행회, 1976년, 909쪽.
36 같은 책, 937~946쪽.
37 원문은 모노비(物日) — 역주
38 같은 책, 911쪽.
39 일본체육협회《최신 스포츠 대사전》大修館書店, 1987년, 36~37쪽. 그밖에 요시미 슌야〈운동회의 사상〉《사상》제845호, 1994년, 137~ 161쪽.
40 《公文類纂》1874년 11월, 甲四套 제42호, 21쪽.

고 배우는데 몸의 건강을 증진하고, 그 놀 수 있는 장을 만든다는 취지로 영국인 교사 더글라스가 제안해 이에 오른쪽과 같이 안이 만들어져 오는 11일 별지의 경투 종목을 실시하여 외국인들이 와서 참관하고, 모든 사람들이 구경하게 하는 내용으로 신청합니다.

라고 적은 것처럼 영국인 해군고문단장인 더글라스 중좌의 제안에 따라 크리켓장을 완성하였는데, 이를 기념하여 개최되었던 것이다.

더글라스는 크리켓cricket이라는 유희는 건강증진에 도움이 되고 해군생도들에게 유익하며 영국에서는 이 유희가 소년교육의 한 과목이라고 설명하였다. 병학료측이 신경을 써서 피곤한 이를 단지 속박하는 것뿐 이를 위로하고 즐겁게 해 줄 방법이 없다면 기분을 풀 수 있는 길이란 다름 아닌 몰래 규칙을 깬다든지, 바람직하지 않은 놀이에 빠질 것[41]으로 생각했던 것은 더글라스의 영향 때문으로 여겨진다. 가쓰의 신청서에서는 더글라스의 제안을 토대로 몸의 건강증진을 위해 크리켓장을 설치하기만 했던 것으로 인간을 위로하고 즐기게 하는 방법으로서의 크리켓, 즉 스포츠라는 인식이 결여되어 있었다는 게 문제다. 어떻든 근대 해군의 건설로 볼 때 중요한 사관교육에 스포츠가 중요한 가치를 지니고 있다는 인식이 정부에 의해서도 인정받아 경투유희회의 실시에까지 이르게 된 것이다.

도쿄대학의 '아스레틱 스포츠'도 대학 당국이 전면적으로 지원하는 형태로 실시되었다.[42] 실시하기 1주일 전, 스트랭지는 도쿄대학의 총장인 가토 히로유키加藤弘之의 의뢰를 받아, 총장를 비롯 대학 교직원·학생 등 한 사람도 빠짐없이 참석한 강당에서 스포츠의 가치를

41 《公文錄》海軍省之部, 1874년 3월, 4쪽.
42 다케다 치요사부로 (武田千代三朗) 〈우리나라 운동계의 은인 스트랭지 선생을 생각한다(2)〉 《아스레틱스》 제2권 3호, 1923년, 124~129쪽.

역설하는 강연을 한다. 그리고 당일은 스트랭지가 심판 역할도 겸하였는데, 교수와 학생이 이를 돕는 형식으로 치루어졌다. 대학간사인 하토리 가즈미服部一三는 학생 조수를 데리고서 출발 신호를 알리는 역할을 맡았고, 이학理學 학부장인 기쿠치 다이로쿠菊池大麗가 전반적인 지휘감독에 임했다. 이렇게 전국의 교학教學 정점에 위치한 도쿄대학에서 실시된 '아스레틱 스포츠'는 대학 전체가 힘을 기울여 장려한 행사였으며, 전국적인 규범이 될 만한 것이었다.

다음으로 체조연습회 계보에 대해 살펴보면, 앞서 밝힌 것처럼 체조 전습소의 체조연습회를 거치면서 도쿄체육회의 체조대연습회가 되었으며, 이것이 모델이 되어 체육장려회, 그리고 연합운동회로 발전해 갔는데, 이런 식의 방향은 문부성과 각 부현에 의해 대대적으로 장려되었다. 1884년메이지 17년 11월 도쿄체육회의 제3회 추계대연습회는 문부성의 쓰지 신지辻新次가 부회장을 맡았으며 그 자신 역시 성금까지 기부했다.

1885년 11월 추계대연습회에는 쓰지 문부대서기관 외에, 병식체조의 추진파였던 모리 아리노리森有禮가 문부성 고위관료로서 직접 현장에서 특별상을 수여한 점도 주목된다.[43] 모리는 이 문부성의 고위관료로 근무하던 시기와 나중에 문부대신이 되고 나서도 정력적으로 전국 각 지방을 돌아다니며 순시하였고, 운동회 내지 체조연습을 관람하였다는 사실은 이미 지적한 바 있다.[44] 1886년 4월, 같은 연습회의 춘계대연습회에는 쓰지 신지 문부차관, 기쿠치 다이로쿠 제국대학 이과대학장, 구보다 유즈루久保田讓 문부성 회계국장, 에기 가즈유키江木千之 문부성 시학관視学官, 나가이永井 제국대학 서기관 등이 내빈으로 참석하였으며, 또한 쓰지 신지가 회장을 맡는다.[45] 이로 볼 때 도쿄체육회의 체조대연

43 《대일본교육회잡지》 제25호, 1885년, 80쪽.
44 요시미 순야, 앞의 논문, 146~147쪽.
45 《대일본교육회잡지》 제31호, 1886년, 59쪽.

습회에 문부성이 커다란 기대를 가지고 있었음을 충분히 짐작할 수 있다.

부현의 경우에도 부현지사를 비롯한 관계자들이 행사장을 찾았다. 1885년 10월의 도쿄부 체육장려회에는 와타나베渡邊 도쿄부 지사, 와타나베 서기관과 함께 쓰지 신지 문부대서기관, 노무라 히코시로野村彦四郎 체조 전습소장 등이 참석했으며, 지사에 의해 상품수여가 직접 이뤄졌다.**46** 앞서 살핀 군마현의 생도운동회의 경우도 와타나베 군마현 서기관, 야기八木 히가시군마 세다군勢多郡 군수 등 각계 부서의 간부들이 행사장을 찾았다.

마찬가지로 이바라키현의 경우 역시 야스다安田 지사총재, 이소가이磯貝 · 후지다藤田 서기관부총재, 각 과장들이 배석했으며, 또한 총재인 지사가 포상을 수여했다. 1886년 11월 14일의 야마구치현 고조鴻城체육회의 제1회 운동회에는 하라原 지사 이하 현청의 각 부서, 재판소, 경찰서 주재관, 군수 및 동장과 이장, 현의회, 병원, 각 현립학교의 관계자 등 관공서의 임원들이 총출동하는 본격적인 행사였다.**47**

이러한 관공서의 임원들이 방문해 상패를 수여하는 형태의 장려는 부현 단위의 연합운동회만이 아니라 지구 단위의 운동회에서도 볼 수 있다. 1886년 11월 도쿄부 시모기타도시마군下北豊島郡 공사립소학교 대운동회에는 구와나桑名 군수는 물론이며, 다카사키 고로쿠高崎五六 부지사, 안치庵地 학무과장, 와쿠 마사다츠和久正辰 사범학교장, 고등사범학교의 쓰보이 겐도坪井玄道**48** 등이 찾았다.**49** 같은 해 11월 3일 실시된 군마현 야마다군山田郡 제2회 소학생도 운동회에는 야마다 군장 및 각 촌반장이 지

46 같은 잡지 제24호, 1885년, 75~76쪽.
47 같은 잡지 제45호, 1886년, 40쪽.
48 1852-1922, 도쿄고등사범학교 교수. 미국인 교사로부터 배운 가벼운 체조를 '보통체조'라는 이름으로 소개하고 보급하는데 노력. 학교체육 발전에 크게 공헌 ─역주
49 같은 잡지 제46호, 1886년, 64쪽.

켜봤다. 이때 "이번 회를 준비해 권장하면서 생도의 양복 크기만 하더라도 5~60 더 크게 늘어나는 등 학부형에게 체육의 필요성을 실감케 해 부형과의 긴밀한 정을 맺었다"[50]고 언급한 부분에 주목하고 싶다.

마찬가지로 가나가와현 가마쿠라군鎌倉郡 소학교 생도 운동회의 경우도 현으로부터 미쓰바시三橋 서기관, 오쿠무라奧村 학무과장 등이 배석한 가운데 나카야마中山 군장이 연설을 했다. 이 자리에서도 "지금 안타깝게도 생도 가운데 옛날 옷[51]을 입은 사람이 많으며, 활발하게 운동하기 불편하게 보이는 게 당연한데, 이를 위해 부형 등도 전통옷의 불편함과 움직이기 적합하지 않은 것을 느껴 의복 개량의 주장이 작년 자주 나왔는데, 올해는 반대로 전통 옷이 작게 보인다"[52]고 보고하였다.

이상과 같은 견해를 볼 때 일련의 경투유희회아스레틱 스포츠 계보는 영국인 선교사들이 발안한 것을 바탕으로 기획되었지만, 담당 부서의 관청과 당국의 승인과 더불어 장려되었으며, 거기에는 오락과 경쟁의 가치가 의미를 갖고 있다고 인정받았다.

체조연습회 – 체육장려회 – 연합운동회를 밟아온 체조연습회의 계보는 문부성, 지방의 부현, 그리고 군과 구 등 지방의 하위행정 단위에 이르기까지 국가기구의 정점에서 말단까지 총력을 기울여 그 개최를 장려했다는 게 밝혀졌다. 직접적으로는 체조의 보급을 꾀하려는 목적에서 실시되었지만, 이와 같은 대대적인 장려책으로 볼 때 메이지정부가 체조보급을 통해 국민의 신체개량을 도모하는 데 얼마나 많은 관심과 의지를 지녔는지 짐작이 간다. 그리고 운동회라는 집단적인 '신체와 신체기법의 전람장'은 신체동작을 속박하는 전통 옷으로부터, 움직이기 쉬운 양복으로의 복장개혁을 추진했으며, 또한 새로

50 같은 잡지 제46호, 1886년, 64쪽.
51 일본의 전통 옷인 와후쿠 ―역자
52 같은 잡지, 1887년, 31~32쪽.

운 학교교육이라는 것을 시각화함으로써 취학 의욕을 불러일으키는 장치이기도 했던 것이다.

4. 운동회의 억압

한편, 운동회는 정부의 장려정책 아래 순조로운 과정을 걸었던 것은 아니었다. 운동회가 형성된 때는 바로 근대국가의 건설시기로 정부에 대한 국회개설, 헌법제정을 요구하는 정치운동이 일어나, 이른바 자유민권운동이 전개되었던 시기이자, 정부가 자주 이에 대한 억압적 조치를 취했기 때문에 대립과 항쟁이 격렬해지던 시기였다. 운동회는 본래 신체운동의 전람장이었는데, 그 선전효과가 과잉 의미를 지녀 정치적 데모로 오해된 적도 있었다. 1885년 2월 3일의 〈삽화 아사노신문絵入朝野新聞〉에 다음과 같은 기사가 실린 게 파문을 일으켰다.

운동회 설유(說諭)
그저께 오후 4시경 얼핏 보니 굵은 붓으로 운동회라고 쓴 몇개의 종이 깃발을 정면에 내세운 채 수십여 명이 기대에 찬 발걸음으로 와다쿠라몬(和田倉門)을 나와 히비야(日比谷) 쪽을 목표로 움직였다. 순행 감사관이 몇명에게 다가가 질문을 던지자 무리 가운데 한 명이 나와 "저는 도쿄부 사범학교 서기인 오타 류타로(太田龍太郎)"라고 밝히면서, "오늘은 일요일이고 해서 학교 학생들 53명과 함께 운동회를 개최하기로 했는데, 결코 지금 유행하고 있는 어떤 행사와는 다른 것"이라고 설명한 뒤 그대로 자리를 떠났다.

도쿄부 학무과는 '명령'에 따라 조사했으며, 동행한 교원들로부터 '수속서'를 통해 보고를 하도록 하는 한편, 실제로 같은 달 5일에 "(생략) 앞으로 위의 운동회 등과 같은 행사를 개최할 때는 앞서 설명한 것과 같이 그 취지를 제출할 것"이라며 사전 신고제를 실시했다.**53** 도쿄부 사범학교의 '수속서'를 보면 당시 집단행동이 얼마나 엄중한 감시하에 놓여 있었는지를 알 수 있다. 원문 그대로 소개하면 다음과 같다.

> 지난 29일, 생도 53명은 본교 정기시험이 끝나는 날에 맞춰 연일 쌓인 노고를 풀고자 아스카야마(飛鳥山)로 소풍을 가자고 뜻을 모았다. 일동은 서둘러 문부성 제2호의 통달과 함께 도쿄부 제6호 통달의 뜻을 받들고자 감독 직원의 명령을 반드시 지킬 것이며, 행동을 준수할 것이라고 다짐한 뒤 신청서와 함께 교장에게 전달했다.
> 교장은 이에 문부성 통달을 준수하고, 도쿄부의 통달을 굳게 지킨다는 본교 직원의 뜻을 받고 일동을 소환하여 구두로 상세하게 신청 내용과 서약 부분 등을 전달한 뒤 신청서를 제출해 우리들이 학교장의 뜻을 받들어 순행 감사관을 맡았다.
> 2월 3일 오전 7시 30분, 본교를 출발해 성내의 오가와초(小川町)에서 스이도바시(水道橋)를 건너 포병본부의 앞길을 따라 고마고메(駒込), 기치조지(吉祥寺) 앞을 지나 아스카야마에 오전 10시쯤에 도착하였는데 도중 경찰부 헌병순사 등이 나와 생도 일동이 엄숙함을 지키고 있는지 자세히 살핀 덕분에 아무런 문제없이 오지(王子)까지 올 수 있었다.
> 게다가 오지의 근방에서 순사로부터 어떤 목적으로 많은 사람들이 움직이는지를 심문받고서 우리들은 도쿄부 사범학교 생도들로 어제 정기시험을 모두 마치고서 평소의 노고를 풀기위해 아스카야마에 소풍을 가려고 신청서를 제출했으며, 나아가 일동은 항상 문부성 통달과 도쿄부 통달 등을 듣고 맹세를 해 불미스러운 일이 없도록 굳게 지킬 것이라는 내용을 직원 및 사무

53 〈도쿄부 학무과문서〉 1885년 2월 5일, 도쿄도공문서관 소장.

계 직원이 함께 진술했다.

아스카야마에서는 경관 3명과 순사관 6~7명이 출장을 와 집합상의 주의에 대해 몇가지 심문하고 앞서 밝힌 것과 같은 취지를 설명하고 주의사항과 운동상 사고가 없도록 훈시한뒤 깃발뺏기, 씨름 등의 유희를 마치자 차례차례 퇴거했으며, 감시관은 순사 2명만 남아 있었다.

오후 1시경에 이타바시(板橋) 경찰서의 서기 가케타카쿠니(筧孝邦)로부터 또 심문을 받아 마찬가지로 설명하였는데, 동 서기관이 말하기를 "최근 학생들의 운동회가 난폭해지고 거동이 불미스러운 사건이 생겨 매우 곤란하다"고 한 뒤, "오늘 운동회의 모습을 보니 진짜 운동회 이름에 걸맞는데, 역시 부립 사범학교들이라 다르다.

이어 앞서 걸어온 길을 다시 걸어 히비야를 통과할 무렵 후방에서 순사 1명이 다가오길래 내가 "무슨 용건이 있으십니까?"라고 물었다. 순사는 "깃발을 세우는 것은 흔히 있는 일이지만, 돌아올 때 깃발을 세운 것 때문에 심문하고자 한다"고 하여, 대나무에 걸렸던 깃발을 풀고서 곧바로 치웠으며 나아가 전방에 있던 깃발싸움용에 대해서도 역시 어느 학교의 학생이냐고 심문하자 도쿄부 사범학교의 학생들이라고 연이어 대답하였다.

오후 4시 일행은 학교로 돌아왔는데, 아스카야마 소풍의 전말이 이와 같다. 덧붙여 앞서 밝힌 불심스러운 것으로 생각했는지 이타바시경찰서의 출장 경관을 비롯해 서기관 가케타카쿠니, 그 연도의 헌병 주둔지 경관의 검문 등을 볼 때 앞으로 좀 더 분명하게 할 필요가 있음을 밝힌다.

메이지18년 1월 4일

　　　　　도쿄부 사범학교 3등 조교유(助教諭) 가토 도모미치(加藤智光)
　　　　　도쿄부 사범학교 직원 오타 류타로(太田龍太郎)
　도쿄부지사 요시가와 아키타다마사(芳川顯正) 앞

이상 길게 인용했는데, 이는 오지 근처의 아스카야마, 그리고 히비야에서 3번이나 집요하게 심문을 받고서 또한 아스카야마의 회장에서는 열 명에 가까운 경관이 출장해 감시하였다는 사실을 분명히 밝히기 위해서다. 한편, 이 '수속서'에 명기된 1월 4일은 의심할 여지없이 2월 4일을 잘못 표기한 것이다.

이미 자유민권운동 탄압의 목적으로 정치결사와 집회를 신청제로 하고, 정치결사 단체 간의 연락이나 옥회집회의 금지, 군관계자・경관・교원・생도들의 정치결사, 집회에 참가를 금지하는 집회조례가 1880년메이지 13년 4월 5일에 공포되었다. 다음해인 1881년 12월 28일에 문부성은 학교를 빌려 집회를 열 경우 '유흥농희(遊興弄戲)'에 속하는 것, '언론의 외설궤격(猥褻詭激)'에 해당하는 것은 교육상의 방해가 적지 않다고 해서, 이를 위해 이용하지 못하게 하는 것은 물론이고, 모든 학교 감독 아래 벗어나지 않게 단속해야 한다고 통달하였다통달 제38호. 나아가 문부성은 내부 통달에 의해 1882년메이지15년 6월 24일, 정담(政談)연설, 정치결사의 집회, 연극과 공연 흥행 등에는 사용하지 않겠다고 그 대상을 분명히 했다.

이와 같이 학교시설의 정치적・예능적 목적상의 사용이 제한되었다. 그리고 자유민권운동과 그 밖의 정치적 집회, 정담연설에 대한 탄압이 강화되어 운동회 역시 이들 정치적 주장을 표현하는 장으로 이용되다.

도쿄부 사범학교의 운동회 사건 전에도 다음과 같은 신문기사가 게재되었다.[54]

> 유지(有志) 대운동회 내일 11일 우에노 공원 지역 일대에서 유지 대운동회를 개최하는데, 이번 행사는 지난번 조선(朝鮮) 사건에 대해 일본인들의 사기를 격려하기 위해 사람들이 직

54 〈繪入朝野新聞〉 597호, 1885년 1월 17일호.

접 만든 도시락을 싸들고 한 자리에 모여 유쾌한 운동을 할 예정이며, 또한 이날은 정회원이 아니더라도 술을 마시고 흥청거리지 않는다면 진정 신나는 모임이 될 것이다.

여기서는 유지 대운동회를 열어 '유쾌한 운동'을 한다고 했지만, 실제로는 어떤 운동을 하는지 기재되어 있지 않다. 그리고 문제가 되는 것은 역시 '정회원'이 아니라고 한 점이다. 그냥 군중들이라고 할 수 있는 집단에 의해 운동회를 실시하려고 했던 점은 개방적이지만, 그 방향성으로 볼 때 불안한 점이 있다. 통치하는 입장에서는 그 점에 경계의 눈길을 보내게 된다. 이런 상황에서 '서생書生운동회'가 금지되었던 것이다. 1885년 1월 23일에 다음과 같은 훈령도쿄부 병 제6호이 발령되었다.[55]

삶의 전반을 배움에 전력하고 덕을 기르고, 지혜를 닦는데 빼놓을 수 없는 의례로 운동회라고 하는 또는 깃발뺏기라고 부르는 모든 행사들은 그 뜻을 체조에 둘 수 있는데, 많은 사람들이 모여 술을 마시고 함부로 길거리에서 행패를 부리는 게 심각하다. 기와와 벽돌을 민가에 던지거나 주먹질을 하는 이도 왕왕 있으니, 이러한 실상을 들으면 의례에 벗어난 행동이기에 이와 같은 거동은 결코 있어서는 안 되고 삼가해야 한다. 더욱이 배우고 갈고 닦아 그 취지를 살려야 하는 공·사립학교에 엄격한 통달을 해 이런 뜻을 전달한다.
단, 진정한 의미의 체조 운동 등에 많은 사람들이 모일 경우에는 반드시 교원 등이 감시가 단속할 필요가 있다.

55 도쿄부 교육회, 〈교육법령〉 같은 자료, 1897년, 884~885쪽.

이와 같이 운동회의 정치화로 변질되는 것을 막고, 혹은 그 비정치화의 촉진이 필요했을 무렵에 발생한 일이 앞서 예를 든 도쿄부 사범학교의 생도들이 발의한 운동회였던 것이다. 따라서 이는 경찰관이 엄중한 감시하에 놓인 셈인데, 서생운동회를 금지하는 훈령 후에도 서생운동회(혹은 장사壯士운동회)가 열렸다. 1887년 10월 "재경 서생 수백 명은 그저께 오후 1시부터 우에노공원에 모여 운동회를 개최하려고 했는데, 중도에 감독 경찰관에 의해 중지해산의 명령을 받았다. 하지만 이날 사이토 신이치로齋藤新一郞와 야마모토 다스케山本多助, 니시무라 가요치西村嘉吉 등 수명이 끌려갔으며, 또한 비상경계를 위해 같은 장소에 출장 나온 헌병 순사는 대개 수백 명에 달했다". 지난 12일은 국회 개설의 칙어가 반포된 지 6년째가 되는 기념일로 오사카, 교토, 시가, 이시카와, 기후, 도야마, 오카야마 등의 각부현에서 온 서생단체 등 약 백여 명이 이날 교토에서 운동회를 개최하려고 한다"며 같은 날짜의 신문**56**에 보도되기도 하였다.

〈메자마시신문めざまし〉은 우에노 공원의 운동회를**57**다음과 같이 묘사했다. "도쿄도 내의 일반인들원문은 '壯士'로 표기과 학생 등은 자신의 뜻을 제대로 전달하지 못하고, 근래 지방에서 도쿄로 올라온 유지자들도 정치 상황을 보고 분개를 참지 못해 용기를 내어 항의했으며, 스스로 제어하지 못해 불끈 나아가 사람들 무리 속에 들어가 불경기를 한탄하고, 생활의 빈곤을 하소연했다. 배고픔을 참지 못한 지방 사람들은 추위를 견디며 보리밥과 나물로 끼니를 이었고, 심지어 소와 말의 먹이를 빼앗아 먹는 등 그 행동을 도회인들이 차마 지켜보고 함께 할 수 없을 정도였는데, 서쪽에서 동쪽에서 구름처럼 몰려드는 사람들의 수가 무릇 천여 명에 달했다". 그리고 구경꾼들은 "몇천 명에 달하는지 헤아릴 수 없다", "제복의 순사 경관만 하더라도 1천여 명이나 있었을 것이다". 미시마三島 경시총감까지

56 〈郵便報知新聞〉 1887년 10월 19일자.
57 〈메자마시신문〉 제875호, 1887년 10월 19일자.

말을 타고 지휘했으며, 또한 일본 옷을 입고 보통 사람처럼 행세하는 '경찰 탐정대'가 무리 속에 섞여 있었다. 운동회의 발기자는 "본 회원은 운동 중 현행 법률에 저촉되는 행위를 일체 하지 않기를 바라며, 혹시 범죄자가 있더라도 그 책임을 지지 않는다", "운동 경로는 만세바시萬世橋, 니혼바시日本橋, 교바시京橋를 거쳐서 나가타초永田町에서 구단자카九段坂를 지나 야스쿠니신사靖國神社 경내에 이르러 술을 올린다", "진행 중 나랏일에 전력을 기울이는 각 신문사를 방문하는 동시에 대신의 저택 앞을 통과할 때는 그의 건강을 축복해야 한다" 등 3항목을 정해 회원참가자들에게 제시했다. 우에노 일대에는 '운동회' 등의 글자를 쓴 크고 작은 깃발 수십여 개가 세워졌다. 오후 2시 반경 산 위에서 시작을 알리는 북을 울리자 도쿄부 권공장勸工場[58] 쪽을 행해 움직이려고 창의대彰義隊의 묘 쪽으로 왔을 때, "무슨 일인지 특별히 난폭하다고 할 만한 거동도 보이지 않았는데 갑자기 경관으로부터 해산을 명령받았다.(생략)"고 해, 행사를 맡은 주최자 사이토 신이치로는 경관으로부터 해산명령을 받았기 때문에 해산할 수밖에 없다고 밝혔으나, 행사가 끝나기도 전에 구인되는 꼴이 되고 말았다.

이를 볼 때 회원이라고 하지만 참가자는 불특정 다수의 사람들이며, 운동은 오늘날로 하자면 데모행진과 같은 것으로 학교 운동회와는 성질과 그 내용이 크게 다른 것이었음을 알 수 있다. 말 그대로 운동회라는 이름만을 빌려왔다고 해도 좋을 것이다. 하지만, 그렇다고 하더라도 일단 규칙을 정해 무질서해지지 않기 위해 노력했던 것으로 보인다. 주최측은 역시 무질서가 쉽게 탄압의 이유가 될 것임을 우려했을 것이다. 그러나 경시청 측은 처음부터 해산시

[58] '간코우바' 또는 '간코바'로도 불리는데, 메이지 시대에 많이 설립된 독특한 형식을 가진 점포의 한 형태로 근대 '백화점'의 전신이라고 할 수 있다. —역주 《백화점》(논형, 2003)참조.

키려는 의도가 있었으며, 무슨 특별한 이유도 없이 해산되고 구인된 감이 있다.

우에노 공원의 서생운동회를 이 시기의 운동회 탄압의 한 사례로 볼 수 있다. 분명 우에노 공원의 운동회는 운동 실시라는 관점에서 보면 보행뿐으로 운동회의 실질적인 내용을 갖추지 않았다고도 할 수 있다. 하지만 학교 밖에서의 서생운동회와 같은 것을 철저하게 막았다는 사실은 동시에 학교운동회까지 혐의의 눈길을 주었으며, 이것이 철저하게 비정치적인 것, 그리고 질서화 된 행사로 엄중한 감시 아래에 형성되고, 장려되고, 독자적인 학교 문화로 형성되었음을 뜻한다. 이런 점은 달리 표현하자면, 도쿄부 사범학교 생도가 스스로 기획해 열었던 운동회와 같이 학생·생도들의 자발적 운동을 조직화하는 것을 곤란하게 만들었다고도 볼 수 있다. 그리고 더 일반적으로 말하자면, 사람들이 학교교육의 장외에 자유롭게 집단을 형성해 운동을 즐길 수 있는 기회를 갖는 것에 대해 제동을 걸었다고도 할 수 있지 않을까.

5. 마치며

이 장에서는 일본 운동회가 장려와 억압의 이중성을 가졌던 메이지 정부의 정책을 토대로 형성되었다는 사실을 고찰해 보았다. 메이지 정부는 근대국가 형성의 전제가 되는 국민의 신체·집단의 규율과 훈련·질서화를 추진하기 위해 학교 운동회를 크게 장려하면서, 한편으로는 국가권력이 설정한 질서로부터 일탈하는 군중적·정치적 성격의 서생書生운동회를 금지하고 탄압하였던 것이다.

근대 스포츠는 영국에서 볼 수 있듯이, 본래 자발적으로 생겨나 클럽 조직과 같이 집단이 자기규율성을 가지고 이루어졌다. 하지만 일본에서는 해군병학료와 도쿄대학에서 열렸던 아스레틱 스포츠와 같이 근대 스포츠가 학교 밖에서 성장할 수 있는 토양이 충분히 마련되어 있지 않았기에 정책적으로 학교운동회의 창출이라는 쪽으로 방향을 잡지 않을 수 없었으며, 또한 서생운동회가 갖고 있었던 정치적 의미의 과잉을 억압하고, 그 자발성까지도 질식시켜 버렸던 것이다. 그 자발성은 1900년 무렵 이후 교우회校友会 운동회 활동 속에서 서서히 싹트기 시작한다. 처음에는 전술한 1887년메이지 19년 도쿄 제국대학의 운동회 창설에서 시작되었는데, 그 후에 1890년메이지 23년 제1고등중학교의 교우회가 설립되고, 나중에 스포츠 활동을 자주적으로 운영하는 조직이 만들어진다. 지방의 현립 중학교 등은 1900년대에 들어서서 움직였다. 결국 자주적인 스포츠 활동은 일상적인 신체 훈련을 계속하는 운동부를 기초로 전개 되었으며, 해마다 한두 번 열리는 운동회와는 별도로 발달되어 갔던 것이다. 다케다 시오사부로武田千代三郎는 스트랭지가 기획한 도쿄대학 운동회, 아스레틱 스포츠를 개최하였을 때 자신이 배운 것으로 세 가지를 들었다.**59** 즉, '훌륭한 스포츠맨', '경기회 임원의 조직', '모임 업무의 담당' 이다. 여기서는 스포츠가 단순한 신체기법의 훈련습득이라는 문제를 뛰어넘어 사회적 관계 속에서 전개되었으며, 그 조직화와 운영 문제가 존재하는 점, 그것을 영국인들의 문화로서 배운 점에 주목하고 싶다. 도쿄대학의 운동회가 육상경기회 성격을 가졌던 점은 영국인의 라이프 스타일로서 일상적인 신체훈련의 결과를 겨룬다는 점이었기 때문이다. 따라서 도쿄대학에서도 스트랭지의 지도 아래 재빠르게 각종 경기종목의 연습을 거쳐 당일

59 武田千代三郎, 〈우리나라 운동계의 은인 스트랭지 선생을 생각한다 (4)〉《아스레틱스》 제2권 5호, 1923년, 12~17쪽.

행사를 준비하였던 것이다.60 도쿄대학의 운동회도 이벤트에서 일상화를 향해 움직였다는 점에서 너무나도 일본적인 과정으로 전개된다. 학교의 '체조과'가 체조연습회, 체조장려회, 연합운동회의 계보에 맞춰, 그 현장에서의 일상적인 수업 실천을 확립하려는 쪽으로 움직인 것과 마찬가지의 경과를 거쳤던 것이다.

이런 사실에 덧붙여 또 한 가지 특징으로, 이른바 학교 안으로 흡수된 운동회는 연합운동회에서 각 학교 단위의 운동회로, 지역적으로는 좁아졌지만 이는 지역과의 결속을 더욱 강화시켰다. 이러한 운동회는 신체의 규율 훈련 성과를 전람한다는 당초의 체조연습회의 의미를 유지해 나가면서도, 운동회가 지닌 오락성·축제성에 힘입어 각 시대의 흐름을 반영하면서 그 내용을 풍부하게 만들었다. 또한 봄가을이라는 계절 단위로 순환하는 일본의 학교 풍경으로서 빼놓을 수 없는 행사, 그리고 학교·어린이·지역을 잇는 학교문화가 자리잡았던 것이다. 그리고 이런 방식은 지역과 관계를 맺는 맥락에서 소학교에서도 매우 활발하게 개최되었다.

60 다케다, 앞의 논문(2), 122~124쪽.

근대 천황제와 메이지신궁 경기대회

이리에 가쓰미(入江克己)

1. 국민 체육대회의 창설과 상징천황제

국민 체육대회의 창설과정

일본이 패전한 해인 1945년쇼와 20년 12월 26일, 기시岸기념체육관에 대일본체육협회 이사인 히라누마 료조平沼亮三[1], 스에히로 겐타로末弘嚴太郎[2], 기오세 이치로清瀬一郎[3], 이시다 게지로石田啓次郎 등은 메마른 국민생활의 윤활유로서 스포츠를 어떻게 재건할 것인가, 이제까지의 임전태세를 위한 체육을 순수한 스포츠로 탈바꿈시키기 위해서는 어떻게 하면 좋은가, 체육단체로서의 사명, 특히 소속 경기단체의 조직과 사업은 어떠해야 하는가에 대해서 이야기를 나누었는데, 그 가운데 이시다가 "이를 즈음하여 전국체육대회를 여는 게 어떤가"[4]라고 발언한 것이 국민 체육대회 창설의 발단이 되었다고 한다.

히라누마와 기오세는 다음해인 1946년쇼와 21년 6월 26일에 설립된 간사이 스포츠 연합회 회장인 가스카베

1 나중에 요코하마 시장을 역임 ─역주
2 초대 중앙노동위원회 회장, 일본체육협회 이사장 ─역주
3 나중에 문부장관, 중의원 의장 ─역주
4 일본체육협회 감수, 〈국민 체육대회의 발자취〉, 1978년, 121쪽.

히로春日弘와 간담을 갖고서, ① 전후 황폐로 인해 건전한 오락을 잃어버린 국민, 특히 청소년에게 스포츠의 즐거움을 전하고 싶다, ② 진주군進駐軍[5]에 대해 국민의 기개를 보여주자, ③ 황폐해진 국토, 특히 옛 군대시설을 스포츠 문화의 장으로 다시 고치자, ④ 전쟁의 상처에 허덕이는 국민, 특히 퇴폐의 길을 걷는 청소년에게 평화와 민족애의 표상으로서 스포츠를 침투시키자, ⑤ 순수 스포츠의 재건과 지도진의 충실을 꾀해 향후 일본 스포츠의 재건을 기하자, ⑥ 전국적인 체육대회를 열자[6]등 여러 의견을 나눴다. 이러한 전국스포츠대회의 개최를 향해 실시요강이 검토된 것과 함께 같은 해 8월 7일의 이사회에서 GHQ연합군사총사령부의 전면적인 승인이 이루어졌다. 그 결과 전후 최초의 국민 체육대회는 하계대회가 다카라쓰카시寶塚市에서, 추계대회가 같은해 11월 1일부터 3일 간에 걸쳐 교토를 중심으로 니시미야西宮, 후지藤井 등 9곳의 회장에서 5천 6백 명이 참가하여 개최되었다.

천황배 · 황후배의 상징적 의미

일본은 1945년(쇼와 20년) 8월 14일에 포츠담 선언을 수락해, 그 다음날인 8월 15일 천황은 '종전칙서終戰勅書'를 방송하는 한편, 1946년쇼와 21년 1월에 스스로 '신격 부정神格否定' 선언을 하였지만 빠르게는 그해 2월에 지방순행巡幸이 개시되었다. 그 목적은 단적으로 말해, 전후 부흥과 재건의 격려를 위한 의식儀式으로 전국을 돌며 실시함으로써 종전에 의한 국민감정을 위로함과 동시에, 전쟁책임을 심리적으로 희석시키려는 시도로 메이지 초기의 순행을 전후에 와서 다시 재현하고, 또

5 패전 이후 일본의 정치 · 사회 · 교육 · 문화 등 모든 분야의 체계를 바꾼 미군을 중심으로 한 연합군을 뜻함. ─역주
6 같은 책, 121쪽.

신헌법 제정에 따른 상징천황의 사회적 정당성을 객관화시켜 가려는 의도였다.[7]

　　전후 천황과 황후가 처음으로 스포츠 이벤트에 모습을 드러낸 것은 1947년쇼와 22년 5월 4일에 개최된 제1회 신헌법 시행 기념 도민체육대회이며, 국민체육대회가 상징천황제와 관련을 맺게 된 것은 제2회 이시카와石川대회부터였다. 그 경위를 〈국민 체육대회의 발자취〉는 다음과 같이 전한다. "천황 폐하는 이전부터 대전 후 민정 시찰을 위해 전국을 순행하셨는데, 종종 10월 하순은 북쪽 내륙지방 순행이 예정되어 있어서 하였다. 기오세清瀬 이사장으로부터 이 기회에 국체대회에 왕림하시길 궁내부宮內府 다지마田島 장관을 통해 요청하였을 즈음, 9월 17일 비공식이긴 해도 개회식에 왕림하셔서 소속 경기 단체, 도도부현都道府県의 지부장들도 나열해 배알하였다. 그 후 1부 경기를 관람하시는 취지의 내부 지침이 있었다. 개회식은 10월 30일 오전 9시 20분, 폐하를 맞이한 가운데 가나자와金澤 시영운동장에서 열렸다. 전날 밤 쏟아지던 비는 기적적으로 개기 시작, 역원도 선수도 복장이 형형색색이었는데 마음은 하나, 산뜻한 기분으로 입장 (생략) 개회선언 후, 대회는 먼저 젊은 힘이 느껴지는 취주악이 울려 퍼지는 가운데 최초로 대회기가 게양되었고, 이어서 금지되었던 국기게양도 신청 및 허가 없이 결행되었다. 2만 명의 관중은 국기가 오르자 뜻밖에 기미가요君が代를 글썽거리며 제창해, 만감이 교차하는 운동장은 온통 감격과 환희의 도가니로 변했다"[8]

　　이처럼 아즈마 류타로東龍太郎[9]의 발안으로 제3회 후쿠오카 대회부터 국민 체육과 여자 체육의 장려라는 이름 아래 천황배 · 황후배가 만들어졌으며, 4회 도쿄대회부터는 천황 · 황후의 개회식 참여가 관례로 정착되어

7 사카모토 고지로(坂本孝治郎), 《상징천황제가 몰려온다》, 平凡社, 1988년, 95~96쪽.
8 같은 책, 123쪽.
9 나중에 도쿄도지사가 됨 ─역주

이후 이 자리에 국민 체육대회의 상징천황제에 의한 의례적 전략이 전개되어 간 것이다.

　　그 천황은 "이 자리에 전국에서 뽑힌 여러분들과 만나, 씩씩하고 활기찬 모습을 보는 것은 참으로 기쁘기 그지없습니다. 체육은 심신건강의 열쇠입니다. 여러분의 공명정당한 건투를 기대하면서, 건전명랑한 심신을 갖고서 일본 재건을 위해 노력해 주시길 바랍니다"[10]방점은 인용자라고 인사말을 한다.

　　이와 같은 패전 후 일본의 산적한 문제를 해결하기 위한 전후처리형 천황 단독의 순행과 국민체육대회의 관계는 1954년메이지 29년 홋카이도 대회로 완결되어, 이후는 천황·황후에 의한 새로운 상징형식이 채용되어 의례적 전략이 전개된다. 즉, "원래 비정치적 스포츠 이벤트는 '국민통합의 상징'이라는 상징천황제의 정당성을 주기적으로 객관화하는, 중요한 제도적 이벤트의 위치를 차지하게 되었다"[11]는 점이다.

　　이러한 국민 체육대회의 창시과정을 살펴볼 때, 패전 이전의 쇼와시대에 열렸던 메이지신궁 경기대회이하 신궁대회로 부름 창설 과정과 너무나도 닮았다. 대일본체육협회 이사인 히라누마, 스에히로末弘, 히가시東 등은 신궁대회의 부회장 및 총무위원을 역임하였는데, 예를 들어 〈국민체육대회의 발자취〉가 "당시 관계자의 마음 밑바닥에 전전戰前 메이지신궁대회에의 추모와 스포츠에 대한 향수와 정열이 흐르고 있다"[12]고 절묘하게 표현하였듯이, 그들이 일찍이 신궁대회를 머리 한켠에 떠올렸을 것이라는 점은 충분히 상상할 수 있다.

　　그런데 일본 최초의 운동회는 1874년메이지 7년 3월에 해군병학료에서 영국 사관의 지도 아래 열린 '경투유희회'이며, 그 후 78년메이지 11년 5월에 삿포로농업학교에

10 같은 책, 135쪽.
11 사카모토 코지로, 같은 책, 19쪽.
12 일본체육협회 감수, 앞의 책, 125쪽.

서, 그리고 83년메이지 16년 6월에 도쿄대학에서 열렸었는데, 이 모두가 외국인의 지도로 이루어진 행사였다. 원래 엘리트층을 중심으로 한 운동회가 전국적으로 보급된 것은 1884년메이지 17년 이후의 일인데, 1878년메이지 11년 3월에 설치된 체조 전습소 졸업생에 의해 중학교, 사범학교, 그리고 소학교로 점차 전파되었다. 그 특징은 현 단위 내지 군 단위의 연합운동회라는 형태를 취하면서 대열을 짜서 회장으로 향하는 행군·소풍 운동회이자 깃발뺏기 경쟁이나 보통체조맨손·아령·목환(木環) 등·병식체조를 실시하고서 되돌아오는 식이었다. 그러한 운동회에 질적인 변화를 가져온 것은 1891년메이지 24년에 제정된 '소학교 축일대제일 의식규정小学校祝日大祭日儀式規定'으로, 의식이 끝난 후 유희체조로 심신의 함양과 국체관념에 입각한 신민양성을 의도한 것이다. 그 후 운동회는 학교 행사로부터 지역축제적인 행사로 확대되어, 다이쇼 시대에 들어서자 그 내용도 점차 체조·유희경쟁·병식체조로부터 근대 스포츠배구·농구·육상경기 등로 바뀌었으며, 그리고 국가적 운동회인 신궁대회로 연동해 갔다.

그 신궁대회는 내무성 주최로 열린 제1회 대회1924년부터 제14회 대회제13회 대회부터 메이지신궁 국민연성대회(國民鍊成大会)로 이름이 바뀜까지, 패전 이전의 쇼와시대에 절정을 이룬 천황제 절대주의 아래 황도주의皇道主義·일본 정신주의日本精神主義 등을 이념으로 하는 일본 파시즘의 침투와 더불어 만주사변 이후에는 수백만의 국민을 침략전쟁에 내세웠으며, 다른 나라와 타민족을 군화발로 지배하고 압살하는 일대 국가적 장치로서 일본 근대 스포츠의 체질을 상징하는 것이었다.

2. 절대천황제와 신궁대회의 창시

제1회 신궁대회와 다이쇼 천황의 죽음

1924년다이쇼 13년 10월 30일, 메이지신궁경기장의 축조를 계기로 메이지
천황의 신전에 봉납하고, 일찍이 일본 국민의 신체단련과 정신 작흥作興
을 목적으로 내무성에 의해 발안〈메이지신궁 경기대회개최에 관한 건〉, 1924년 8월되
었던 일본 최초로 전국 규모의 근대적 이벤트인 제1회 신궁대회가 개최
되었다. 그 개회식은 '하나. 주악, 하나. 역원선수 착석, 하나. 내빈 착석,
하나. 주악, 하나. 개회 선언, 하나. 내무대신 인사말, 하나. 선서식, 하나.
내각 총리대신 축사, 하나. 신궁참배를 위한 경기부 대표 및 선수 퇴장, 하
나. 폐회 선언, 하나. 주악, 하나. 일동 퇴장' 이라는 식순에 따라 진행되었
으며, 또한 대표자들의 신궁참배는 '하나. 일동 정렬, 하나. 손씻기, 하나.
수불修祓**13**, 하나. 참배참배 본전으로 이동역원 총대의원, 선수 총대의원의 다
마구시玉串 신전에 바치기**14**, 일동 참배, 하나. 퇴장'**15** 〈제1회 메이지신궁경기대
회 보고서〉 이하 각 대회의 〈보고서〉로 부름이라는 순으로 진행되었다.

　　한편, 경기는 15종목육상경기, 축구, 럭비. 야구, 배구, 농구,
보트, 테니스, 하키, 수영, 검도, 유도, 궁도, 씨름, 승마에 걸쳐, 전국 12
지구홋카이도(北海道), 도호쿠(東北), 간토(關東), 호쿠리쿠(北陸), 도카이
(東海), 긴키(近畿), 주고쿠(中國), 시고쿠(四國), 규슈(九州), 대만, 조선, 만
주 등을 포함한 간토슈(關東州)의 지방 예선을 거쳐 열렸는데,
벌써 식민지를 끌어넣었다는 점에 주목하지 않을 수 없
다. 그 개막식 모습을 〈제1회 보고서〉는 '반년에 걸쳐서
각 경기부의 준비가 드디어 갖추어짐으로써 10월 30일

13 위패를 나타내는 인
(印)과 그것을 드리우는
끈을 몸에 다는 것 —역주
14 다마구시란 닥나무
섬유로 만든 베오라나 종
이오리를 달아서 신전에
바치는 비쭈기나무의 가
지 —역주
15 일본체육협회 감수
〈메이지신궁경기대회 보
고서〉 90~91쪽.

오전 9시부터 각성의 대신, 재경 귀중貴衆 양원의 의원들, 제국주재 각국 공사들, 도쿄도 산하의 운동단체 및 통신사 대표들, 그밖에 관계자 등 2천 명을 초대하여, 메이지신궁 외원外苑경기장에서 개회식을 거행하였다. 이날의 가을 하늘은 온통 새파랗게 칠한 것 같았는데, 진정 전국적 대경기를 축복하는 듯한 좋은 날씨였다. 정각 맑은 음색을 자랑하는 관악기 연주에 맞춰 와카쓰키若槻 내무대신을 시작으로, 수많은 내빈, 각지에서 참가의 영광을 얻은 3천여 명의 선수 및 감독들이 자리에 앉자, 내무대신의 식사, 선수 대표의 선서, 총리대신의 축사가 있었다. 끝으로 야마다山田 위생국장은 선수 대표를 인솔하여 메이지신궁을 참배하고, 메이지 대제의 신전 앞에서 보고를 하였다. 식이 끝나자 곧바로 경기가 시작되었다. (생략) 이리하여 5일 간에 걸쳐서 거행된 각종 경기에는 황송하게도 지치부노미야秩父宮 전하를 시작으로 각궁 전하의 관람이 더해져 대성황 아래 별다른 사고없이 종료하였다"[16]라고 전하고 있다.

또한, 내무대신 와카쓰키 레지로若槻礼次郎[17]는 식사 중에 "메이지신궁 경기대회를 개최하는 이 자리에서 한마디 감회를 펴는 것은 매우 기쁜 일이다. 오직 국민의 몸과 마음을 단련하고, 나라를 일으키는 정신을 드높이는 데 있어서 운동경기에서 이기는 것만큼 참으로 신선한 일은 없다. 예로부터 국민은 상무尙武의 기상을 북돋우고, 그 정화精華는 무사도武士道로서 발현되어 오랫동안 우리 국민 정신을 지배하였다. 메이지 성대聖代에 이르기까지 국제관계에 발맞춰 새로운 운동경기가 일제히 소개되어, 이제는 국제적으로도 일대 진전을 이룩하려는 기운이 일고 있는 까닭에 이러한 시대를 맞이하여 그 장점을 잘 살피고 우리의 단점을 벗어던져 혼연의 힘으로 잘 융합해 국민을 지도할 필

16 같은 책, 90쪽.
17 1912년(다이쇼 원년) 제3차 가쓰라(桂) 내각, 1914년 제2차 오쿠보(大隈) 내각의 대장성 대신, 1930년 런던 해군군축회의 주석 전권대사를 맡음 ─역주

요가 있는 그 방면의 새로운 관계자를 만들지 않으면 안 된다고 믿고 있다. 이러한 때에 매년 메이지신궁 제례를 계기로 메이지신궁 경기대회를 개최하여, 널리 각 경기종목을 열고자 하는 것은, 메이지대제의 성덕聖德을 높이 받드는 일이며, 동시에 이 기운을 촉진시켜 더욱더 보급을 꾀해 국민의 건강한 정신과 신체를 단련하고자 함 이외에는 다른 게 없다. (생략) 다행히 전국적인 찬동을 얻어 내지內地는 물론이고 조선, 대만, 만주 등에서도 선수를 보내 선발된 참가선수의 수는 3000명[18]을 넘어, 오늘과 같은 성대한 장관을 이루게 되었다"[19]고 인사말을 폈다.

그리고 많은 황족이 동원되어, 각 회장에 임석함으로써 천황제로 돌아가려는 뜻을 최대한 다시 펼치고자 하는 의도뿐이 아니라, 육해군 군악대의 연주가 흐르는 가운데 "비행기의 비상을 육군에 의뢰해, 회기 중 수시로 비행기가 회장을 선회하도록 하였다"[20]는 것에서 알 수 있듯이, 천황의 군대가 지닌 위엄을 과시한다는 의도도 깔려 있었던 것이다.

이와 함께 신궁대회의 마지막 날인 11월 3일 전국적으로 '체육의 날'을 실시, 매스미디어를 이용한 대대적인 선전이 활발하게 이뤄졌는데, 〈교육주보〉는 당시의 모습을 "이날은 일본체육연맹, 제국학생위생회 등의 체육단체가 중심이 되어 문부성의 후원 아래 각지에 운동회, 체육 강연회, 활동사진, 전람회를 열었다. 도쿄의 경우에도 각 학교에서는 앞서 소개한 행사 외에 자동차편대를 짜서 시내 전역에 전단지를 뿌렸으며, 18개소에 선전용 간판을 달았으며, 고이시가와小石川 고등사범에서는 체육전람회를 열었으며 밤에는 오카다岡田수상이 체육의 날을 맞이해서 라디오 방송을 통해 체육진흥과 보급에 관한 강연을 하였다"[21]고 전하고 있다.

18 정확히는 3,141명
19 같은 책, 93쪽.
20 같은 책, 99쪽.
21 다이쇼 14년 7월, 제 25호, 7쪽.

다이쇼 민주주의democracy의 후퇴와 다이쇼 천황의 죽음

다이쇼 천황요시히토(嘉仁)의 건강상태가 궁내청으로부터 처음 알려진 것은 1920년다이쇼 9년 3월 30일의 일이었는데, 수상 하라 다카시原敬[22]가 천황의 병상을 알게 된 것은 수상 취임 후 5개월이나 지난 1919년 2월 25일이었다. 그리고 1921년다이쇼 10년 11월 25일 황실회의에서 황태자 히로히토裕仁(쇼와 천황)를 섭정한다고 결정, 이 자리에서 천황 요시히토는 겨우 재위 10년으로 막을 내리게 된 것이다. 이렇게 천황제 체제의 위기 상황 속에서 1917년다이쇼 6년 러시아혁명, 1918년 쌀소동, 1920년 대전후 경제공황 등은 다이쇼 데모크라시의 영향을 받은 민주주의운동, 사회주의운동, 노동운동을 여지껏 없었던 규모로 고양시켰으며, 수평사水平社운동[23], 보통선거운동 나아가 농민운동 등으로까지 확산시켰다.

때마침 1923년다이쇼 12년 9월 1일, 진도 7.9의 격렬한 지진이 관동지역을 급습했다. 이 대재앙은 사망자·행방불명자 14만 명을 낳았으며, 정치·사회적으로, 그리고 문화적으로도 많은 영향을 끼쳤는데, 곤다 야스노스케権田保之助[24]는 "실로 이 대재앙에 휘말린 관동지역의 주민은 경제랄 것이 아직 생기지도 않은, 경제상 아직 개명되지도 못한 가장 밑바닥의 원시생활로 되돌아가, 거기서부터 20세기 이른바 문화인의 생활-자본주의적 경제생활의 상태에 이르기까지 위아래 25만 년에 걸친 인류사회의 발전과정을 불과 60일 동안에 전부 경험하였다"[25]라고 적고 있다.

[22] 1856~1921, 우편호치신문 기자를 거쳐 외무성에 들어가 주요 요직을 거친 뒤 1918년 일본 총리가 된다. 명예 작위를 계속 고사한 걸로 '평민재상'이라는 별명이 붙기도 했는데, 1921년 도쿄역에서 암살당함. ─역주
[23] 1922년 3월~1942년 1월. 근대 이래 봉건적 신분차별을 근간으로 부락민(部落民)의 차별문제를 완전히 해결하기 위해 부락민들의 손에 의해 만든 전국적 결사조직. ─역주
[24] 1887~1951. 일본 근대사회의 오락·여가연구가로 각종 저서를 남겼다. ─역주
[25] 〈민중오락론〉《곤다야스노스케 저작집》제2권 소장, 文和書院, 1975년, 214쪽.

다이쇼 천황의 죽음에 대한 조짐 속에서 지진과 대형 화재라는 큰 소란을 계기로 사회주의자와 재일조선인에 대한 유언비어가 넘쳐나면서, 자경단에 의해 수천 명이 넘는 무고한 사람들이 폭행·학살당하는 행위가 횡행했다. 또한 헌병대위 아마카스 마사히코甘粕正彦[26]에 의한 무정부주의자 오스기 사카에大杉栄[27]와 그의 처 이토 노에伊藤野枝[28]가 학살당한 것 외에, 나라시노習志野 기병 제13연대 병사에 의한 노동자 10명이 학살된 가메도亀戸 사건 등이 일어났다.

이에 대해 제1차 야마모토 곤베山本権兵衛[29] 내각은 도쿄도 내에 계엄령을 선포함과 동시에 관동계엄사령부를 설치해 그 범위를 가나가와神奈川·사이타마埼玉·지바千葉 등지로 확대해 관동은 사방이 군의 지배 아래 놓이게 되었다. 나아가 경거망동 혹은 방종한 생활을 경계, 국체에 근거한 정신 진작에 매진해야 한다는 '제도부흥帝都復興에 관한 칙서'와 '국민정신작흥國民精神作興에 관한 칙서' 11월 10일를 발표한다. 이후 일본 사회의 상황은 위기적 양상을 보이기 시작함과 더불어 대지진 공황에 뒤이은 경제 위기는 더욱 심각해져, 1925년다이쇼 14년 3월에는 호헌을 내세운 3개 파벌 연합내각[30]을 중심으로 보통선거법의 제정, 치안유지령의 폐지를 대체한 치안유지법이 제정되어 급속하게 천황제 경찰국가로 변모해 갔다. 다이쇼 천황의 병상이 악화됨에 따라 계엄태세는 한층 더 강화되는 한편, 이른바 '자숙 분위기' 만들기가 시작, 이런 식으로 '관동대지진이라는 천재를 미끼로 국가에 의한 민중 포위망이 확실하게 좁혀져 갔다'[31]고

26 1891년 1월~1945년 8월. 일본의 대표적인 사회주의자. 나중에 만주국 건국에 활약하여 만주국영화협회 이사장을 지내다 만주국 붕괴 때 자결한다. ―역주
27 1885년 1월~1923년 9월. 사상가, 작가, 사회운동가, 아나키스트(무정부주의자)로 관동대지진 때 헌병대에 의해 학살당했다. ―역주
28 1895~1923. 평론가, 소설가, 사회운동가. ―역주
29 1852~1933, 일본 해군의 아버지로 불리는 인물로 근대해군의 기초를 마련한 정치가. 제16대와 제22대 일본 총리를 역임. ―역주
30 수상은 가토 다카아키(加藤高明, 1860~1912). ―역주
31 長浜功,《국민정신총동원의 사상과 구조》, 明石書店, 1987년, 18쪽.

하겠다. 그 다이쇼 천황은 1926년다이쇼 15년 12월 25일 숨을 거둔다. 향년 45세였다.

3. 대중스포츠 문화산업의 성립

신중간층과 레저시대의 도래

한편 다이쇼 시대 후기에 들어서 신궁대회로 상징되는 전국적인 규모의 스포츠 이벤트 개최가 어떻게 가능해졌을까. 메이지 시대에 이입된 서구의 근대 스포츠는 이미 지적한 것처럼 주로 소수의 고등교육기관대학·고등학교·전문학교·고등사범학교 등을 중심으로 엘리트계급의 독점적인 여가활동으로서 출발하였으며, 거기에는 분명 대중 부재의 스포츠라는 인상이 짙었다. 예를 들어, 1911년메이지 44년에 대일본체육협회가 설립되고, 같은 해 11월에 일본이 처음으로 참가하는 제5회 올림픽대회스톡홀름의 예선 경기대회가 하네다羽田에서 열렸는데, 그 참가자격은 '학생이거나 신사로서 부끄럽지 않은 이'로 규정, 노동자를 배제했었다. 그리고 1921년다이쇼 10년 3월 대일본체육협회의 아마추어 규정에 따르면, 경기자를 '보통경기자', '경기지도자', '준직업경기자', '직업경기자'로 구분하여 준경기자[32]에 관해서는 "특히 본회가 인정한 경우에 한하여 허락함"이라고 참으로 악질적인 차별 조항을 규정하였다.

　　　　　이와 같은 신분차별적인 스포츠 현실 속에서 스포츠의 민중화혹은 대중화를 촉진시킨 것은 첫째 다이쇼 시대의 민주주의 영향에 따른 민주적인 제권리 획득과 국

[32] 운전사 '원문은 車夫', 우편배달부 등

민생활 옹호운동을 배경으로 생산력의 발전과 도시화 현상의 확대로 인한 신중간층화이트칼라의 대두와 대중스포츠 문화의 성립이었다.

　　당시 중간층은 러일전쟁 이전인 1903년메이지 36년 전 세대수에서 차지하는 비율은 3.8%였는데, 1차 세계대전 후인 1917년다이쇼 6년부터 18년에 걸쳐서는 약 5%에서 6.5% 정도로 대략 150만 명에 달했다고 한다. 이들 신중간층의 증가는 자연스럽게 생활의식이나 레저 활동에 영향을 미칠 수밖에 없었다. 가령, 1921년 시민을 대상으로 한 오사카시 사회부 조사과의 여가조사〈여가생활의 연구〉, 1923년 2월에 따르면, 같은 해 개최된 신문사 주최·후원의 스포츠 행사만 하더라도 48회, 일수로 하면 185일에 이르며 참가자는 1만 2124명, 관람객은 161만 8818명이나 입장하였다. 또한 휴일 날 20세에서 30세까지의 공장노동자남성들의 주요 레저 활동은 야구, 테니스, 등산, 소풍, 해수욕, 경기, 산보로 조사되었다. 그 결과에 대해서 곤다權田는 스포츠가 "근래 두드러지게 부상한 신흥오락으로서 노동자 생활에 파고들어, 이를 위한 설비나 단체가 노동자들 사이에 생기고 있음을 볼 수 있다"[33]고 언급하는 동시에, "역시 집밖에서 즐기는 오락이 천지로 산보, 소풍, 여행에 스포츠까지 그 밖의 행락으로 하루를 즐기는 이들이 많다"[34]고 지적하였다. 나아가 1925년다이쇼 14년에 문부대신 관방학교 위생과의 '사회체육단체에 관한 조사'에 따르면, 같은 해 4월 말 현재 전국 시단위로 44개의 단체가 조직되어 있었다고 하는데, 어떻든 스포츠 활동이 점차 대중오락으로 침투해 들어가고 있었음을 시사해준다고 하겠다.

　　두 번째로는 교통기관의 발달과 매스미디어, 특히 신문, 라디오, 저널리즘의 등장을 들 수 있다. 사철私鐵[35] 이 개통됨에 따라 교통기관이 발달하였고, 또 이들 사철

33 〈민중오락론〉, 269쪽.
34 〈노동자 오락론〉, 앞의 저작집 제4권, 277쪽.
35 세이부(西武), 도큐(東急), 교한신큐코(京阪神急行) 등 ─역주

자본으로 인해 관광개발36이 이루어졌다. 가령, 1920년다이쇼 9년 8월에 한신전철이 고시엔甲子園구장수용 관객수 6만 명을 만들어, 1915년다이쇼 4년 여름부터 개최되던 전국 중등학교 야구대회가 이곳에서 열리게 되었다. 한편, 매스미디어에 관련해서는〈마이니치신문每日新聞〉,〈아사히신문朝日新聞〉등 2대 신문이 발행되어, 예를 들자면 오사카 마이니치신문사 주최로 춘계 전국선발 중등학교 야구대회1924년, 다이쇼 13년와 전일본 정구 토너먼트 등 신문사 주최 내지 후원으로 각종 스포츠 대회가 개최되었으며, 라디오는 1925년 7월에 도쿄와 나고야 방송국이 개국하였다. 개국 당시 3,500대였던 라디오는 1926년에는 벌써 35만대에 이르러 1927년쇼와 2년부터는 야구 및 수영이 실황 중계되어 대중스포츠가 자리잡는 데 큰 역할을 하였다. 아울러 다이쇼 시대 후기는 '스포츠'라는 용어가 정착된 시대기도 하다. 즉, 잡지《스포츠竜洋社》,《스포츠맨中央運動社》1919년, 주간지《아사히 스포츠》1923년 등 스포츠 저널리즘이 성립되었다.

대중스포츠 정책의 등장

한편, 일본에서 정부 및 군당국이 '선전'의 중요성을 인식하기 시작한 것은 1914년다이쇼 3년에 발발해 4년 간에 걸쳐서 싸운 1차 세계대전 이후라고 보고 있다. 이 전쟁에서 당시 세계 최강의 병력을 자랑하는 독일군이 패하고, 영국과 프랑스를 주축으로 하는 연합군이 승리를 거두는데, 이는 전차, 항공기, 독가스, 잠수함 등 신예 병기와 방대한 탄약과 무기의 소비량, 장기전을 견뎌낼 수 있는 공업력과 인적 자원의 유지만이 아니라 사상선전전·경제전을 포괄한 국가총력전이었음을 절감케 하였다. 한편, 1923년다이쇼 12년에

36 유원지, 경기장, 실내 수영장, 온천, 주택지 등 —역주

책정된 '제국국방방침'은 '가상적국' 제1위로 소비에트 대신 미국이 등장하게 되는데, 그 배경에는 미국에서 불던 반일운동排日運動의 영향이 있다. 미국에서는 1890년메이지 23년경부터 반일운동이 고개를 들더니, 1920년다이쇼 9년에 캘리포니아주에서 제2차 배일토지법이 성립되기에 이르러 거의 전 토지를 포함시켜 버린다. 그 배경에는 인종차별적인 황화론黃禍論이 자리잡고 있었으며, 미국에서도 이미 러일전쟁 후에 미일전쟁을 상정한 '오렌지작전계획'을 채택하고 있었다. 또한, 일본 국내에서도 반미감정을 증폭시켜, 사토佐藤鋼次郎[37]의 《미일이 만약 싸운다면日米もし戰はば》 1920년, 이시마루 토다石丸藤太[38]의 《미일전쟁 일본은 패하지 않는다日米戰爭日本は破れず》 1924년 등이 출판되는 등 이미 미일전쟁을 예견하는 이야기가 무르익고 있었던 것이다.

이와 같은 위기감에서 일본 정부는 대중문화의 흥성과 아나키스트적인 상황을 무시할 수 없어서, 군사적·경제적인 맨 파워의 개발, 그리고 사상선도라는 이름을 빌린 천황제 내셔널리즘의 침투를 획책하기 위해서라도 대중조작의 수단으로 스포츠에 눈을 돌려, 적극적으로 국가정책으로서 끌어들일 것을 자각해 대중문화와 매스미디어를 매개로 한 정책을 만들어가게 된다.

즉, 대중화되어 가던 레저와 매스미디어를 적극적으로 이용하여, "각종 학교와 지방공공단체, 청년단, 재향군인회와 연락 협력"[39]하여, "불평등, 불이익을 초계급적 자기 정체성이라는 체제의 주장을 지지하는 방향으로 전환"[40]시키는 일이었으며, 앞서 다루었듯이 중앙만이 아니라 지방과 현을 포함한 전국적인 네트워크의 확립을 통해 그 정점이라고 할 수 있는 신궁대회와 '전

37 1862~1927, 다이쇼시대의 육군 장군 ─역주
38 1881~1942. 해군 장교 ─역주
39 《통속교육에 관한 답신》, 1918년
40 빅토리아 드 그라치아, 《부드러운 파시즘》, 다카하시 스스무(高橋進) 외 옮김, 有斐閣, 1989년, 258쪽.

국체육의 날' 등과 같은 국가적 이벤트로 수렴하면서, 천황제 국가주의 정체성[41]과 파시즘체제의 기반을 형성하는 일이었다. 그런 의미에서도 '천황과 황족을 심벌로 여기고, 이를 조작함으로써 여론을 선도하고자 스스로 인식하기 시작하였다는 점에서 이를 지금까지와는 구분되는 대중국가적 조작 내지 여론지도'[42]로 볼 필요 있다.

4. 메이지신궁과 외원 경기장의 조영造營

청년단의 황도주의적 재편

한편, 메이지 천황과 쇼겐昭憲[43] 황태후皇太后를 받들고 모시는 심벌로서 메이지신궁과 외원外苑 경기장[44]을 건설한다는 국가적 프로젝트에는 내무성의 정책적 시점이 강하게 작용하고 있었다. 특히, 신궁의 조영 배경에는 폐불훼석廃仏毀釈에서 볼 수 있는 것처럼 기존의 민간 불찰신앙을 배척하고, 왕정복고라는 황실 전통과 관련된 신들에게 제사를 올리는 동시에 이세伊勢신궁을 정점으로 하는 사격社格제도의 재편이라는 근대 천황제의 이데올로기 정책이 있었다.

이 계획이 발표된 것은 1915년다이쇼 4년 5월이며, 메이지신궁 조영국造営局 총무과장으로 임명된 이는 청년단운동의 지도자인 다자와 요시하루田澤義鋪였다. 이 청년단은 본래 각 지방 촌락에 있었던 각종 젊은이들의 모임과 청년회를 모체로 삼고 있기 때문에 다소 자주적인 청년 운동의 의미를 갖고 있었지만, 러일전쟁

41 원문은 National Identity —역주

42 호리오 데루히사(堀尾輝久),《천황제와 교육》, 青木書店, 1988년, 237쪽.

43 1849~1914. 메이지 천황의 부인으로 약한 몸과 병치레로 자식이 없었지만 다이쇼의 적모(適母)로 받들어짐 —역주

44 일본어 발음은 '가이엔' —역주

후 육군참모 차장인 다나카 기이치田中義─ 소장小將에 의해 각 촌 단위의 청년회로부터 군연합청년회로 통합, 점차 국가권력의 기구 내로 흡수되어 내무관료의 지배 아래에 놓이게 되었다. 다나카는 독일의 '융그 도이체란트' 류의 '의무교육-청년단-재향군인회라는 조직계열을 구상하여, 청년단의 자치성 (생략)을 배제하고, 이를 수양단체·피지도단체로 삼으려고 하였다' 는 점이다.[45]

그 결과, 신궁대회의 다음해인 1925년다이쇼 14년 4월에 전국 각 부현을 단위로 하는 대일본연합청년단이 조직되어 "하나, 우리들은 순수하게 청년의 우정과 애향의 정신으로 단결한다. 둘, 우리들은 젊은 몸과 마음을 단련하고 노동을 즐기며, 자주창조의 인간을 꾀한다. 셋, 우리들은 희망에 불타며, 참신한 의욕으로 사랑과 정의를 위해 분투한다. 넷, 우리들은 국가를 사랑하고 충효의 본의를 익혀 헌신봉공의 국운 진전을 다한다. 다섯, 우리들의 마음은 넓고, 인도는 대의에 뿌리를 두고, 세계평화와 인류공영에 이바지한다"[46]라는 '청년단 강령' 이 책정되었으며, 그 활동

그림 5-1 청년단의 근로봉사 작업풍경[《메이지신궁 외원사》(메이지신궁봉찬회편, 1937년)에서]

45 이토 세(伊藤整)/이에나가 사부로(家永三郎) 외편 〈지도자와 대중〉《《일본 근대 사상사 강좌5》), 筑摩書房, 1963년, 24쪽.
46 타자와 요시하루(田澤義鋪), 《청년단의 사명》, 일본 청년관, 1930년, 181~182쪽.

내용에는 당연한 것이겠지만, '체력방면운동회, 소풍, 등산, 격검, 군사훈련, 무도회, 체육강습회 등도 포함되어 있었다.

청년단에 의한 메이지신궁, 외원경기장의 축조

다자와田沢는 애초부터 부족하였던 조영 예산을 보완하고자 각 부현민의 기부를 모으는 것과 동시에 조영사업과 전국 청년의 마음을 묶는 것을 생각해내 전국의 청년단에게 호소하여 그들의 근로봉사를 통해 사업을 완성시키겠다는 구상을 한다. 그런데 이 제안이 청년단운동을 활성화시키는 단서가 되었던 것으로 보인다. 각 지방 청년단에게 제안한 결과 전국 각지로부터 280개의 단체, 18세에서 25세에 이르는 청년들이 연인원 1만 5000명이 동원되었으며, 일수로는 연 15만 일에 걸친 근로봉사 끝에 1920년다이쇼 9년 11월 1일에 신전이 완성되어 진좌제鎭座祭가 열렸다. 나아가 같은 달 21일에는 다자와의 제안으로 '전국청년단 메이지신궁 대표자

그림 5-2 신궁경기장의 스탠드 공사[《메이지신궁 외원사》(1937년)에서]

대회' 가 개최, 21일 당일 전국 청년단의 대표자 697명이 메이지신궁을 찾아 참배할 무렵 같은 시각에 전국 300만 명의 단원은 메이지신궁쪽을 향해 일제히 요배할 것이 의무로 부여되었다. 대표자가 황태자(쇼와 천황)를 접견할 때, 황태자는 "국운진전의 기초는 청년의 수양으로부터 모름지기 비롯되는 법이니, 여러분들도 내외의 정세를 잘 살펴 항상 그 본분을 다해, 분려노력奮励努力함으로써 소기의 목적을 달성하도록 힘쓰기를 바란다"[47] 방점은 인용자라는 취지를 밝혔다. 분명 메이지신궁의 조영을 계기로 황실로 회귀하고자 하는 의도를 더욱 증폭시키려는 의도였던 것이다. 또한, 1924년다이쇼 13년에 스톡홀름경기장을 본떴다고 평가받는 외원경기장수용능력, 스탠드 1만 5000명, 잔디밭 5만 명이 120만 엔당시을 들여 완성, 1926년쇼와 원년에는 메이지신궁 야구장수용관객 수 2만 9000명이 70만 엔당시을 투입해 완성시켰다.

5. 신궁대회와 봉납奉納주의의 침투

제2회 대회와 봉납주의의 대두

제2회 대회추계대회는 1925년다이쇼 14년 10월 28일부터 개최되었는데, 〈제2회 보고서〉는 "이날 맑은 하늘에 가을 기운은 나무마다 풍성하였으며, 봄날처럼 포근한 햇살의 눈부심은 벌써 풀잎마다 가득해 온나라가 이 경기대회를 축복하는 것 같았다. 정각에 맞춰 장중한 기미가요가 연주되는 가운데 와카쓰키若槻 내무대신을 비롯하여, 내빈과 임원 및 선수와 감독 등이 일동 착석, 내무대신의 식사, 선수 대표의 선

47 같은 책, 65쪽.

서, 총리대신의 축사가 있고나서 (생략) 메이지신궁에 참배, 대제의 영전 앞에 보고하고서 식이 끝나자 곧바로 첫날 일정에 돌입하였다"[48]고 전하면서, 와카쓰키 레지로若槻礼次郎 내무대신은 대회 식사를 통해 신궁 "대회는 매년 메이지신궁의 예제例祭를 즈음하여, 신흥 일본 건설의 영주이신 메이지 대제의 신전 앞에서 전국의 선수들을 모아 메이지 대제의 성덕을 기리면서 동시에 국민의 심신단련에 이바지하고, 아울러 실질적인 강건한 국민정신을 북돋우는 데 그 목적이 있다"[49]고 밝히고 있다.

한편 선수대표였던 야마모토 료조山本良造는 "우리들은 이 땅 황국皇土 각지로부터 선발되어, 그 솜씨를 선제 천황이 지켜보시는 아래 겨루고자 한다. 일동은 맹세컨대 대신각하의 가르침을 받들어, 힘껏 노력하여 이 정신을 높이 드날리고자 한다"[50]고 선서하였는데 이 대회에서 주목할 만한 것으로 첫째, 제1회 대회 이상의 황족이 동원되어 각 경기에 임석하였다는 점, 둘째로 참가자의

48 같은 〈제2회 보고서〉, 45쪽.
49 같은 책, 46쪽.
50 같은 책, 48쪽.

증가, 셋째로 〈메이지 천황 송가〉[51]의 제정과 매스 게임의 개시다.

　　이 대회에 어떤 형태로든 참가하게 된 국민은 50만 명에 이른다. 당시 일본의 총인구가 대략 7천만 명이었다는 걸 고려하면, 그 영향력은 상상을 초월했다고 말할 수 있다. 그리고 선수들은 일본은 물론이고 관동주關東州, 조선, 대만에서까지 참가해, 그 수는 5,646명청년단 700명, 현역 군인 82명, 재향군인 320명, 일반 여성 20명, 학생 3,088명, 일반인 219명, 씨름선수 112명에 달했다. 여기에 이 대회부터 시작한 매스 게임 참가자를 덧붙이면 3만 명이 넘으며, 지방 예선 참가자를 다시 보태면 20만 명, 나아가 관람자를 넣으면 50만 명이 넘는다고 보고서는 전하고 있다. 참고로 매스 게임에는 소학교 6학년 남녀학생 6,400명, 중학교 학생 남녀 각각 4,900명 이외에 육군토야마戶山학교, 체조전문학교, 도쿄여자체조음악학교, 니카이도체조학원二階堂體操塾 생도 등 모두 2만 명이 참가, 합동체조와 〈메이지 천황 송가〉에 맞춘 댄스 등을 선보였다.

　　이후 이 매스 게임은 각 대회에서 실시됨과 동시에, 제3회 대회부터 체육대회로 이름이 바뀌었으며, 이와 함께 메이지신궁체육회[52]가 설립되었다. 이때부터 대회를 2년마다 개최하는 안이 확정되었으며, 제4회 대회의 내용 역시 크게 다르지 않아 신궁대회의 기본적인 모델이 틀을 잡아갔다고 하겠다.

지치부노미야의 대회총재 취임과 천황의 순례

제5회 대회의 특징은 뭐니뭐니해도 지치부노미야秩父宮의 대회총재로 취임한 사실과 천황의 참석이

51 기타하라 하쿠슈(北原白秋) [1885~1942. 시인, 동요작가] 작사, 야마다 코사쿠(山田 耕筰) [1886~1965. 작곡가, 지휘가로 일본 최초의 관현악단을 만드는 등 서양음악의 보급에 힘을 씀] 작곡. ―역주

52 회장 이노우에 준노스케(井上準之助)[1869~1932. 은행가. 재정가](하마구치 오사치(浜口雄幸)[1870~1931. 정치가. 첫 일본 내각의 총리를 역임] 내각의 오쿠라(大藏) 대신, 1932년(쇼와 7년) 혈맹단사건으로 암살됨. ―역주

그림 5-4 제7회 메이지신궁 체육대회에 임석한 지치부노미야(『체육과 경기』, 1932년 12월호)

었다. 이 대회에 천황이 임석한 것은 본인의 의지에 따른 것이었지만, 궁내대신 잇키 기토쿠로一木喜德郎[53]는 1929년쇼와 4년 9월 28일에 고바시 이치타小橋一太[54] 문부대신에게 "이번 제5회 대회 개최에 즈음해 외람되게도 천황폐하께서 체육장려의 뜻을 받들어 본 대회에 행차할 필요가 있다는 취지를 내셨으니, 쇼와 4년 9월 28일 사카다니坂谷 회장은 문부성에 출두해 고바시 문부대신으로부터 앞서의 통달서를 전달받았다. 이와 같은 일은 우리 체육회의 영광이며 참으로 감격스러운 일이 아닐 수 없다"[55]라는 문서를 송부하였으며, 같은 날 사카다니 신궁체육회 회장 앞으로는

53 1867~1944. 공법학자, 정치가, 나중에 추밀원 의장을 엮임, 그리고 국체명징운동(國体明徵運動)을 전개함. ―역주
54 1890~1939. 정치가.
55 같은 〈제5회 보고서〉, 2쪽.
56 같은 책, 3쪽.

"귀 단체는 날로 힘을 기울이고 갈고 닦아 한층 그 실적을 높여, 극진한 뜻을 거듭 받들어야만 한다"[56]고 통첩하였다. 이 때문에 제3회 대회부터 내무성을 대신해 설립된 신궁체육회에 '봉영부奉迎部'를 설치 영접할 준비를 착착 진행시켜, 1929년 10월 27일부터 8일간에 걸쳐 개최되었는데 천황은 당일 오전 10시에 도착하였다.

그 광경을 "우리 스포츠계에 광명의 빛이 드는 날이 왔다. 아침부터 구름이 낀 하늘은 사라지고, 부드러운 느낌이 드는 운동하기 절호의 날씨다. 천황폐하께서는 이날 육군 통상 예복을 갖춰 입으시고, 훈장과 기장을 패용하시고, 자동차 행차로 스즈키鈴木 시종관과 동승. 오전 9시 25분 궁성을 출발. (생략) 먼저 메이지신궁에 참배하시고, 그리고 나서 곧바로 외원경기장으로 행차하셨다. 경기장에는 지치부노미야 총재가 부인과 동반해 오전 9시에 앞서 도착. (생략) 천황 행렬은 예정대로 오전 10시에 도착, 지치부노미야 총재 이하 내빈들의 환영을 받으면서 히라누平沼 부회장의 선도로 스탠드 중앙의 옥좌에 왕림하셨다. 이때 잔디경기장에는 출장선수 일동이 깃발을 앞세우고 정렬. 관중 일동도 모두 기립하여 크게 반겨, 이노우에 명예회장이 옥좌 정면에 나서서 환영문을 낭독하였다. (생략) 나아가 하마구치 수상, 고하시 문부대신의 축사가 있었으며, 히라누 부회장 곧이어 일어나 개회를 알렸다. 육군 군악대의 주악이 울려퍼지면서 매우 엄숙한 식이 끝났다"[57]라고 전한다.

환영식은 ① 기미가요 연주 속에 입장. 기미가요는 군악대가 연주하고, 일반인들은 이에 합창할 것. 악대는 전사들 앞에 위치할 것. (생략) ② 임원 및 선수, 그리고 일반 참관자들은 높은 경례를 표할 것. ③ 환영문 낭독. ④ 일동 경례. ⑤ 만세삼창. ⑥ 폐하착석'[58]의 순서로 진행, 이어서 개회식이 이루어졌는데, 〈제5회 보고서〉는 "오전 9시부터 신궁 외원 야구장에서 개회식이 열렸다. 전날 저녁부터 내리던 굵은 비는 거짓말처럼 개여 산뜻한 공기가 가득 넘쳤으며, 파란 색을 칠한 듯한 맑은 하늘이 눈부셨다. 전국에서 모인 각 경기의 대표선수 8천여 명과 각 임원들은 정면 스탠드 귀빈석 앞에 정렬하자, 이윽고 정각 조례용 통상 예복에 실크 모자를 쓴 지치부노미야 전하께서 마에다前田

57 같은 책, 26~32쪽.
58 같은 책, 12~13쪽.

사무관을 뒤따라 내장. (생략) 장중한 기미가요를 육군도야마학교 군악대가 연주하였는데, 그 맑은 소리는 아침 공기를 가르고 퍼져나가자 히라누 부회장이 나아가 개회사를 선언하였다. (중략) 보라, 깨끗하고 맑은 가을 하늘로 치솟는 우렁찬 소리도 울려퍼지고, 우리나라 대표선수, 사람들 위에 임석하신 총재 폐하의 자태, 그 웅자는 늠름하시니 이는 장차 쇼와 시대의 대를 이을 만한 모습이었다"고[59] 전하고 있다.

신궁체육회장 이노우에 준스케는 '환영문' 속에서 신궁 "체육대회의 개최를 즈음하여, 외람되게도 천황폐하의 행차에, 늠름하신 그 자태를 가까이서 직접 뵙고서 평소 갈고 닦은 솜씨를 겨루는 영광을 누리니, 참으로 성대한 행사로 오직 감격, 경외로움에 몸을 가눌 수 없습니다"[60] 라고 밝혔다.

그런데 이 대회의 집단체조와 매스 게임에 참가한 임원과 어린 학생들은 1만 4227명에 이르고, 또한 대회에 참가한 임원과 선수는 약 2만 6000명으로 관중까지 포함하자면 10만 명을 훨씬 뛰어넘을 것이다.

6. 만주사변의 발발과 대회의 군사화

59 같은 책, 22~23쪽
60 같은 책, 32쪽.
61 1883~1953. 육군 장교 ─역주
62 1875~1928. 마적 출신의 중국 군벌정치가 ─역주
63 일본 관동군이 남만주철도의 노선을 폭발시키는 류조코 사건이 발생하자 일본은 이것이 중국군의 소행이라며 병사들을 출동시켜 만주사변의 불씨를 만들었다 ─역주

'성은기聖恩之旗' 창설

1928년쇼와 3년 6월, 가와모토 다이사쿠河本大作[61] 대좌가 조사쿠린張作霖[62]를 암살하는 사건에 그 뒤를 이어 1931년쇼와 6년 9월 18일 관동군 모략으로 류조코柳条湖에서 남만주철도가 폭발되었다.[63] 이로 인

해 선전포고 없이 만주사변이 발발해 15년에 걸친 전쟁에 돌입하게 되는데, 이에 따라 제6회 대회는 그 황도皇道주의적 체질을 한층 강화시켜 나갔다. 이를 상징적으로 말해주는 것이 지금의 천황배에 해당한다고 할 수 있는 '성은기히노마루'의 창설이다. 〈제6회 보고서〉는 "외람되게도 천황폐하께서 (중략) 제5회 메이지신궁 체육대회에 행차하셔서, (중략) 각종 경기를 매우 관심을 갖고서 관람하셨다. 본회로서는 참으로 이 이상의 영광이 없으며, 또한 우리나라 체육계의 영예가 아닐 수 없다. 진정 오늘날의 성대한 행사로 감격과 경외로움에 황송할 따름이다. 본 대회는 이러한 영광을 영원히 기념하는 동시에 이 훌륭한 성지를 받들어 우리 운동경기계의 진전을 위해 길을 닦고 협력할 것을 맹세하고자 궁내 당국자와 협의한 결과 하사금으로 국기를 만들어, 이름을 '성은기'라고 붙이고서, 이번 제6회 대회를 개최에 즈음해 입장식에 선수대표로 하여금 들게 하여 임원 및 선수의 맨 앞에서 차례차례 각 경기장에 게양하게 하여 성은의 고마움을 깊이 새겼다"[64]고 기록하고 있다.

그 대회의 모습은 "성은기를 게양하고 개회를 선언한 이래 8일 동안 날씨는 축복받은 것처럼 매일 맑았고 도쿄 일대에는 가득 기쁨과 흥분이 넘쳐나고 총 관람인 30만 명, 일찍이 없었던 대성황 속에서 국화의 향기조차 드높은 메이지 태평성대의 좋은 계절 총결산의 마지막 날을 맞이하였다. 8일째는 외원 경기장을 둘러싼 아침 안개가 채 걷히기도 전에 사람들의 물결이 몰려들었다. (중략) 경기장에 호루라기가 높이 울리자 붉고 하얀 유니폼들이 출렁거리는 OB홍백전에 관중의 열기는 무르익었다. 올림픽 예선의 기계체조에는 탄성과 아쉬움의 한숨이 터져 나왔으며, 농구와 배구 결승전에는 박수 소리가 넘쳐났다. (중략) 남녀 일반부분 육상선수의 활약은 마라톤에,

64 같은 〈제6회 보고서〉, 속표지.

성은기 순회일정

순회월일	도착 시간	퇴장 시간	종목	경기장	비고
10월 30일	오전 09시	오전 09시 40분	씨름	외원씨름장	
	오전 10시	오전 10시50분	축구	테코쿠대학 운동장	
	오전 11시	오전 12시	유도	강도관	
	오후 12시 30분	오후 01시	하키	쓰키시마 신공원	
	오후 02시	오후 02시 30분	자전거	오미야공원	
	오후 03시 50분		럭비	외원경기장	
10월 31일	오전 08시 30분	오전 08시 50분	체조	도야마학교	
	오전 09시	오전 09시 50분	검도	일본청년관	
	오전 10시	오전 10시 50분	총검	도야마학교	
	오전 11시	오전 11시 50분	야구	외원야구장	
	오후 12시 30분	오후 01시	축구	다이이치생명 그라운드	
	오후 01시 50분	오후 02시 15분	정구	오차노미즈 코트	
	오후 02시 30분	오후 03시	탁구	아사부 소학교	
	오후 03시 10분	오후 03시 50분	육상경기	외원경기장	
	오후 04시		자전거	요요기 연병장	
11월 1일	오전 08시	오전 08시 30분	농구	국민체육관	
	오전 08시 40분	오전 09시 20분	궁도	내원 벽궁장	
	오전 09시 30분	오전 10시	국방경기	도야마학교	
	오전 10시 30분	오전 11시 20분	조정	오구 코스	
	오전 12시	오후 01시 40분	정구	다엔 구락부	
	오후 02시 30분	오후 03시	총검술	일본청년관	
	오후 03시 10분	오후 03시 30분	체조	국민체육관	
	오후 03시 40분		배구	제2여고	
11월 2일	오전 08시 30분	오전 08시 40분	마술	육군예과사관학교	
	오전 09시	오전 09시 40분	사격	육군오쿠보사격장	
	오후 05시		체조	교바시 쇼와소학교	
11월 3일	오전 09시	오전 09시 30분	자전거	쇼난도로	
	오전 12시	오후 12시 50분	배구	하마마쓰쵸 은사공원	
	오후 01시		정구	히비야공원	

* 〈제6회 보고서〉에서 인용

그리고 여자 800미터, 포환 부문에서 일본 신기록을 내는 대성황을 이루었다"[65]고 한다.

사변 아래 열린 제7회 대회와 국민정신의 주입

1933년쇼와 8년 3월에 국제연맹을 탈퇴한 이후, 1932년 5월의 이누카이 쓰요시犬養毅[66] 수상 암살5·15사건의 뒤를 이어 사이토 마코토斎藤実[67] 거국일치 내각은 내각에 사상대책협의회를 설치, 같은 해 9월에 일본 정신을 분명하게 규정하여 불온사상의 인적·물적 박멸을 목표로 '불온사상 예방 진압 단속강화' 의 방침을 내세워 사상탄압을 강화시켜 간다. 이러한 사상 대책을 둘러싼 파시즘화 정책이 침투해 나가는 가운데 10월 27일에 개회식이 열렸다.

회장 사카타니 요시로坂谷芳郎(전 도쿄 시장)는 개회사에서 "오늘 이후 위대한 성적과 진지한 운동정신을 발휘하는 것은 세계제패의 제 일보이며, 국민정신 선양의 기조이기에 이를 통해서 대제의 성스러운 가르침에 보답하는 길이라고 하겠다"[68]고 밝히면서, "외원 경기장에서는 (생략) 비상시의 긴장감과 분위기를 반영한 육군 도야마학교의 병식체조가 군국적인 분위기를 만든다. 240명이 웃통을 벗고 체조를 하며 근육을 자랑한 후, 무장한 채 구령에 맞춰 앞으로 전진해 모조로 만든 적병을 총으로 힘껏 찌른다. 수류탄을 던진다. 군검을 쥐고서 짚으로 만든 말의 목을 내리친다. 방독마스크를 쓰고서 장엄하게 돌격한다는 용맹스러운 이미지를 그린 응용체

65 같은 책, 22~23쪽.
66 1855~1932. 정치가. 입헌국민당을 결성해 헌정옹호운동의 선두에 섬. 정우회(政友會) 총재직과 더불어 정우회 내각의 수상을 역임. —역주
67 1858~1936. 군인, 정치가. 해군 장교 출신으로 조선총독부와 추밀원 고문관 등 주요 관직을 역임한 뒤 5·15사건 이후 거국일치를 조직. 2·26사건으로 암살당함. —역주
68 같은 〈제7회 보고서〉, 10쪽.

그림 5-5 제7회 메이지신궁 체육대회 입장식 (《체육과 경기》, 1933년 12월호)

그림 5-6 제8회 대회 입장식의 선서 (《체육과 경기》, 1935년 12월호)

조에 경기장을 가득 메운 관중들은 기뻐한다"[69]라고 하였듯이 대회의 군사화가 이미 침투했다. 그리고 1935년쇼와 10년 10월 29일부터 2만 5000명이 참가한 제8회 대회가 개최된다. 참고로 그해 4월에는 1932년쇼와 7년 3월에 건국선언을 한 꼭두각시 만주국 황제 부의溥儀[70]가 천황을 알현하기 위해 일본을 찾았고, 외원경기장에서는 일본의 괴뢰국가인 만주국 황제 환영 운동회가 개최된다.

7. 중일전쟁과 국민정신총동원 운동의 강화

메이지신궁체육회의 봉납주의적 재편

1937년쇼와 12년 7월, 중국에 주둔하고 있던 제1연대 제3대대가 행방불명의 병사들을 수색하던 중 노구교盧溝橋에서 중국군과 무력충돌한다.[71] 고노에 후미마로近衛文麿[72] 내각은 방공과 자원시장 확보를 위해 '중대결의', '거국일치'의 기치 아래 전선을 확대해 갔다. 이 중일전쟁 개시로 인해 대동아 신질서 건설의 선전을 배경으로 신궁대회는 황도주의와 함께 군사주의를 더욱 강화시켜 나갔다. 그것은 메이지신궁체육회 회장에 해군대장 아리마 료키쓰有馬良橘[73]를 신회장으로 삼고, 제9회 대회총재로 가야노미야 쓰네노리오賀陽宮恒憲王[74]가 취임하는 식으로 틀을 갖춘다. 이런 가운데 제9회 대회가

69 같은 책, 22~23쪽.
70 1906~1967. 청나라 마지막 제12대 선통제(宣統帝) 황제. 신해혁명으로 퇴위한 뒤 만주사변이 있고나서 1934년 일본에 의해 만주국 황제 '강덕제'(康德帝)가 된다. 세계 제2차 대전 후에는 소비에트에 억류되었다가 도쿄재판에 증인으로 나서기도 했다. ─역주
71 이 충돌로 일본군과 국민당 정부는 본격적인 전쟁상태로 빠지는 등 중일전쟁의 계기가 됐다. ─역주
72 1891~1945. 정치가. 제5대 귀족원 의장과 제34, 38, 39대 내각 총리를 역임 ─역주
73 1861~1944. 해군 장교(나중에 국민정신 총동원운동 중앙연맹 회장) ─역주
74 1900~1978. 일본 황족 출신의 육군 장교 ─역주

그림 5-7 제9회 메이지신궁 체육대회 입장식 (《체육과 경기》, 1937년 12월호)

개최되었는데. 대회 전날 "각종 경기는 (생략) 신궁외원경기장, (생략) 연무장에서 열렸는데, 참가인원은 무려 2만 2200명, 참으로 비상시 총을 들고 나라를 지키려는 젊은이들의 정신과 신체의 총동원이다. (생략) 청년관 앞에 집합한 514개 단체의 선수, 임원 923명은 (생략) 성은기를 선두로 각 집단들이 그 뒤를 따르며 도쿄도내의 소년단 취주악대가 행진곡을 연주하는 가운데 육상경기장 광장에서 (중략) 분열식을 열고, 그 사이 대열은 메이지신궁으로 진행, 도리이鳥居 앞에서 정렬한 채 국운융성을 기원하였다. 그리고 나서 중국 북쪽과 상해 쪽으로 향해 황군의 무운장구를 빈 후, 다시 대오를 가다듬어 일본 청년관으로 돌아왔다"[75]라고 한다. 개회식에서는 "군악대, 주악대의 입장식을 열고", "스탠드의 장대 끝에 국기를 게양한 후 황실을 향해 절, 가야노미야賀陽宮 총재전하의 말씀 (중략)을 받들고, 아리마 회장의 식사"로 시작하였고, 폐회식은 "성은기를 정해진 위치에 안치하여 식을 마쳤

75 같은 〈제9회 보고서〉 6쪽.

다"[76]고 한다. 이 대회에서도 전일본체조제가 개최되어, 1만 115명이나 되는 아동들, 학생들이 참가하였는데, 이들까지 포함하면 대회 참가자는 3만 5866명에 이른다.

〈제9회 보고서〉는 "7월에 이르러 중일사변이 발발하여 (생략) 임원 일동은 훌륭하게 시국의 중대성과 전시 아래 국민의 책무를 느끼고 일어설 것을, 국민정신의 발흥 및 체육향상을 위해, 더욱더 대회의 내용을 충실히 해 나갈 것임을 (중략) 화려하면서도 한편으로는 엄수한 대회를 무사히 마칠 수 있었던 것은 전적으로 메이지 대제의 성덕 덕분이라고 모두 감격하지 않을 수 없었다. 도쿄에서 경기에 참가하는 임원 및 선수 전원이 한 뜻으로 메이지신궁 신전 앞에서 전승을 기원하였으며, (중략) 어느 것이든 국민정신발흥의 표현이다"[77]라고 정리하고 있다.

국민정신 총동원 체제의 확충과 신궁지방대회

제10회 대회는 국민 체육대회로 발전, 신궁체육회 주최로부터 정부 주최로 이관되어 열리는데, 이는 〈대회시행방침〉이 "본 대회는 메이지 천황의 성덕을 받들어, 신사봉사로서 신전 앞에 국민으로 하여금 평소에 몸과 마음을 갈고 닦은 성과를 바치는 일이며, 나아가 지금의 난국을 타개하고 동아시아의 신질서 건설의 초석이 될 것임을 굳게 다짐하여, 진정한 국민정신 총동원의 구현을 이룬다"[78]는 표현으로 분명히 밝혔듯이 국체주의·황도주의 등을 축으로 한 '신사봉사神事奉仕'를 강화시키는 동시에 국가총력전에 즉각적으로 대응하기 위해 국방경기, 단체행진 등을 적극 도입한다. 나아가 천황제 국가의 뼈대를 이루는 행사로서 국민정신 총동원운

76 같은 책, 7쪽.
77 같은 책, 2~3쪽.
78 같은 〈제10회 보고서〉, 15쪽.

개회식 행사 예정

순서	행사	시간	방송어	주의사항
1	나팔취주 앞	11시 03분		• 라디오 조절을 위해 오전 11시에 전원을 넣을 것. • 조절의 편의를 위해 음악(행진곡)을 방송한다.
2	개회		지금으로부터 제10회 메이지신궁 국민체육대회 전국일제 체조를 개시합니다.	차렷/나팔 3회 연주
3	메이지신궁요배	11시 03분	• 메이지신궁 요배 • 메이지신궁 쪽으로 향해 주십시오 • 탈창 • 경례-바로 • 원래 방향으로 향해 주십시오	• 각 단체들은 구령에 따라 메이지신궁 쪽으로 향할 것 • 각 단체들은 구령에 따라 원래 방향으로 향할 것
4	메이지신궁 국민체육대회가	11시 04분	메이지신궁 국민체육대회의 노래	대회가는 되도록 연습한 위에 라이오에 맞춰 제창할 것
5	후생대신 인사	11시 07분	후생대신 인사말	
6	체조실시 국민보건체조 제1 대일본 국민체조	11시 10분	• 체조실시 • 국민보건체조(라디오체조) 제1 연속 2회 준비-시작	라디오 호령에 맞춰 행할 것
		11시 15분		라디오 구령 및 반주에 맞춰 행할 것
7	애국행진곡	11시 19분	애국행진곡 제창 제4절까지 전주	제4절 '보라 동해의 하늘 밝아오는' 까지 전주 후 시작할 것
8	폐회(나팔 취주)	11시 23분	이상으로 전국 일제체조를 마칩니다	

* 〈제10회 보고서〉에서 인용

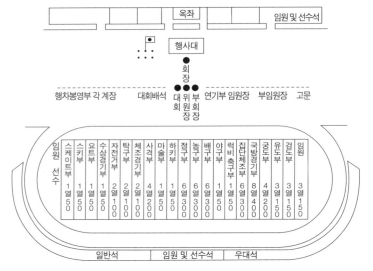

봉영식 정렬대형도

| 옥좌 | 임원및선수석 |

행사대

회장

행차봉영부 각 계장　　대회배석　대　위　부　연기부 임원장　부임원장　고문
　　　　　　　　　　　　　회　원　회
　　　　　　　　　　　　　장　장　장

| 임원 선수 | 스케이트부 1열 50 | 스키부 1열 50 | 요트부 1열 50 | 수상경기부 1열 50 | 자전거부 1열 50 | 탁구부 2열 100 | 체조경기부 2열 100 | 사격부 4열 200 | 마술부 1열 50 | 하키부 1열 50 | 정구부 6열 300 | 농구부 6열 300 | 배구부 6열 300 | 야구부 1열 50 | 럭비축구부 1열 50 | 집단체조부 6열 300 | 국방경기부 8열 400 | 궁도부 4열 200 | 유도부 3열 150 | 검도부 3열 150 | 임원 3열 150 |

| 일반석 | 임원 및 선수석 | 우대석 |

* 〈제10회 보고서〉에서 인용

동의 체제적인 확충강화를 목표로 신궁대회를 계기로 삼아 전국의 시정
촌市町村 및 부현府縣에서도 유사한 신궁대회이른바 지방대회의 실시를 의무
로 규정해 전국민의 천황제국가에 대한 절대 복종을 철저하게 하려고 했
었던 것이다.

　　이 신궁대회의 파쇼적 재편을 상징하는 것은 두 번째의 천황 행차
였다. 제5회 대회와 마찬가지로 '봉영부奉迎部'가 조직되었으며 천황은 5
일째11월 2일 참관하였는데, "외람되게도 천황 폐하께서 전시 아래 국민의
체력향상을 위해 마음 깊이 국화 향기가 피어나는 메이지 축일의 전날인
오늘, 친히 외원경기장에 왕림하셔서 각종 경기를 관람하셨다. (중략) 사
변 이후 첫 행차로 임원, 연기자 등 관계자 여러분들의 감격은 한결 같았
다. (중략) 천황폐하께서는 오후 1시 반 육군 군악대의 '기미가요' 연주

제10회 대회 황족 임석 일람표

황족 전하 이름	월 일	경기장	시간	적요
하계 대회				
지치부노미야 전하	09월 23일	외원수영장	오후 1:00~6:00	
지치부노미야 전하 내외	09월 24일	요코하마 요트항구	오후 1:00~6:00	차관 및 시설과장
다카마쓰노미야 전하 내외				
추계 대회				
지치부노미야 전하	10월 29일	외원경영장	오후 1:35~4:30	
지치부노미야 전하	11월 01일	〃	오전 8:00~9:00	
지치부노미야 전하	〃	내원궁도장	오전 9:00~9:30	
지치부노미야 전하	〃	아사부소학교 탁구장	오후 3:30~4:30	
지치부노미야 전하	〃	국민체육관체 조경기	오후 4:30~5:00	
데루노미야시게코 내친왕				
구니노미야마사코 여왕전하	〃	외원경기장	오전 11:20~오후 3:30	
구니노미야아사코 여왕전하				
지치부노미야 전하	11월 02일	사격장	오전 9:30~10:30	
지치부노미야 전하 내외	〃	외원경기장	오후 1:30~4:00	
다케다노미야 전하	〃	〃	〃	
가야노미야 전하 내외	〃	〃	〃	가쿠슈인 여학생 약5백명 동행
조선 왕비 전하	〃	〃	〃	
조선 왕세자 전하				
지치부노미야 전하	〃	교바시 쇼와소학교	오후 5:30~6:00	
지치부노미야 전하	11월 03일	오구조정장	오전 9:00~10:00	
지치부노미야 전하	〃	외원경기장	오전 9:00~12:00	
후시미노미야히로아키왕전하	〃	〃	오전 9:00~12:00	
후시미노미야미쓰코여왕전하	〃	〃	오후 1:00~5:30	
구니노미야 쿠니아키왕 전하	〃	〃	오전 8:30~11:00	
히가시쿠니노미야토시히코왕전하	〃	외원경기장	오전 8:30~12:00	
아사카노미야 키요코여왕 전하	〃	〃	오전 9:00~10:00	
기타시로카와노미야타에코여왕전하	〃	〃	〃	
지치부노미야전하 내외	〃	외원야구장	오후 1:20~3:30	
미카사노미야 다카히토 친왕 전하	〃	〃	오후 1:10~3:30	
기타시로카와노미야 타에코여왕전하	〃	〃	〃	
아사카노미야 키요코여왕 전하	〃	〃	〃	
동계 대회				
지치부노미야 전하	쇼와15년 2월 04일	진노호스케이트장	오전9:00~오후3:00	2월3일밤쇼방역도착
지치부노미야 전하	쇼와15년 2월 09일	다카다스키장	오전10:00~오후1:10	2월9일 아침알찍 다카다역 도착 2월 9일 저녁 다구치역 도착, 왕비 전하는 2월 9일 다구치역 하차해 관광호텔에 체재, 2월 10일 밤 행차하고 귀경
지치부노미야 전하 내외	쇼와15년 2월 10일	묘코스키장	오전10:00~오후3:00	

* 〈제10회 보고서〉에서 인용

속에 경기장 입구에 도착, 총재이신 지치부노미야 전하를 비롯해 각 황족 전하, 아베阿部 명예회장 (중략) 등이 맞이하였다 (중략) 다시 '기미가요' 가 연주되는 가운데 스탠드 중앙의 옥좌에 자리하셨다"[79]라고 한다.

이 대회는 "사변 중임에도 불구하고 4만 수천 여명의 정예들이 한자리에 모여, (중략) 수천만의 관중에게 절찬의 감명을 선사하였다" 는가 하면, 동시에 "현란한 스포츠제전이라는 이름에 걸맞게 아침부터 몰려드는 각 경기장의 관중들은 글자 그대로 초만원의 상태 (중략) 미증유의 성황 속에서 최후 결전으로 불꽃이 튀어올랐다",[80] 폐회식에서는 "성은기 호송, 국기 강하, 그 다음으로 (중략) 천황폐하 만세를 삼창하자, 그 함성의 열기는 요요기 신사까지 흔들만큼 우렁찼으며, (중략) 최대한의 호화판으로 (중략) 대회는 국민의 감격 속에서 수많은 수확을 거두고서 무사히 끝마쳤다"[81]라고 〈보고서〉는 전한다. 또한, 11회 대회에서도 천황의 행차가 예정되었었는데, 감기 기운이 있는 관계로 중지되고 만다. 이 대회 참가는 총 3만 1811명에 달했다.

한편, 지방대회는 통첩 〈지방대회의 건〉에서 볼 수 있는 것처럼 가족주의적으로 실시될 것, 또한 개회식의 실시, 메이지신궁에의 요배와 대회회장·참가자수의 보고가 의무로 규정되었다. 중앙대회에 호응하여 11월 3일에 각 지방[82]가라후토(樺太), 대만(台灣), 만주(滿洲) 등을 포함하여에서는 학교, 경방단警防團, 남녀청년단, 부인회, 산업조합 등 각종 단체가 참가해 실시되었는데, 그 내용은 아동학생, 경방단, 청년단, 산업조합 등을 총동원하여 시정촌민市町村民운동회를 열었다는 점, 학교 운동회를 중심으로 학부형이나 청년단이 참가한 점, 공장노동자에 의한 체조회, 체력장 검정회, 청년단에 의한 무도대회와 등산회 등이었는데, 그 가운

79 같은 책, 46쪽.
80 같은 책, 47쪽.
81 같은 책, 49쪽.
82 사할린을 가리킨다
   —역주

데에는 라디오체조만으로 시대의 흐름과 분위기를 흐리는 지역도 있었다고 한다.

황기 2600년 봉축과 제11회 대회

1940년쇼와 15년 10월에 개최된 제11회 대회의 큰 특징은 무엇보다도 '황기皇紀 2600년 봉축' 대회로서 실시된 점이며, 그리고 꼭두각시 만주국 대표로 180명이 참가한 점이다. 이는 어디까지나 오족협화五族協和 · 왕도낙토王道樂土라는 침략정책의 이념적 위장술에 근거한 행사였는데, 〈제11회 보고서〉에 따르면, "만주국측이 일본과 만주 1억 인의 마음이 하나라는 건국 이상에 뿌리를 두고 (중략) 메이지 천황의 성은을 높이 받들어 성의를 갖고서 진지하고 경건하게 본 대회에 참가하게"[83]하였던 것이다.

한편, 그 〈시행방침〉은 본 대회를 "메이지 천황의 성덕을 받들어, 평소의 심신단련 성과를 알리는 신사봉사로서, 국민의 기백을 내외로 선보이고, 국민연성国民鍊成의 기회를 삼는 동시에 우리 체력의 정수를 이루는 데 있다. 이로써 올해는 기원 2600년에 해당하며, 또한 메이지신궁 건립鎮坐 20주년에도 해당하니 이를 기념하기 위하여 대회를 한층 충실하게, 궁극적으로는 황실의 운이 영원토록 빛나기를 기원하는 동시에, 세계 어느 나라와도 비교할 수 없는 빛나는 역사를 지닌 우리 국민의 의욕과 감격을 발휘하는 일대 거국적인 체육대회가 되었다"고 평하면서, 특히 '국민체육의 국가적 의의', '현 시국하에 국민체력 증강의 중요성' 을 강조하는 동시에 '건국 2600년의 우리나라 체육상황을 세계 방방곡곡에 선보이는', 이를 '기념할 만한 국가적 체육대회'[84]로 열 필요가 있다고 밝히고 있다.

83 같은 〈제11회 보고서〉, 115쪽.
84 같은 책, 3쪽.

결국 천황의 행차는 중지되었지만, 총재인 지치부노미야秩父宮는 식사를 통해 "특히 올해는 때마침 눈부신 기원 2600년에 상당하며, 또한 현재 우리나라는 동아시아 신질서 건설의 거보를 내디며, 나아가 구주의 제국과 뜻을 함께 해 우방으로 손을 잡고, 세계평화의 극복에 매진하고 있는 중으로 우리 1억 국민들은 차차 책무의 중대함을 깨닫고, 더욱 더 건국 이래 대정신을 진작시키는 동시에 왕성한 사기와 강건한 신체를 단련하지 않으면 안 된다"[85]고 밝히고 있다.

또한 신궁 지방대회 외에 봉축기념행사로 '10월 초순부터 10월 27일에 이르는 기간동안 전국 도도부현청 소재지와 도쿄를 잇는 4개의 코스를 선정해, 그 코스에 있는 도시구정촌민으로 하여금 이 구역을 달리게 하는, 이때 각 도부현 대표의 봉축문을 중앙대회에 전달하게끔 하는'[86] 봉축 릴레이와 미야자키宮崎 · 우네비畝傍; 나라현 소재 역전 등이 기획된다.

미야자키 · 우네바 역전은 "미야자키시 미야자키신사를 출발해서, 진무神武 천황의 동정東征 행로를 규슈九州, 산요도山陽道를 거쳐 가시하라橿原신사에 이르는 10일간 1000킬로미터나 되는 대경주로, 참가선수는 눈물을 삼키면서까지 연일 이어지는 분투를 계속해서 (중략) 실로 전시하 젊은이들의 본보기를 보여주는 것으로 (중략) 새 동향의 운동경기를 여실히 보여주었다는 점에서 의의가 깊은 대경주였다"[87]고 기록하였듯이, 명백한 총동원운동의 일환이었다. 또한 신궁 〈지방대회요항〉은 "참가자는 물론 집합자들도 시국의 인식을 한층 깊게 하는 동시에 대회는 실질적인 강인한 몸 만들기에 취지가 있기 때문에 흥청거리는 축제 분위기에 빠지지 않도록 할 것", "상이군인 및 출정가족을 초대해 위로 등을 할 것"[88]을 규정해, 이른바 자혜주의 아래 만주국 등의 식민지를 포함한 모든 지역과 계층의 국

85 같은 책, 22쪽.
86 같은 책, 5쪽.
87 같은 책, 33쪽.
88 같은 책, 51~52쪽.

민, 나아가 나치 독일 아래 히틀러 유겐트 등 중심을 구축하였던 타국의 본보기를 끌어넣었던 것이다. 이러한 봉축행사의 의도는 히노마루를 휘날리면서, 만세를 외치고, '기미가요'를 제창하는 최대의 이벤트를 통해 체제 추종의 인상을 강하게 굳히려는 데 있었던 것이다.

국민체력 총동원체제의 확충과 신궁대회

미일관계가 점차 껄끄러워져 가는 가운데 1941년쇼와 16년 10월 31일에 제12회 대회가 개최되었는데, 이제는 목가적인 운동회라고는 찾아볼 수 없고, 오직 신사봉사의 성격에 짜맞추어 그 개최 방침에조차 "경기장은 전쟁터로 꾸며"라고 시의 적절하게 표현한 것처럼, 국가적인 대군사연습 그 자체의 양상을 보여준다. 〈대회 시행방침〉은 그 전 단계로서 "세계적인 변혁기를 즈음하여 총력을 기울여 대동아공영권 건설에 매진하는 이 시기 거행되는 본 대회로서는 특히 체육의 국가적 의의를 널리 알리는 데 그 취지를 두며, 눈부신 최강의, 그리고 진지한 국민들의 사기와 훈련의 결실을 높여 진정한 고도 국방국가의 요청에 즉각 응할 수 있는 거국적인 체육의 대제전이 되고자 한다"고 밝히는 동시에, 주요 방침으로 '체육에 의한 국민적 사기앙양, 용맹정신의 단련, 단체훈련의 강화, 체력증강, 국방에 필요한 각종 기능 연마의 중요성을 강조'[89]하고 있다. 개회식에 후생대신 고이즈미 신조小泉信三[90]는 "이제 성스러운 전쟁 체제가 4년 남짓 흘러, 더욱더 임전태세를 견고히 해 대동아공영권의 확립에 매진할 때 (중략) 우리 국민이 평소 단련한 성과를 메이지신궁의 앞에서 선보이는 것은 참으로 깊은 의의를 지닌다고 할 수 있

[89] 같은 〈제12회 보고서〉, 3쪽.
[90] 1888~1966. 경제학자, 교육가. 게이오 교수 및 총장 역임. 마르크시즘 비판의 이론가로 활약. 황태자 교육에 참여 - 역주

메이지신궁 경기대회 참가자수

회	개최 연도	임원	선수	비고
제1회	다이쇼 13년	849	3,144	
제2회	다이쇼 14년	1,326	29,923	합동체조 23,600
제3회	다이쇼 15년	635	5,239	합동체조 포함되지 않음
제4회	쇼와 2년	857	26,538	합동체조 21,150
제5회	쇼와 4년	1,979	23,610	
제6회	쇼와 6년	1,998	10,159	
제7회	쇼와 8년	3,079	25,653	
제8회	쇼와 10년	3,223	2,561	합동체조 69,077
제9회	쇼와 12년	2,638	23,113	합동체조 10,115
제10회	쇼와 14년	5,300	21,231	합동체조 포함되지 않음
제11회	쇼와 15년	7,858	50,238	
제12회	쇼와 16년	3,600	12,480	
합 계		33,342	253,944	총계 287,286

＊〈제12회 보고서〉에서 인용

습니다. 무릇 국민체력의 단련과 국민정신의 진작 등이 국가흥륭興隆의 근저를 이루고 있다는 것은 (중략) 우리들 눈 앞에 전개되고 있는 각국의 흥망 사실이 이를 말해주고 있습니다"[91]라고 인사말을 했다.

한편 군부의 우두머리인 수상 도조 히데키東条英機는 "지금 황국은 일찍이 없었던 비상시국에 직면해 (중략) 1억 민이 한마음으로 강철같은 의지를 더욱 굳게 다져 꺾이지 않는 신념에 불타, 앞으로 앞으로 전진 지칠 줄 모르는 솔선수범 실천으로 모든 난관을 반드시 돌파해야 할 오늘날, 외람되게도 신흥 일본의 초석을 다지신 메이지 천황의 신령을 모신 신궁 앞에 전국에서 우수하고 신정예인 여러분이 이와 같이 성대히 모여, 평소 단련한 왕성한 사기, 강인한 체력, 탁월한 기능을 이 자리에서 발휘하고 선보이는 것은 참으로 국가적 큰일이며, 저 역시 진심으로 기뻐하지 않을 수 없습니다"[92]라고

91 같은 책, 13쪽.
92 주50) 같은 책, 13쪽.

축사를 했다. 또한, 이 대회에는 처음으로 황태자지금의 천황가 참석하였는데, 〈제12회 보고서〉는 "11월 3일 (중략) 이날 우리들은 한없는 영광에 충만되어 있었다. 그것은 황태자 전하가 식전에 오신 것이었다. 과거 11회 대회에서 아직 일찍이 없었던 영광이 본 대회를 눈부시게 빛냈다. 4일간 펼쳐진 열전熱戰이 모두 훌륭한 결실을 맺어 (중략) 이 4일간 총재 폐하께서 각 회장 구석구석을 차례차례로 유람하시고, 단상에서 격려를 주셔서 젊은이들의 감격은 하늘로 치솟았다고"**93**적고 있다.

이 대회가 끝나고 나서 겨우 한 달이 지난 1941년쇼와 16년 12월 8일 일본군이 진주만을 공격, 전면적인 아시아·태평양전쟁에 돌입하는데, 제13회 대회1942년부터는 '메이지신궁 국민연성鍊成 대회'로 이름이 바뀌더니, 제14회 대회1943년, 지방대회만 개최를 계기로 전쟁으로 인한 국민 피폐와 패배가 이어지는 말기적인 상황 속에서 점차 붕괴되어 간다. 제1회 대회 때부터 제12회 대회추계대회만까지 참가한 임원선수는 각 대회의 〈보고서〉에 나타난 숫자만 보더라도 총 28만 7286명임원 3만 3342명, 선수 25만 3944명에 이르며, 여기에 지방예선에 참가한 사람 이외에도 전일본체조제, 신궁지방대회, 미야자키·우네비 역전대회, 그리고 이들 이벤트를 찾은 관중을 보태면 상상을 초월한 엄청난 동원임을 알 수 있다. 나아가, 이 신궁대회는 천황제 파시즘체제를 국민 속으로 침투시킨 거대한 국가적 장치이며, 동시에 부정적인 정치문화이기도 하였다. 전쟁 상황이 더욱 악화되던 1943년쇼와 18년 10월 21일, 신궁대회의 본질을 잘 보여주기라도 하듯이 비가 내리는 가운데 신궁외원에서는 학도병 출진을 격려하는 장행회壯行會가 열렸다.

패전 후 반세기 이상이 지나 국제화라는 글로벌리즘으로 변화하는 세계의 큰 흐름을 배경으로 새로운 21세기

93 같은 책, 16~17쪽.

를 눈앞에 두고 있던 1999년헤이세 11년 8월 "국기는 일장기로 할 것. 국가
는 '기미가요'로 하고"이라는 내용의 국기·국가법이 성립된다. "개개
인의 양심에 맡기지 강제적으로는 하지 않겠다"당시 노나카(野中) 관방장관의
국회 발언고 했지만, 불과 몇 자에 지나지 않는 이 법률이 전국 각지에서 헌
법이 보장하고 있는 사상신념의 자유라는 기본적인 시민의 권리를 침해
하고, 이에 동조하지 않는 혹은 비판하는 이를 배제하겠다는, 마치 이 시
대의 '후미에踏み絵' 94처럼 놀라운 강제력을 가진 채 첫걸음을 내딛기 시
작하였던 것이다.

　　학습지도요령에 '바람직한' 일로 1958년쇼와 22년에 등장하였던 히
노마루 계양과 '기미가요' 제창은 이후 학습지도요령에 구체적으로 고시
되었으며, '지도 사항'으로 변모하면서, 한편에서는 개성화와 국제화, 자
유를 이념으로 하는 교육개혁의 흐름 속에 교육현장은 조롱당하고 있었
다. 1999년에는 한 예로 아키다시秋田市 중학교 종합체육대회 개회식에서
시 체육협회장은 "국기게양, 국가제창을 하지 않는 사람은 자리를 떠나
는 게 좋겠다"는 식으로 식사를 하였다.6월 히로시마에서는 '운동회에서
히노마루·기미가요의 실시상황에 대해서 경찰이 조사', 현의 교육위원
회가 '교원채용시험에 국기·국가를 어떻게 가르치겠습니까라고 질문'
하였다.모두 10월 기후현岐阜県 의회에서는 지사가 "국기·국가를 존중하지
않는 사람에게 일본인 국적을 되돌려 받고 싶다"라고 밝혔으며, 문부성
은 교과서의 '히노마루'를 '일장기'로 변경할 수 없는지에 대해서 타진
해 출판사 대부분이 정정을 검토하는 등10월 일일이 전부 예로 들 수 없을
정도다.

　　심지어 기억에 새롭지만, 9월 28일에는 11월
에 정부 주최로 개최될 예정이었던 천황재위 10주

94 에도 시대에 기독교도를 색출
하기 위하여 그리스도나 마리아
상을 새긴 목판·동판 등을 발로
밟게 한 일이 있었다. —역주

년 기념식전을 즈음해 "각 부처에서는 식전 당일 국기를 게양하는 동시에 각 관공서, 학교, 회사, 그 밖의 일반 가정에서도 국기를 게양하도록 협력하길 바란다"고 내각 결의가 결정된다.

식전 당일 오후 6시 35분에는 비가 내리는 가운데 황거_{皇居}에 몰린 2만 5000명의 참렬자들은 제등에 불을 밝히고서, 참가자 전원에 의한 '기미가요' 제창과 만세삼창으로 막을 내린다. 이는 세계대전이 끝나기 이전인 1940년쇼와 15년에 열렸던 '황기2600년 봉축' 기념식전을 방불케하는 광경이었다.

앞서 메이지신궁 경기대회에서 살펴보았듯이, 국수주의적 집단과 조직으로 귀속하려는 의식을 강화시키기 위해서는 단순히 강제 내지 호소만으로는 불가능하며, 통합과 종속의 심벌에 심정적으로 유착시키는 장치를 빼놓을 수 없었다. '초자연적인 힘을 지닌 신과 동격임을 주지시킬 수 있는 인격화'를 재촉시키며, '신분이나 복종에 대해서 현행의 감각을 고정시킬 것', 급기야는 '겉치레 내지 차별적인 비교의 폐습을 길들이고 강화시켜, (중략) 개인적인 지배와 복종의 관계를 판별하고 시인한다'[95]는 성격을 갖고 있는 여러 스포츠 이벤트 등을 통해 국민의 신체를 능동적, 그리고 자발적으로 지배 – 피지배의 관계에 참가시켜 권력구조를 내면화시켜 왔다는 사실을 상기할 필요가 있다.

[95] 소스타인 베블런(Thorstein Veblen) "유한계급의 이론"(The Theory of Leisure Class) 오하라 케이지(小原敬士) 옮김, 岩波書店, 1972년, 264~281쪽.

참고문헌

武田淸子,《천황제 사상과 교육》, 明治圖書, 1965년

家永三郎,《태평양전쟁》, 岩波書店, 1988년

安川壽之輔,《15년 전쟁과 교육》, 신일본출판사, 1986년.

入江克己,《일본 파시즘하의 체육사상》, 不昧堂出版, 1986년.

寺崎昌男/전시하 교육연구소 편,《총력전 체제와 교육》도쿄대학출판회, 1987년.

坂本孝治郎,《상징천황제로의 퍼포먼스, 쇼와시대 천황순시의 변천》, 山川出版社, 1989년.

今野敏彦,《'쇼와'의 학교 행사》, 일본도서센터, 1989년.

入江克己,《쇼와 스포츠사론》, 不昧堂出版, 1991년.

坂上康博,《권력장치로서의 스포츠》, 講談社, 1998년

유치원에 '운동회'는 필요없다

가미스키 마사코(紙透雅子)

1. 운동놀이의 중요성과 운동회에의 기대

유아는 논다. 그냥 놔두어도 논다. 유아 입장에서 생활의 중심은 노는 것이다. 노는 것을 빼면 유아의 생활은 성립되지 않는다. 특히 신체운동을 동반하는 놀이이하 운동놀이라 칭한다의 중요성은 예부터 지적되어 왔다.

예를 들어 18세기에 장자크 루소Rousseau, Jean-Jacques; 1722~1778가 쓴 저명한 교육론《에밀》에서도 유아가 마음 내키는 대로 움직여대는 것은 신체의 구조상 필요하기 때문이라 말한다.[1] 루소의 이러한 사상을 이어받은 범애주의자이며 유아교육학의 선구자[2]인 캄페J.H.Campe; 1746~1818도 야외에서 자유롭게 하는 운동놀이의 교육적 의미를 높게 평가한 것 같다. 그가 장려한 놀이는 공놀이, 고리 던지기, 굴렁쇠놀이, 규추기,[3] 술래잡기 등이 있고,[4] 오늘날의 놀이와 비슷한 것이 많이 포함되어 있는 점이 흥미롭다. 더욱이 1910년대 일본에 처

1 J. 루소, 《에밀(상)》, 今野一雄 옮김, 岩波文庫, 1962년, 116쪽. Moor, T.W., *Education Theory: An Introduction,* Routledge & Kegan Paul, 1974, pp.33~35.
2 Braun, Kurt, *Kleinkinderpadagogik bei J.H. Campe, Friedrich Mann's Padagogisches Magazin, Heft 848,* Hermann Beyer & Sohne, Langensa; aza, 1921, S.101
3 원문은 九柱戱로 9개의 핀을 쓰러뜨려 점수를 얻는 볼링 비슷한 놀이
4 세계교육사연구회 편《유아교육사Ⅰ》(세계교육사체계21) 講談社, 1981년, 53~56쪽.

음으로 소개된 이탈리아 몬테소리의 교육사상도 유아의 정신적인 발달이 운동과 밀접하게 관계되어 있다는 점을 역설하고 있다.[5] 그리고 이같은 사고방식은 기본적으로 현재에도 폭넓게 지지받고 있다고 해도 좋을 것이다.

그런데 현대사회는 골치 아플만큼 고도로 기계화가 진행되어 끊임없이 움직이며 놀려고 하는 유아 본래의 모습을 왜곡시켜 버렸다. 그것은 동네 거리를 걸어다녀 보면 금방 알아차릴 수 있는 일이다. 1960년대 무렵까지는 유아가 부모나 교사와 손을 잡고 걸어서 유치원에 다니는 게 보통이었다. 그러나 요즘의 유아들은 거리 곳곳에서 셔틀버스를 타거나 혹은 집 현관 앞에서 자가용을 타고 유치원에 간다. 유치원까지 앉은 채 다니고 있는 것이다. 결국 인간의 가장 기본적인 운동의 하나인 '걷기'조차도 유아생활에서 극단적으로 감소하고 만 상황이다.

단언하지만 이는 도시생활에서만 볼 수 있는 현상은 아니다. 전원田園지대나 산간 지역 등에 가면 갈수록 공공 교통기관이 발달하지 못한 만큼 자가용차에 의지하는 비율이 높아지고, 사람들의 보행량은 도시부보다도 오히려 적은 경향을 보이기도 한다. 아키타秋田대학 유아연구회의 사토 마모루佐藤守 씨는 아키타현 내 유아의 생활환경조사를 했다. 산촌마을이나 농촌의 유아원에 다니는 거의 대부분의 유아가 스쿨버스를 이용하는 것에 비해, 도시부의 유치원에서는 스쿨버스 이용자가 약 반수 정도였다고 보고하고 있다.[6] 이런 것들은 농촌의 유아가 걷지 않는다는 것을 보여주는 하나의 예라고 할 수 있을 것이다.

그런데 걷지 않는 아이들은 자연히 집에서만 지낸다. 그것은 차의 통행량 증가가 집 밖에서의

5 몬테소리,《몬테소리의 교육, 0세~6세까지》, 吉本二郎/林信二郎 옮김, あすなろ書房, 1970년, 84~94쪽.
6 아키타대학 유아연구회 편, 《도시화와 유아교육》, 創文社, 1979년, 207쪽.

안전한 놀이 장소를 빼앗았으며, 텔레비전이나 텔레비전 게임용 컴퓨터가 보급되어 유아를 실내에 못박아두게 된 탓이기도 하다. 필연적으로 유아가 밖에서 노는 일은 줄어든다. 한 조사에 따르면, 도시부의 유치원생이 밖에서 노는 시간은 하루 중 자유로운 놀이 시간 가운데 10~20%정도에 지나지 않는다고 한다. 이에 비해 반대로 텔레비전을 시청하는 시간은 30~40% 이상이나 된다고 한다.[7] 기계문화의 발달은 이처럼 유아의 생활에 절대적인영향을 미치고 있는 것이다.

　　걱정이다. 특히 아이를 가진 부모들은 자기 자신이 아이였던 시절을 되돌아보며 어이없어할 것이 틀림없다. 재단법인 체육과학센터의 조정력調整力 연구반은 우리 아이가 운동부족이라고 느끼고 있는 부모가 75% 이상, 좀 더 운동할 필요가 있다고 생각하는 부모는 80% 이상이라 보고할 정도다.[8] 아이들 생활 속에서 신체를 마음껏 움질일 기회가 너무나도 적다. 이런 생활을 하다보면 우리 아이가 마음이나 신체의 건강을 해치고, 발육, 발달에 해가되지 않을지 걱정이다.

　　교육학 박사인 고바이시 간도小林 寬道[9] 씨는 그런 염려를 하는 성인의 한 사람으로서 10년 간에 걸쳐 동일 방법으로 유아의 운동능력 측정을 계속하고 있다. 그 중에는 조정능력, 즉 신체의 움직임을 조정하는 능력의 측정이 포함되어 있는데 적극적인 신체활동을 도입하고 있는 보육원 원아는 이 조정능력 테스트에서 뛰어난 성적을 나타내는 것으로 밝혀졌다. 거꾸로 신체활동을 별로 활발하게 하지 않는 유치원 원아는 그런 활발하게 움직이는 유아들보다 성적이 뒤처지는 경향을 보여준다. 이 사실로부터 고바야시 씨는 조정능력이 기대할 만한 수준까지 발달하기 위해서는 역시 어느 정도 움직이게 할 필요가

7 같은 책, 191~195쪽.
8 岡田正章/井上初代, 편 《운동·안전》(바람직한 경험과 활동시리즈20) チャイルド社, 1981년, 25쪽.
9 도쿄대 교수. 발육발달학 전공 ―역주

있다고 말한다.[10] 그냥 내버려두면 집에 틀어박힌 채 지내는 유아가 이런 종류의 운동능력을 자연히 몸에 익힐 수 있으리라고는 생각하기 어렵다.[11] 마찬가지로 체육심리학자인 마쓰다 이와오松田岩男 씨 등은 운동을 위한 시설, 용구를 배려하고, 운동 지도에 힘을 쏟는 유치원이나 보육원에서는 그렇지 못한 유치원과 보육원에 비해 유아의 운동능력이 전반적으로 뛰어나다는 점을 지적하고 있다.[12]

또 유아기 운동 놀이의 절대량과 그 지도법 등이 영향을 끼치는 것이 신체적인 면만이 아니라는 점도 우리들의 근심거리를 더욱 늘려준다. 운동경험이나 운동 발달상황이 유소년기의 자기의식이나 자기개념의 형성에서 중요한 역할을 한다는 점을 많은 심리학자들이 지적하고 있기 때문이다.[13]

그리고 도쿄 가쿠게東京学芸대학의 스기하라 다카시杉原隆는 자기 운동능력이나 기능에 대해서 주위로부터 어떤 평가를 받는지 이해하는 것이 자신감이나 적극성이라는 마음의 발달에 관여한다는 주장을 하기도 한다.[14]

이처럼 유아기 운동이 심신 양면의 발달에 깊이 관여한다는 사실과 유아를 둘러싼 환경 악화를 인정할 수밖에 없다. 따라서 어른들은 유아의 운동놀이를 어떻게든 도와주어야 한다. 그냥 내버려두었다가는 유아의 운동능력은 저하될 뿐이다.

10 小林寬道 외,《유아의 발달운동학》, ミネルヴァ書房, 1990년, 246~252쪽.
11 유아가 지구력이 필요한 운동에 적합한 생리적 기능을 갖추고 있다고 하더라도 큰 부담을 주는 것에 대해 고바야시 씨는 경고를 하고 있다(岡田正章, 앞의 책, 252~253쪽).
12 松田岩男/杉原隆/近藤充夫, 〈유아의 운동능력, 유치원 환경을 통해 분석〉《체육의 과학》37호, 1987년, 790~793쪽. 松田岩男/杉原隆/近藤充夫, 〈유아의 운동능력, 유치원 환경을 통해 분석〉《체육의 과학》37호, 1987년, 867~870쪽.
13 Gallahue, D.L., *Understanding Motor Development in Dhildren,* John Wiley and Sons, New York, 1982, pp.320~328. Jersild, A.T., Child Psychology, Prentice-Hall, Englewood Cliffs, 1960. p.60. 후로스팅,《무브먼트교육》, 肥田野直 외 옮김, 일본문화과학사, 1978년, 4~5쪽. 加賀秀夫, '스포츠와 마음의 발달' 〈소아과진료〉57권 11호, 1994년, 2017~2019쪽.
14 杉原隆, 〈유아의 운동놀이에 관한 유능함의 인지와 퍼서널티의 관계〉《체육학연구》30권 1호, 1985년, 25~35쪽.

이것 하나만은 어른이 첫걸음을 떼도록 도와주지 않으면 안 된다.

그런 생각을 가지고 유치원을 자세히 눈여겨보면 예외 없이 일 년에 한 번 운동회라는 게 열린다는 사실을 알게 된다. 운동회인 이상 당연히 운동놀이와 깊은 관련성이 있는 것처럼 생각하게 되는데, 도대체 유치원에서 어떤 의식을 바탕으로 어떠한 운동회를 계획하고 실행하는 것일까. 유아 운동발달이 위기를 맞고 있다고 인식하는 나로서는 운동회에 유아의 운동놀이를 도와주는 기능이 효과적으로 관련되어 있지 않을까 적지 않은 기대를 갖게 된다.

과연 그 실정은 어떨까?

2. 유치원의 운동회 사정

이 질문을 풀기 위해서 곧바로 유치원 운동회의 실시 상황에 관해 조사했다. 조사 대상으로 지역적으로 치우치지 않도록 임의로 선택한 이바라키현茨城県 내 50개 공립 유치원과 50개의 사립 유치원 등 합계 100개의 유치원을 선정하였다. 조사 방식은 조사용지의 질문에 답하는 방식이었다. 조사 항목은 1995년에 각각의 유치원에서 실시한 운동회, 혹은 그와 유사한 행사에 대해서 그 방법과 내용을 묻는 것들이었는데, 설문지의 회수율은 공립 유치원 90%, 사립 유치원 86%였다.

거기에 이바라키현 내 22개 유치원공립 12개, 사립 10개들이 같은 해 9월에 운동회 준비를 위해 각기 어떤 활동을 했는지를 그 유치원에서 교육실습을 한 T대학 유아교육학과 학생들의 실습 일지를 조사했다.

공립유치원의 경우

공립유치원에서는 동일 지구 내 소학교와의 합동 운동회를 연 경우와 소학교와는 별도로 유치원 단독으로 운동회를 연 곳이 있었다. 또 소학교와 합동운동회를 하고 별도로 또 한 번 유치원만의 운동회를 연 곳이나 전혀 다른 계절에 운동회와 유사한 행사를 한 유치원도 있었다. 이번 조사에서는 독자적으로 운동회를 실시하는 유치원은 전체의 40% 정도였으며, 60% 이상의 공립유치원에서는 소학교와 합동운동회를 실시하고 있었다. 그리고 합동 운동회를 여는 유치원의 약 3분의 1이 어떤 형태로든 유치원 독자의 운동회적인 행사를 추가로 실시하고 있었다.

여기에서 든 3가지 타입의 운동회, 즉 ① 소학교와의 합동 운동회, ② 소학교와의 합동 운동회 후에 유치원이 독자적으로 여는 운동회, ③ 합동 운동회는 열지 않고, 처음부터 유치원 단독으로 여는 운동회는 각각 특징이 있을 것이기 때문에 이하 별도로 조사 결과를 정리하면서 의견을 덧붙여 가기로 한다.

우선 소학교와의 합동운동회에 대해서 살펴보자. 합동운동회라고는 해도 그 실태는 소학교 운동회에 유치원생들이 특별 참가한다는 게 타당한 표현을 아닐까 싶다. 왜냐하면 그런 운동회에서 유아가 할 수 있는 종목은 대개 3~4종목으로 한정되어 있으며, 일부 예외를 제외하고는 오전 중에만 참가하기 때문이다. 이른바 손님과 같은 존재로서 유아가 참여하는 것은 달리기 · 유희 · 부모와 함께 하는 경기 등이 그 3대 종목이라고 해도 좋을 듯하다. 이 중 유희란 음악이나 리듬에 맞추어 신체를 움직이는 표현적 운동, 다시 말해 춤이나 체조, 매스게임과 같은 것들을 말한다. 그러나 참여 종목이 적다고 해도 소학생과 마찬가지 무대에 서는 것이 적잖은 부담이 되는 것은 틀림없는 사실이다.

그것이 단적으로 표현되고 있는 것이, 우선 개회식이다. 4~5살 아이들을 데리고 와서 "줄 맞춰서 똑바로 서 있어", "조용히 하고 이야기를 잘 들어야지" 라고 말하는 것은 거의 고행에 가까운 일이다. 또 개회식에는 입장 행진이 뒤따르게 마련인데, 대열을 흐트리지 않고 보조를 맞춰 한 지점에서 다른 지점으로 집단 이동하는 행위를 유아에게 요구하는 것은 도저히 무리다.

한 가지 더 덧붙이자면 준비체조에도 문제가 있다. 이번 조사에 따르면, 소학생과의 합동운동회 중 3분의 2는 체조나 준비운동으로 프로그램 첫부분에서 참가자 전원이 함께 하도록 되어 있다. 소학생이 하는 준비체조란 이른바 잘 알려진 '라디오체조' 와 같은 것이다. 유아들이 이 체조를 같이 하게 된다.

당연한 일이지만, 유아는 소학생 아이들에 비해 신체 각 부위를 자유롭게 움직이는 능력이 부족하다. 따라서 '라디오 체조' 에 포함되어 있는 것처럼 어른들을 대상으로 만들어진 리듬에 맞추어 일련의 움직임을 순서대로 한다는 것이 어른들이 생각하는 이상으로 어려운 일이다. 또 어른들과는 다른 매커니즘에 의해 워밍업 없이도 신체를 완전히 움직일 수 있는[15] 유아들로서는 어른들에 섞여서 굳이 어른용 준비운동을 할 필요성이 없다. 이런 모순은 살피지도 않고 공립유치원 운동회에서는 소학생과 합동이든 아니든, 준비운동은 꼭 해야 되는 것으로 생각하는데, 이는 나중에 언급할 사립유치원에서도 마찬가지다. 유아의 입장에서 정말 준비운동이란 무엇일까 다시 한번 생각해볼 필요가 있지 않을까 싶다.

[15] 고바야시, 앞의 책, 253~255쪽.

소학생과의 합동운동회가 유아에게 부담이 되는

이유는 그 실시 시기에도 있다. 소학교와의 합동 운동회 중 80%가 9월 셋째 주에서 넷째 주에 걸쳐 행해진다. 유아들이 가정에서 1개월 이상에 걸친 긴 해방된 여름 방학생활에 마침표를 찍고서 막 유치원에 돌아오는게 이 시기다. 규칙적인 생활에 아직 익숙해지기도 전에 엄한 규율에 따라, 곧바로 운동회 개최를 향한 훈련이 아무런 이의 없이 시작된다. 그것도 나이 많은 아이들이 중심인 훈련을 반복하는 것이기에 유아들에게 가해지는 중압은 헤아리기 힘들다.

T대학의 유아교육과 학생들이 받았던 교육실습의 기록에 의하면, M시립 A유치원에서는 9월 17일에 개최 예정인 인접 소학교와의 합동 운동회에 대비해서 모두 11일에 걸쳐 유치원에 가는 날에는 매일 훈련을 했다. 원아의 참여 종목은 3가지이며, 개회식에도 참여하기로 되었다. 하루 훈련에 쓰이는 시간은 45분에서 120분이고, 이 기간 오전 중 원아의 활동은 그야말로 운동회 연습 일색이었음을 알 수 있다. 특히, 시간을 들여 열심히 준비했던 것은 출장 종목별 입장방법과 리듬운동이었다. 필경 이 유치원에서는 운동회가 원생들의 일생생활에서 동떨어져 있었으며, 눈앞에 다가온 소학교 운동회에 맞추기 위해 오직 연습에만 몰두하는 모습이 눈에 선하다.

마찬가지로 9월 17일의 합동 운동회를 준비하기 위해 10일간 훈련한 M마을 B유치원에서는 하루 훈련시간이 30분에서 130분까지였으며, 역시 유희와 입장행진 중심의 연습이었다. 9월 초순부터 중순에 걸쳐서는 낮이라고 하더라도 상당히 기온이 내려가는 경우가 있다. 특히 4살짜리 아이들이 상당히 피곤해 했다고 보고했다. 무리한 일도 아니다. 그 외에 10개 유치원도 마찬가지 현상을 보였는데, 이와 같은 방식으로 소학교 운동회에 유아를 참가시키는 것이 9월 유치원의 교육내용을 얼마나 바꿔버리는지, 또 유아와 교사에게 얼마나 큰 부담을 가져다주는지 불을 보듯 뻔하다.

　다음으로 소학교와의 합동 운동회를 한 후에 다시 운동회를 열고 있는 유치원 독자적인 운동회, 혹은 그와 유사한 행사에 대해서 그 상황을 보고하고자 한다.

　이 추가 운동회는 합동운동회에서의 경험을 발달시켜 합동운동회에서 충분히 체험할 수 없었던 부분을 보충하는 의미를 지닌다. 대개의 경우 합동운동회 종료 후 1개월 이내에 치뤄지며, 그 명칭도 '운동회', '부모님과 함께 하는 운동회', '미니운동회', '부모님과 함께 하는 참관일' 등 다양한 아이디어가 발휘된다. 내용은 소학교 운동회를 그대로 소형화한 듯한 인상을 지울 수 없지만, 합동운동회에서 소학생이 했던 종목 예를 들어 줄다리기, 오재미 넣기 등에 도전해 보거나, 학부형과 아이가 공동으로 체험한다는 의미를 강조하는 경우도 많다. 그 실시가 의문시되는 개회식이나 준비운동을 하는 유치원이 대부분이었으며, 유아가 아이디어를 서로 내어 종목을 결정하거나, 모임의 진행에도 유아가 적극적으로 참여하도록 연구하는 것은 합동운동회에서는 볼 수 없는 점이었다. 거기에는 유아의 자연스러운 놀이에서 발전해온 종목도 포함되어 있어 일상 보육방침에 좀 더 가까운 형식과 내용으로 전개된다고 할 수 있겠다.

　그러나 이같이 적극적인 시도를 한 곳은 공립유치원 약 20% 정도에 지나지 않았다. 이것은 유치원 교육방침 탓만은 아니고, 지방자치체의 유치원 교육에 대한 경제적 원조가 충분하지 않다는 점에서도 그 원인을 찾지 않으면 안 될 것이다. 소학교와의 합동운동회 후에 유치원이 독자의 운동회를 열려고 해도 그 행사에 대한 보조금은 지급되지 않는 경우도 있다. 그래서 안한다, 못한다는 유치원이 있어도 이상한 일은 아니다. 혹은 소학교와 합동 운동회를 실시하지 않고 유치원 독자의 운동회만을 열어 보조금을 얻는 방법도 있기 때문에 결국 공립유치원에서는 이 같은 경제 사정을 고려하면서 운동회 실시 형태를 결정하고 있다고 추측된다.

그러면 소학교와 합동운동회는 열지 않고, 단독 운동회만을 하는 경우는 어떤 형편일까.

이쪽도 형식면에서는 소학교 운동회와 크게 다르지 않다. 우선 개회식과 준비체조를 한다. 달리기와 릴레이, 학부형과 함께하는 게임, 줄다리기, 오재미 넣기, 무용과 같은 종목을 치루며 폐회식을 거쳐서 종료하는 구성이다. 그러나 같은 형식이라고는 해도 유치원만으로 운동회를 한다는 것은 유아에 대해 섬세한 배려로 이어진다. 앞에서 든 준비운동을 학부형이나 교사 등만이 한다든지, 개회식 입장 행진은 유아가 동물로 분장해서 한다든지 여러 가지 궁리한 것을 볼 수 있다. 또한 이 단독 운동회가 9월에 치뤄지는 경우는 거의 없다. 거의 대부분의 유치원에서는 10월 첫째 주나 둘째 주에 열고 있으며, 이것은 유아 주체의 운동회를 열기 위해서는 여름 방학이 끝난 후 적어도 1개월 정도의 시간적 여유가 필요하다는 것을 보여주는 게 아닌가 싶다.

사립 유치원의 경우

공립에서 사립으로 눈을 옮겨보면 이쪽 운동회도 전체적인 구성은 공립 유치원과 완전히 똑같다. 개회식과 준비체조로 시작되어, 유아들의 참가 종목, 학부형의 참가 종목, 학부형과 함께 참가하는 종목 등이 전개된 후에 폐회식을 하고 끝마친다.

공립 유치원과의 최대 차이점은 오전 중에 끝나는 운동회가 아주 소수에 불과하고, 오후까지 계속해서 운동회를 열고 있는 유치원이 90%를 차지한다는 사실이다. 운동회에 들이는 시간의 장단은 유치원 규모에 따라 다르다. 단편적으로 좋고 나쁘고를 말하는 것은 섣부른 감이 없지 않지만, 너무 길면 오히려 유아의 심신에 피로가 쌓인다는 점은 두 말할 필요도 없다.

사립 유치원 운동회에서 확인할 수 있는 두 번째 특징은 일상적으로 하고 있는 특별 활동의 성과를 발표하는 점이다. 특별 활동은 조별 체조, 매스게임, 봉체조 등 체조교실과 관련된 행사, 고적대를 대표격으로 하는 음악관계의 행사 등 크게 두 가지로 나눠진다. 특히 원외 강사에게 지도를 의뢰하고 있는 활동은 정도의 차이는 있지만, 유치원의 '특기'로서 전면에 내세우는 경우가 많다. 그 지도성과가 어느 정도 있는지를 학부형들에게 보이는 것은 유치원을 멋지게 선전하는 일로 직결된다. 운동회는 경영전략상 필요불가결한 존재이며, 뭔가를 멋지게 꾸며 외부 사람들에게 눈에 띄도록 선보이려는 경향은 필연적으로 강하게 나타난다.

세 번째는 사립 유치원의 경우에는 가족단위의 참가라는 성격이 강하다. 부모와 아이가 한 조가 되어 행하는 게임이나 춤, 또는 학부형만이 참가하는 게임이나 릴레이 등이 프로그램에 포함되어 있는 것이 그 대표적이다. 덧붙이자면 전체의 90% 이상의 유치원에서는 원생의 형제자매가 참가할 수 있도록 하기 위해 유치원에 다니지 않는 아이들과 졸업생들을 위한 종목도 마련하고 있다. 소학교와의 합동운동회를 하지 않고 독자의 운동회만을 하는 공립 유치원에서도 그 4분의 3 정도가 유치원에 다니지 않고 있는 아이들을 위한 참가 종목을 설정하고 있지만, 사립 유치원 경우에는 그것을 더 넘어서는 높은 비율을 보이고 있다. 이것은 물론 유치원의 홍보활동의 일환이며, 또 각 지역에 있어서 유아교육의 핵으로서 역할을 다하고 있는 일이기도 하다. 그렇지만 무엇보다도 정도의 문제로 이런 활동이 너무 비약해 버리면 운동회의 규모를 필요 이상으로 확대시키는 결과를 초래하고 만다.

걱정스러운 점은 운동회의 실시 시기다. 공립 유치원 운동회, 특히 소학교와의 합동운동회의 경우에는 그 실시 시기가 너무 빨라 유아들에게 지나친 부담이 된다고 보고되었는데, 그렇다면 사립 유치원의 경우에는 그런 현상이 안 보이는 것일까?

이번에 조사 대상이 된 사립 유치원 운동회 중에서 가장 빨리 치른 곳은 9월 넷째 주였는데, 이것은 오히려 예외적인 존재이며 60% 이상이 10월 둘째 주에, 그 이외의 유치원도 10월 첫째 주 또는 셋째 주에 운동회를 열었다. 소학교와 합동운동회에 비하면 상당히 늦은 시기다. 그러나 사립 유치원의 경우에는 5세아가 참여하는 종목수가 평균 6.6으로 공립 합동운동회의 약 2배이기 때문에 그 준비에는 상당한 시간이 필요하다. 그렇기 때문에 개최시기를 늦출 수밖에 없는 사정도 아무래도 사립 유치원에는 존재하는 것 같다. 그렇다면 사립 유치원의 운동회 준비가 공립 유치원보다 여유를 갖고 있다고는 한마디로 잘라 말하기는 어렵다.

그런 면에서 사립 유치원에서의 운동회 준비기간에 대한 유아의 활동상황을 T대학 유아교육학과 학생의 교육실습 일지에서부터 찾아보기로 했다.

C유치원에서는 10월 8일, 운동회를 위해 9월 5일부터 연습을 개시. 5세아의 경우, 등원일에 한해서는 매일 연습을 하고 있으며, 하루 연습시간을 합계하면 50분에서, 많은 날인 경우 3시간 반 정도까지 달했다. 연습에 이만큼이나 시간을 들이고 있는 것은 놀랄 만한 일이다. 특히 고적

대, 체조팀, 봉체조, 매스게임이나 포크댄스 연습에는 긴 시간이 낭비되고 있었다. 이 유치원의 실습 기록에는 예정되었던 고적대 연습이 비가 와서 할 수 없게 되자 자유롭게 놀 수 있게 된 아이들이 무척 기뻐하는 모습, 그리고 운동회 당일까지 잘 준비하기 위한 교사들의 심정이 그대로 나타나는 말들을 몇 군데 볼 수 있다. 결국 어른들의 발상대로 모든 일을 진행하고 있으며, 당연한 일이겠지만 이에 보조를 맞추지 못하는 아이들이 나오고 있다. 좀 더 심하게 표현하자면, 일정한 틀 속에 고정된 운동회를 치르는 것 그 자체가 이 시기 유치원 교육의 목표가 되고 만 것이다.

한편 이것과는 전혀 다른 방법으로 운동회를 실시하고 있는 유치원도 존재한다.

D유치원이 그 중 하나인데, "유아의 놀이를 최대한 존중한다"는 평소의 보육방침을 운동회라는 행사에서도 유지하려고 하는 자세가 엿보인다. 우선 운동회에서 치르는 종목은 어디까지나 유아가 일상에서 하고 있는 놀이를 연장한다고 생각하는 점이 그렇다. 따라서 이 유치원에서는 사립으로는 비교적 빠른 시기에 운동회를 실시하고 있음에도 불구하고, 그것을 위한 연습은 없다고는 할 수 없지만 상당히 적은 편이다. 운동회 개최일로부터 4주일에서 3일 정도 전까지의 기록을 보아도, 순전히 운동회만을 위한 5세아의 활동으로는 일주일에 3일에서 4일 정도로. 하루 20분에서 50분 정도에 머물고 있다. 앞에서 예로 든 C유치원이나 공립 A, B 두 유치원과 비교할 때 그 연습시간이 자릿수가 다를 정도로 적다는 사실에 놀라게 된다.

신기하게도 D유치원 운동회 프로그램 자체에는 다른 유치원과 그렇게 큰 차이가 없다. 개회식이나 폐회식도 하고 있으며, 달리기 경주를 하는가 하면 유희같은 것도 있다. 그렇지만 결정적으로 다른 것은 운동회가 부모나 지역주민에게 보여주기 위한 것이라는 고정관념을 깨고, 유아들이 노는 장으로서 보통 때와 다를 바 없다는 것을 강조하고 있는 점이다. 프로그램 안에 '산속의 토끼'라는 이름의 종목이 있는데, 이것도 원아들이 봄부터 줄곧 즐겨왔던 게임을 단순히 운동회라는 공간으로 옮겨서 하고 있는데 지나지 않는다. 이와 같은 D유치원의 원장이 내게 들려준 이야기가 지금까지도 인상에 남는다.

그렇다고는 해도 운동회를 접하는 태도 하나로 유치원 운동회가 이렇게나 큰 차이를 보여준다는 것은 굉장히 신선한 발견이었다.

3. 유치원 교육과 운동회가 안고 있는 문제점

'적절한 자극'과 '지나친 강요'

아쉽게도 이번 조사로 많은 유치원의 운동회들이 일상의 운동놀이와는 동떨어졌다는 것이 드러났다. 운동 놀이가 그대로 운동회로 이어지고, 운동회에서의 경험이 다시 일상의 운동놀이에도 반영된다는 내 예상과는 반대로 큰 규모의 유치원에서는 교사주도형 연습을 하지 않으면 운동회 자체가 생각하기 힘든 상황이었다. 결국 교사가 계획을 세우고, 몇 월 몇 일에 이러저러한 것을 하기 때문에 이에 대비해서 열심히 연습하자는 식이다. 왜 그날까지 잘 하도록 연습하지 않으면 안 되는지 전혀 이해하지 못한 채로 유아는 집단 속에서 동일 행동을 하지 않으면 안 되는 상황이 된다. 교사가 말하는 대로 따라가는 행동은 교사는 물론 부모를 말할 나위 없이 기쁘게 하기 때문에 유아는 착한 아이가 되기 위해서 놀이와는 동떨어진, 사실 그다지 신나지 않는 운동회에 참가하는 것처럼 보이기까지 한다. 아무리 유아의 운동발달을 돕는다고 해도 이런 식으로는 어른들이 너무 지나치게 관여한다고 할 수밖에 없다.

그러면 도대체 어른들은 유아의 놀이나 운동회에 어떤 식으로 관여해야하는 것일까. 유아 교육의 많은 선구자들은 유아를 교육한다는 대의명분으로 사실 어른들이 좋다고 여기는 것을 일방적으로 유아에게 강조하는 우를 범하고 있다. 1840년 독일에서 킨더가르텐Kingdergarten이라고 불리는 유치원을 창설했으며, 일본의 유아교육에도 큰 영향을 끼친 프뢰벨Friedrich Wilhelm August Frobel도 그러했고,[16] 그 이후 좀 시간이 지나서 등장한 몬테소리가 그렇다.[17] 다시 말해, 발달수준에 맞지 않는 신체 운동을 운동놀이라고 부르며 유아들에게 일방적으로 부여하는 것은 유아교육이 갖추어야 할 참된 교육방침에서는 너무 일탈해 있는 것이다. 뒤집어 말하면 어른이 유아의 발육과 발달 단계에 맞는 자극을 주는 것으로, 유아의 운동놀이에의 의욕이나 흥미가 늘어나 유아의 운동놀이가 자발적으로 발전하도록 한다면, 이것이 이상적인 모습인 것이다.

이 점에 대해서는 오늘날에도 유아의 운동놀이나 교육을 연구하는 많은 사람들이 동의하는 부분이지만,[18] 어려운 점은 무엇을 어떤 식으로 하면 '적절한 자극'이 되고, 어디까지 하면 '지나친 강요'가 되고 마는가, 그 경계선이 확실하지 않다는 데 있는 게 아닐까.

물론 일본의 유치원에 그런 기준이 없는 것은 아니다. 유치원 교육의 목적과 목표를 달성하기

16 프뢰벨, 《유아교육론 프뢰벨》 (세계교육학선집 68), 岩崎次男 옮김, 明治圖書出版, 1972년, 37쪽.
17 西本順次郎, 《몬테소리법의 교육과 의학》, 川島書店, 1990년, 7~19쪽. 라스크, 《유아교육사》 田口仁久 옮김, 1971년, 63~64쪽.
18 桐生良夫 편, 《유아체육지도서》, 杏林書院, 1985년, 17쪽. 丸山富雄/梶原敏雄, 《유아·아동의 운동교육, 이론과 실제》, 不昧堂出版, 1990년, 12쪽. 몬테소리, 앞의 책, 1쪽. 勝部篤美, 《유아체육의 이론과 실제》, 杏林書院, 1979년, 101~102쪽.

위한 교육 내용에 대해서는 '유아원 교육 요령'이라는 공식적인 기준이 마련되어 있다. 그러나 과거로 거슬러 올라가 생각해 보면 이 기준 자체가 교육현장에서 적절하게 기능을 해왔다고는 하기 어려울 것 같다.

　　오래된 예지만, 오랫동안 유아교육에 관계해왔던 히라이 노부요시 平井信義 씨 등은 1956년(쇼와 31년)의 〈유치원 교육 요령〉 실행은 유치원의 소학교화를 촉진시켰다고 지적했다. 다시말해 어른이 생각한 지도계획이 없다면 교육이라고 부르기 힘든 풍조를 낳았다고 통렬하게 비판하였다. 그 결과 유아로부터 자유를 빼앗고, 자주성 없는 아이를 만들어 내고 마는 것이다.[19] 바람직한 자극을 하려다가 오히려 강요하는 꼴이 되고 만다는 이유다. 특히 유치원 교육을 건강·사회·자연·언어·음악리듬·그림 그리기 등 6대 요령으로 나눠 소학교의 교과교육과의 일관성을 갖도록 한 것은 이 강압적 요소를 강화시키는 요인이 됐다고 여겨진다. 그리고 유치원이 이 기준에 충실하려고 하면 할수록 같은 연령의 유아들을 모두 같다고 보고 같은 일을 시키는, 말하자면 '아이 부재·교사 주도'의 경향으로 나아갈 위험성이 커지고 있는 것이다.

　　이런 바람직하지 않은 상황에서 유아원 교육을 다시 한번 유아 주체로 하자는 것을 주목적으로 교육부는 1989년 실로 25년 만에 〈유치원교육요령〉 개정에 첫발을 내딛었다. 유아의 자발적인 놀이를 통해 각 영역의 목표가 종합적으로 달성될 수 있는 것을 지향해 유아 각자의 개인 차이나 개성을 존중해야 한다고 명기한 것이다.[20] 그리고 이에 덧붙여 1998년(헤이세 10년) 12월 문부성 고시 제 174호에 의해 2000년 4월 1일부터는 유아 한 사람 한 사람의 이해와 유아의 주체적인 활동을 존중할 것을 더욱 강조한 〈개정 유치원 교육요령〉이 실시되게 된다.

19 大場牧夫 외, 《'놀이'란 무엇인가》, フレ館ベ ル館, 1979년, 7~11쪽.
20 高橋一之/野角計宏/ 野村睦子/柴崎正行 편저, 《신유치원교육요령의 해설》, 第一法規出版, 1989년, 20~23쪽.

일본인의 고정관념과 양육 태도

이런 교육요령의 개정 취지를 유치원 교육 현장에서 제대로 살리고 있다면, 교사가 특정한 기능을 가르치기 위해 유아에게 호령하며 가르치려고 드는, 이른바 소학교적 운동지도는 유치원에서 사라져야 한다. 그런데도 불구하고 운동회 때가 되면, 여기에는 여전히 유아에게 지시하는 교사와 그 지시에 따라 움직이는 유아가 출현하고 마는 것은 왜일까?

그 이유로 생각해 볼 수 있는 것 가운데 우선 유치원 교사나 유아의 학부형을 비롯한 어른들이 운동회라는 것에 대해 틀에 박힌 고정적인 관념을 강하게 갖고 있다는 사실이다.

현재 일본에서 일반적으로 열리는 운동회는 원래 영국과 독일의 방식을 모방한 것인데, 그것이 메이지 시대 이후 학교 교육의 하나로 받아들여져 줄곧 성장해온 결과 만들어진 것이다.[21] 그 특징은 육상경기 종목, 레크레이션 종목, 데몬스트레이션 종목 등 세 가지를 기본틀로 하는데, 또한 발표회로서의 성격을 강하게 갖는다. 프로그램에는 줄다리기, 오재미 던지기, 박 터뜨리기, 달리기, 유희 등의 정해진 듯한 메뉴가 나열되어, 이들 종목이 질서정연하게 치뤄지는 것이 운동회다. 우리들은 오늘날까지 그런 고정관념을 계속 가져왔던 것이다.

애석하게도 메이지 시대에 시작된 일본 유치원 교육의 역사 속에서 운동회가 언제부터 시작되었는지는 확실하게 밝혀져 있지 않다. 갖고 있는 몇 가지 자료에 의하면 1885년 개원한 이바라키현의 쓰치우라유치원茨城県 土浦市에서는 다이쇼 시대에 운동회가 열렸다는 기록이 있다.[22] 이 유치원에

21 岸野雄三, 〈운동회에 있어서 보수성과 혁신성〉《학교체육》 13권 9호, 1960년, 8-9쪽. 大場一義 외, 《체육 · 스포츠의 역사》, 일본체육사, 1978년, 141~142쪽. 木下秀明, 《스포츠의 근대일본사》, 杏林書院, 1970년, 54~55쪽.
22 창립 백주년 기념사업 실행위원회 편 《츠치우라유치원 창립 백주년 기념지》 1985년, 25쪽.

서 1932년에 열렸던 운동회 사진은 유희의 한 장면을 촬영한 것으로 생각
되는데, 원생들 주위를 많은 관객들이 둘러싸고 구경하는 모습과 만국기
가 장식되어 있는 행사장은 반세기 이상 지난 오늘날을 살아가는 우리들
눈에도 별로 다르게 느껴지지 않는다. 바꾸어 말하면, 우리가 갖고 있는
운동회의 이미지가 60년 이전에 비해 별로 달라진 게 없는 것 같다. 운동
회에 대해서 이 고정적인 이미지가 강하면 강할수록 운동회를 바꾸기 어
렵게 된다. 유치원 운동회를 반드시 해야 하는 것도 아니며, 소학교식 운
동회를 모방할 필요가 전혀 없는데도, 그 형식이며 내용에서도 전혀 변화
가 없다. 생각해 보면 신기하게까지 느껴지는 현상이다.

그러면 유치원 운동회가 〈개정 유치원 교육 요령〉의 취지와는 다
른 태도를 보이며 좀체 변화하지 못하는 또 하나의 이유는 부모의 양육
태도에도 있다고 본다.

그림 6-1 1932년(쇼와 7년)에 열린 쓰치우라 유치원의 운동회

최근 어떤 유치원에 가도 선생님들의 입에서 흘러나오는 소리는 부모가 자기 아이밖에 관심이 없다는 불만이다. 운동회에서 자기 아이가 나올 차례가 되면, 비디오카메라를 손에 들고 앞다투어 앞으로 나온다. 감자 캐기를 하면 자기 아이가 캐는 양을 조금이라도 더 많이 확보하려고 안간힘을 쓰는 등등. 말하자면 자기 아이가 손해보지 않도록 해주고 싶다는 심경일 것이다. 하지만, 특히 소학교에 들어가서 학교생활에 어려움을 겪지 않도록 지금부터라도 준비해 두지 않으면 안 된다는 생각이 강한 것처럼 보인다. 소학교에 올라가기 전에 읽고 쓸 수 있도록 해두고 싶은 것과 마찬가지로 체육 시간에도 뒤쳐지지 않게, 유치원에 다닐 때부터 여러 가지 훈련을 시키려는 것이다. 다시 말해 무엇이든 좀 빠르게 시작하면 결과가 틀림없다는 조기교육적 발상에 근거할지도 모르겠다. 그렇다면 어떤 것이 얼마나 가능하게 되었는지 확인해 보고 싶은 것은 인간의 본성일 것이다. 이 점에서 유치원이 자기 아이의 운동능력을 어느 정도 개발해 주었는지를 보여주는 절호의 기회로서 운동회에 대한 기대가 커지게 된다.

최근에는 많은 스포츠클럽에서 유아를 대상으로 한 체조 교실이 열려 더욱더 인기가 높아지고 있는 것은 이런 부모의 기대에 부응할 만한 자세가 거기에 있기 때문이다. 활동내용은 수영, 축구, 리듬체조같은 것인데, 유치원 교육 안에서도 이 같은 체육지도 프로그램이 들어 있다. 이번 조사 대상이 된 사립 유치원에서도 70%가 체육교실과 같은 활동을 하고 있으며, 일주일에 1회, 1시간 정도 체육지도 전문가에게 수업을 의뢰하고 있었다. 그 목표는 물론 특정 종목이나 기능이 가능토록 하는 것이며, 어른이 유아에게 과제를 주고, 유아는 그 목표를 향해 힘쓴다. 이것은 그야말로 고정관념에 빠져 있는 어른들이 안고 있는 전형적인 운동회의 이미지와 일치하는 것이다. 〈유치원 교육요령〉 개정의 이념이 새로운 바람을 일으켜도 부모가 원하는 이상, 교사만이 운동회를 바꾸려고 아무리 열심히 노력해도 쉽사리 바꾸어지지 않게 마련이다. 학부형의 기분을 맞추지 못하면 원생의 정원조차 채우지 못하는 세태다. 참으로 바꾸기가 쉽지 않다.

부모나 교사 탓으로만 돌리는 것 같은데, 대개 〈개정 유치원 교육 요령〉에 맞춰 교육을 진행하기 위해서는 사람 손이 필요하다. 유아 한 명 한 명을 주의깊게 관찰하고 개개인의 개성에 맞는 교육을 실시하자면, 교사 한 사람이 담당 가능한 유아의 숫자는 자연히 한정되기 때문이다. 그러나 그 인재 확보는 지방행정의 재원을 봐도 알겠지만, 상당히 어려운 일이라는 점을 지적하지 않을 수 없다. 또 〈유치원 교육 요령〉이 개정 되어도, 1957년에 정해진 〈유치원 설치 기준〉은 한 학급당 유아수를 35명 이하를 원칙으로 삼고 있으며, 지금도 여전히 존속되고 있다. 아무리 낡은 기준이라고 해도 행정관청은 원칙대로 이 숫자를 갖고서 공립 유치원 의 선생들을 채용하고 있다. 또한 사립 유치원에 대한 보조금 지급을 최대한 적게 잡고 있다. 이 같은 조건에서 이상적인 유치원 교육을 추구하는 것은 상당히 무리한 요구일 것이다.

유치원 교육은 그야말로 이상과 현실의 틈바구니에서 고뇌를 동반하며 전개되고 있으며, 이상적인 운동회 실현을 향한 여정은 결코 간단하지만은 않을 것 같다.

이상적인 운동회를 향해서

그렇지만 유치원 중에는 실제로 이러한 어려움을 극복하고, 〈개정 유치 원 교육 요령〉의 방침에 따라 운동회를 실시하고 있는 곳도 있다. 앞에서 소개한 D유치원이 그 좋은 예인데 말할 필요도 없이 이런 종류의 운동회에서는 유아의 자발적인 운동놀이에서 발전한 것을 해 보는 데 중점을 둔다. 교사가 연례 행사 가운데 가장 큰 비중을 차지하는 운동회를 성공시키기 위해서 일방적으로 유아에게 무엇인가를 시키는 따위의 일은 이 유치원에서는 있을 수 없는 일이다. 시간을 들여서 유아들과 함께 아이디어를 짜내고, 유아 자신들이 그것을 발전시켜간다는 자세가 분명히 그곳에서는 볼 수 있을 것이다. 그래서 개회식에서부터 시작해서 폐회식으로 끝나는 정해진 틀에 넣을 수 없는 일도 물론 생기게 마련이다.

웃음거리가 될 것을 각오하고 내가 이미지하는 가상 '운동회'를 유아의 눈높이에서 그려 보려고 한다.

(유치원 마당에는 몇 개 코너가 마련되어 있다. 어떤 코너에서는 작은 고리 던지기를 할 수 있게 되어 있다.)
'그러고 보니 지난번에 선생님이 시범을 보였었잖아. 나도 해봐야지.'
(다른 곳에는 긴 매트가 깔려 있다)
'어쩐지 여기에서 뒹굴뒹굴 굴러가봐도 좋을 것 같네. 야, 저 아이는 저런 식으로 구르네. 재미있겠다! 그렇지만 나는 이렇게 해봐야지.'
(그 앞쪽으로는 땅 위에 둥그런 후프가 몇 개인가 놓여 있다. 외발이나 양발로 뛰어 넘어가도록 되어 있다.)
'잘 될까?'
'어휴~ 그럼 좀 쉴까. 여기가 마침 나무 그늘이라 정말 기분 좋다. 그렇지만 오늘은 아직 해보고 싶은 놀이 투성이네. 매일 하던 철봉도 하고 싶고, 단상[23]에 오르내리기도, 저 아이 보다는 내가 훨씬 잘한다구.'
'앗, 선생님이 부르시네. 모두 동그랗게 섰네. 언제나 듣는 저 음악. 나도 춤춰야지.'

23 원문은 巧技台 ─역주

혹시 당신 마음속에 이런 것은 운동회라고 부를 수 없다는 생각이 떠올랐다면, 당신 자신이 운동회라는 고정관념에 사로 잡혀 있는 게 아닌가 다시 한번 생각해 보는 게 좋을지 모르겠다. 확실히 이런 식의 운동회에는 정열과 체조, 남에게 보이기 위한 유희나 달리기가 보이지 않는다. 선생님의 명령도 없지만, 연습도 필요가 없다.

나는 여러 군데 유치원에서 유아의 운동놀이 모습을 볼 기회가 있었는데, 유아를 정열시켜 순서를 잘 지키게 하고, 질서 정연하게 진행시키지 않으면 속이 시원치 않은 선생님과 때때로 만나게 된다. 이런 선생님들에게는 내가 맘대로 상상한 것과 같은 '운동회 비슷한 것' 따위는 단지 무질서한 대혼란으로밖에 비치지 않을지 모르겠다. 유아가 엉망진창이 되어서 뭐가 뭔지 모르는 채로 시간만 지나가고 마는 게 아닐까. 그런 불안도 있을 것이다. 그렇지만, 순서를 지키고, 기다리고 기다리다 지친 끝에 "자, 그럼 해봐"라고 해도 유아는 별로 즐거울 리가 없는 것이다.

다시 한 번 강조하지만 어른이 운동회에 대해 품고 있는 고정관념, 즉 운동회란 이래야 한다는 사고방식을 버리는 것에서부터 유아가 주인공이 되는 운동회가 시작된다. 나는 그렇게 생각한다.

일본 유치원 교육의 역사는 120여년에 달하며, 유아에 대해 어떤 교육을 해야 할까에 대해서는 아직 연구의 여지가 많이 남아 있다. 그러나 교육이 살아있는 인간과 관계하는 것인 이상 생각대로 되지 않는 게 당연하다. 이상적인 유치원 교육이라는 것을 교육학자가 위에서 고고하고 멋지게 표현해도 그것이 다양한 인간 개개인에게 맞는지 안 맞는지는 사실 그 학자 자신도 잘 모르는 게 아닐까.

이런 점을 염두에 두고 감히 말하고 싶은 것은 유아에 대한 교육이 그 다음에 이어지는 소학교 이후의 교육으로부터 영향을 받아 대단히 왜

곡되어 있는 것처럼 보인다는 점이다. 거기에 있는 것은 남한테 지시받은 것을 그대로 행하는 훈련이다. 게다가 그것을 되도록 빨리, 효율적으로 진행하는 것이 수험경쟁에서 승자가 되는 길이며, 나아가서는 안정된 인생을 살아가기 위한 것이라며 정당화되기 마련이다. 이 가짜 교육을 가능한 한 인생의 빠른 시기에 시작하는 것이 성공의 열쇠라고 사람들은 오해한다. 이 오해야말로 오늘날 유치원 교육을 왜곡시키고 있다고 보는 것은 너무 지나친 생각일까.

원래 유아들의 주무대여야 할 운동 놀이조차 부모나 교사가 무엇을 어떻게 하라는 식으로 지시를 내리는 모습은 참으로 우스운 일이며, 비통하기까지 하다. 이 같은 유아의 일방적인 수동적인[24] 활동을 더 이상 '놀이'라고는 부를 수 없다. 유아가 활발하게 신체를 움직이고, 스스로의 발상 대로 노는 것은 유치원에서야말로 장려되어야 할 게 아닌가. 유아를 관리하고 다치지 않도록 안전하게 놀도록 한 나머지, 다음은 이것, 다음은 저것이라는 식으로 틀 속에 꿰맞추어 어른의 형편대로 움직이도록 하는 것은 유아에게 있어서 결코 행복한 일일 리가 없다. 운동을 싫어하거나 운동발달이 좀 늦은 몇몇 눈에 띄는 유아들의 경우는 더욱 더 그러하다. 본래 폭 좁은 하나의 레일 위에 올려놓을 수 없는 것이 인간이다. 그 엄연한 사실을 어른들은 깨닫지 않으면 안 된다.

15, 6년 전에 유아였던 현재의 대학생 중에는 사람들이 시키지 않으면 무엇을 해야 좋을지 모르는 사람이나, 무엇에 대해서도 의욕이 일어나지 않는 무기력한 사람, 또 자신이 할 수 없는 것이나 싫은 것으로부터 철저하게 도망치는 사람, 여러 명의 사람들 사이에서 일어나는 문제를 어떻게 해결하면 좋을지 몰라 쩔쩔매는 사람 등 사회적인 적응력이 부족한 사람이 많이 눈에 띈다. 유아기에

24 원문은 '受身' —역주

자발적이고 풍부한 경험이 그 후 인생의 기초가 되는 것은 만인이 인정하는 것이지만, 유아기에서부터 모든 것이 준비되어 청년기까지 지내온 사람은 이런 학생들을 보면 알 수 있듯이 너무나 허약해져 있다. 유아가 십수 년 후에 어떤 어른이 되기를 바라는가라는 대국적인 관점에 서서 다시 한번 유치원 교육을 생각해야 하는 게 아닐까.

운동회가 그 한 가지의 지표가 될 것이 분명하다.

▼ **요시미 순야(吉見俊哉)**

1957년생. 도쿄대학 사회정보연구소 교수.

사회학 · 문화연구 전공

저서로 《1930년대의 미디어와 신체》(편저, 靑弓社) 《박람회의 정치학》(中公新書) 《미디어시대의 문화사회학》(新曜社) 등

▼ **시라하타 요자부로(白幡洋三郎)**

1949년생. 국제일본문화연구센터 교수.

비교문화 · 산업기술사 전공

저서로 《여행의 권유》(中公新書), 《대명정원(大名庭園) 에도(江戶)의 향연》(講談社) 등

▼ **히라타 무네후미(平田宗史)**

1939년생. 후쿠오카(福岡)교육대학 교수.

일본교육사 전공

저서로 《호쿠오카현 교원양성사 연구(전후편)》(海鳥社), 《구미파유 소학사범학과 취조원의 연구》(風間書房) 등

▼ **기무라 기치지**(木村吉次)

1941년생. 주쿄(中京)대학 체육학부 교수 교수.

스포츠사 · 스포츠문화론 전공

저서로《일본 근대체육사상의 형성》(杏林書院),《체육사개설-서양 · 일본》(공저, 杏林書院 등)

▼ **이리에 가쓰미**(入江克己)

1941년생. 돗토리(鳥取)대학 교육지역과학부 교수.

저서로《일본 파시즘하의 체육사상》(不昧堂出版)《쇼와(昭和)스포츠사론》(不昧堂出版) 등

▼ **가미스키 마사코**(紙透雅子)

1957년생. 조반(常磐)단기대학 유아교육학과 조교수.

체육방법학 · 스포츠 사회학 전공

저서로《여성을 위한 스포츠론》(自由社),《스포츠계에 대한 제언》(あずさ書店) 등